Rhetorik zur Einführung

Melanie Möller

Rhetorik zur Einführung

JUNIUS

Junius Verlag GmbH
Stresemannstraße 375
22761 Hamburg
www.junius-verlag.de

Umschlaggestaltung: Florian Zietz
Titelbild: © iStock.com/Tektoren,
Bearbeitung durch Alexandra Maria Müller
Satz: Junius Verlag GmbH
Printed in the EU 2022
ISBN 978-3-96060-328-3

Bibliografische Information der Deutschen Nationalbibliothek
Die Deutsche Nationalbibliothek verzeichnet diese Publikation in der Deutschen Nationalbibliografie; detaillierte bibliografische Daten sind im Internet über http://dnb.dnb.de abrufbar.

Zur Einführung …

… hat diese Taschenbuchreihe seit ihrer Gründung 1977 gedient. Zunächst als sozialistische Initiative gestartet, die philosophisches Wissen allgemein zugänglich machen und so den Marsch durch die Institutionen theoretisch ausrüsten sollte, wurden die Bände in den achtziger Jahren zu einem verlässlichen Leitfaden durch das Labyrinth der neuen Unübersichtlichkeit. Mit der Kombination von Wissensvermittlung und kritischer Analyse haben die Junius-Bände stilbildend gewirkt.

Seit den neunziger Jahren reformierten sich Teile der Geisteswissenschaften als Kulturwissenschaften und brachten neue Fächer und Schwerpunkte wie Medienwissenschaften, Wissenschaftsgeschichte oder Bildwissenschaften hervor. Auch im Verhältnis zu den Naturwissenschaften sahen sich die traditionellen Kernfächer der Geisteswissenschaften neuen Herausforderungen ausgesetzt. Diesen Veränderungen trug eine Neuausrichtung der Junius-Reihe Rechnung, die seit 2003 von der verstorbenen Cornelia Vismann und zwei der Unterzeichnenden (M.H. und D.T.) verantwortet wurde.

Ein Jahrzehnt später erweisen sich die Kulturwissenschaften eher als notwendige Erweiterung denn als Neubegründung der Geisteswissenschaften. In den Fokus sind neue, nicht zuletzt politik- und sozialwissenschaftliche Fragen gerückt, die sich produktiv mit den geistes- und kulturwissenschaftlichen Problemstellungen vermengt haben. So scheint eine erneute Inventur der Reihe sinnvoll, deren Aufgabe unverändert darin besteht, kompetent und anschaulich zu vermitteln, was kritisches Denken und Forschen jenseits naturwissenschaftlicher Zugänge heute zu leisten vermag.

Zur Einführung ist für Leute geschrieben, denen daran gelegen ist, sich über bekannte und manchmal weniger bekannte Autor(inn)en und Themen zu orientieren. Sie wollen klassische Fragen in neuem Licht und neue Forschungsfelder in gültiger Form dargestellt sehen.

Zur Einführung ist von Leuten geschrieben, die nicht nur einen souveränen Überblick geben, sondern ihren eigenen Standpunkt markieren. Vermittlung heißt nicht Verwässerung, Repräsentativität nicht Vollständigkeit. Die Autorinnen und Autoren der Reihe haben eine eigene Perspektive auf ihren Gegenstand, und ihre Handschrift ist in den einzelnen Bänden deutlich erkennbar.

Zur Einführung ist in der Hinsicht traditionell, dass es den Stärken des gedruckten Buchs – die Darstellung baut auf Übersichtlichkeit, Sorgfalt und reflexive Distanz, das Medium auf Handhabbarkeit und Haltbarkeit – auch in Zeiten liquider Netzpublikationen vertraut.

Zur Einführung bleibt seinem ursprünglichen Konzept treu, indem es die Zirkulation von Ideen, Erkenntnissen und Wissen befördert.

Michael Hagner
Ina Kerner
Dieter Thomä

Inhalt

Anhang

I. Einleitung: Was heißt Rhetorik?

> »Sprache ist ein großer Vollbringer, der mit dem kleinsten und unauffälligsten Körper göttlichste Taten ausführt.« (Gorg., *Hel.*, cap. 8)

Rhetorik zwischen Macht und Schönheit

Das mottogebende Zitat entstammt einer in der Antike hochberühmten Rede des Gorgias von Leontinoi. Er lebte im 7. Jahrhundert v. Chr. auf Sizilien und wird den sogenannten Sophisten zugerechnet, einer recht heterogenen Gruppe von Menschen, die ihren Mitbürgern Bildungsgüter, nicht zuletzt die Kunst zu reden, vermitteln wollten, teilweise auch gegen Gebühr, was ihnen schon zu Lebzeiten massive Kritik einbrachte. In dieser Rede verteidigt Gorgias die schöne Helena, deren mögliche Schuld am Ausbruch des Trojanischen Krieges ein beliebter Diskussionsgegenstand war: Immerhin war sie ihrem Entführer Paris einigermaßen freiwillig nach Troja gefolgt, nachdem die Göttin der Liebe die beiden einander zugeführt hatte, und dass dies einen blutigen Krieg sowie den Untergang der blühenden Metropole Troja zur Folge hatte, hat auch Helena in Kauf genommen, indem sie sich auf das verführerische Risiko einließ. Gorgias gelingt es, seine Helena zu verteidigen, indem er sie zum Opfer von Verstrickungen (v)erklärt. Die Kunst der Rede macht es möglich, diese Verkörperung der Schönheit, die nichts weniger als eine mythische Kunstfigur ist, zu rehabilitieren, und das sogar in moralischer Hinsicht. Helena ist darüber hinaus freilich vor allem eine ästhetische Ikone; damit steht sie sinnbildlich für die Redekunst an sich, welche die Schönheit der Sprache zu destruktiven wie konstruktiven Zwecken einsetzen kann: »Da die Rhetorik nicht nur Teil der Kultur ist, sondern auch selbst Kultur erzeugt, ist sie zugleich ein Mittel des kulturellen Handelns, eine von vielen ›symbolischen Formen‹, die nach Cassirer die Kultur hervorbringen und repräsentieren.« (Robling 2020: 45)

Der Kunst der Rede wohnte also von Beginn an eine weltgestaltende Kraft inne, im Großen wie im Kleinen; diese schöne Macht ist ebenso charakteristisch wie der schlechte Leumund, in dem sie von jeher steht. Springen wir, von der Entstehungszeit der *Helena*-Rede aus betrachtet, gut 2600 Jahre in die Zukunft, ins erste Viertel des 21. Jahrhunderts. Die Zeitspanne wirkt gewaltiger, als sie ist, jedenfalls mit Blick auf die Lage der Rhetorik: So viel, scheint's, hat sich gar nicht verändert! Die Kunst der Rede steht in einem ähnlich schlechten Ruf wie zur Blütezeit der ersten griechischen Sophistik. Dieser Eindruck könnte jedenfalls entstehen, wenn man durch die Medien schaltet oder blättert. Für vieles, was gerade schlecht läuft, wird die Rhetorik zur Verantwortung gezogen: für Panikmache und Populismus, für Postfaktisches und Politikversagen. In der Tat ist bemerkenswert, dass die Bühnen der Welt nicht zum ersten (und sicher auch nicht zum letzten) Mal von Großsprechern bespielt werden, die mit einschlägigen Parolen die selbst- und geschichtsvergessenen Massen aufzuheizen versuchen. Es scheint besonders einfach zu sein, an die niederen Instinkte der Hörer zu appellieren. Vor allem auf dem verminten Gelände der Politik toben sich Marktschreier aus und haben dabei gegenüber Leisetretern leichtes Spiel, zumal wenn diese auch noch blasse Redner sind.

Anlass zu rhetorischen Analysen hatte vor allem der allzeit twitternde US-Präsident Donald Trump gegeben. Steckt mehr intellektuelle Strategie dahinter, als sich auf den ersten Blick vermuten lässt? Immerhin wurde bemerkt, dass Trump mit Worten spekuliere wie mit Geld (so Thomas Assheuer in der *ZEIT* vom 4. September 2018). Versuche, diesem Phänomen mit einer historischen Einordnung beizukommen, führen unweigerlich in Richtung der griechischen Antike: Hier kann man bei eben jenen Sophisten fündig werden, die vor allem bei Platon als selbsternannte Aufklärer und Redelehrer auftreten, um ihre Sicht auf die Dinge unters Volk zu bringen. Platon zeigt sich tief irritiert über die sophistische Rhetorik, da sie sich von dem Anspruch, die Wahrheit zu finden, verabschiedet habe. Dürfen wir in Trump und Konsorten legitime Erben sophistischen Kalküls vermuten, sofern dieses die rein manipulative, wahrheits- und erkenntnisunabhängige Rede favorisiert? Gibt es eine kontinuierliche Linie von der Antike bis heute, die hinlänglichen Grund zu dieser Annahme bietet? Und wie steht es mit den großen und kleinen Umbrüchen: Sind sie es, an denen Rhetorik alles möglich macht – oder ist es umgekehrt die Rhetorik, die die Brüche markiert? Überhaupt: Können wir unterteilen in Redner, die »gut« sind, weil sie auf die Erkenntnis der Wahrheit setzen, und in Redner, die »schlecht« sind, weil sie, aus guten oder abwegigen Gründen oder aus schierer Ahnungslosigkeit, davon Abstand nehmen? Das bürge die Gefahr, Rhetorik auf ein Dasein als Dienstmagd der Philosophie als ihrer aufgeklärt denkenden Schwester zu verkürzen. Diese Herabwürdigung hat ihrerseits eine lange Tradition. Doch hat Rhetorik ihre eigenen theoretischen Ansprüche: Sie ist auch die – im emphatischen Sinne – Spielwiese intellektueller Skepsis. Sie ist die erste Exponentin, ja die sprachgewordene Verkörperung aller Wahrscheinlichkeitstheorie. Unter den führenden Sophisten befanden sich überzeugte Erkenntnisskeptiker, die an der Sprache und ihren vielfältigen intellektuellen wie sozialen Möglichkeiten interessiert waren. Und auch bei Platon sind die Dinge von jeher kompliziert. Insofern also Reden in Theorie und Praxis eine Kunst bezeichnet, hätte »schlechte« oder »bloße« Rhetorik sogar als Oxymoron zu gelten. Warum das so ist, will dieses Buch mit größtmöglicher sprachbildlicher, also: uneigentlicher Eindringlichkeit vor Augen führen.

Was heißt Rhetorik?

Rhetorik ist, das soll nicht vergessen sein, ein Kunstbegriff. Und dies im wahrsten Sinne des Wortes: Es handelt sich um einen isolierten, also unselbständigen Bestandteil aus der Verbindung *techne rhetorike*, also: *rhetorische Kunst*. Die *Kunst* ist dabei weggefallen, das adjektivische Attribut substantiviert worden – ein sehr effizientes rhetorisches Verfahren, das die ganze Kunstfertigkeit der Disziplin vor Augen führt. Die lateinische Sprache, die nach anfänglicher Skepsis die neue Kunst aus Griechenland begierig aufsaugte, folgt der vollständigen griechischen Formel mit der Übertragung in die *ars oratoria* (neben der nicht ganz übereinstimmenden Entsprechung *eloquentia*/»Beredsamkeit«), doch setzt sich diese nicht durch, zumal *Oratorik* kaum gebräuchlich ist und noch dazu eine konkrete Form der Rede meint, nämlich die Gerichtsrede (bisweilen auch die politische). Durchgesetzt hat sich in den meisten zumal europäischen bzw. »indogermanischen« Sprachen die verkürzte *rhetorike techne*: als »rhetoric«, »rhétorique«, »retorica«, »rétorica«, »retorică«, »retorika«, »retorik«, »retorisk«, »retoriek«, »ritoriki«. Selbst in den finno-ugrischen Sprachen ist sie dominant (ungar. »Retorika«, finn. »retorikka«): ein tatsächlich völkerverbindender Siegeszug. Während der substantivische Bestandteil *techne* einen sehr populären Hintergrund hat, ist der der *rhetorike* diffuser. Woher kommt dieses Adjektiv eigentlich?

Es hinkt der Praxis jedenfalls hinterher. Einen öffentlich agierenden Redegewandten bezeichnete man zunächst als *deinos legein*, die entsprechende Fertigkeit als *deinotes*. Daran zeigt sich bereits, dass die Redekunst als eine Fähigkeit, eine *dynamis*, aufgefasst wurde, die sich zwischen den Polen Begabung, Übung und Praxis bewegt.

Auch die *rhetorike* leitet sich aus der Praxis ab, als ein Derivat des Verbs *eirein* (»sprechen«) vom *rhetor* bzw. *rheter* (Hom. *Il.* 9, 443; vgl. 8, 2–11), womit zuerst ein außenpolitischer Botschafter, ein *Sprecher*, gemeint war, dann (Mitte des 5. Jahrhunderts) auch sehr konkret der Antragsteller bei Gericht oder in der Volksversammlung. Die praktische Redetätigkeit wird von den vorsokratischen Redeexperten bzw. den von Platon als *Sophisten* diskreditierten mit *eu legein* (»gut sprechen«) oder *glosse deinos* (»zungenfertig«, vgl. Sophokles, *Ödipus auf Kolonos*, 806) bezeichnet; neben *logoi* gab es die *mythoi* für jede Form appellativen Sprechens. Die herrschaftstaugliche Fähigkeit zur Überzeugung wie zur Überredung wurde unter das Verbum *peithein* gefasst (vgl. dazu u. 23; 36). Für die theoretisch gewendete Disziplin etabliert sich im 4. Jahrhundert allmählich das Wortfeld der Rhetorik (mit *rhetoreia* und *rhetoreuein*), Platon schließlich bringt die *rhetorike* (*techne*) explizit auf den Begriff und hat dabei ihre kunstmäßige Ausrichtung (*kata technen*) im Blick (vor allem in seinem Dialog *Gorgias*).

Die Römer halten mehrheitlich an dem Fremdkörper, dem Lehnwort, fest, verwenden daneben aber auch *ars/ratio dicendi* oder, wiederum, *ars oratoria* für den theoretischen Zugriff. Zumal die latinisierte Verbform *rhetoricare* kann auch eine kritische Implikation aufweisen, wie ein Fragment des wenig bekannten Komödiendichters Novius (1. Jahrhundert v. Chr.) nahelegt: *age nunc, quando rhetoricasti satis, responde quod rogo* (»Wenn du fertig bist mit Schwadronieren, antworte auf meine Frage!«).[1] Griechische und lateinische Begrifflichkeiten koexistieren fortan, wobei die griechische Rhetorik überwiegt, wie nicht zuletzt die Aufnahme der Redekunst unter dem Titel Rhetorik an die dritte Position der *Septem artes liberales* ins Trivium belegt.

Nicht nur als Verb, auch als Nomen birgt Rhetorik einige Gefahren für Missverständnisse: Durch fälschliche Herleitung vom lateinischen *rector* kommt es zu einer – auf ihre Weise auch wieder interessanten – *Steuerungskunst*, *rhectorica/rhectorique*, welche als politische Wissenschaft begriffen wird und damit doch wieder ganz nah an die Wirklichkeit heranrückt. Demgegenüber bewährt sich für die rednerische Praxis im Lateinischen neben *facultas/vis dicendi/facundia et al.* vor allem *eloquentia/éloquence*.

Der aktuelle Gebrauch von Rhetorik ist (in den meisten modernen Sprachen) denkbar weit und umfasst nahezu alle der rednerischen Aspekte: »Redekunst, Theorie und Technik der Rede, Sprachhandeln, Kunst der Beredsamkeit, persuasive Botschaft, Theorie effektiven Textherstellens, Formulierungstheorie« (Ueding 2011: 3). Das hat verständlicherweise dazu geführt, dass systematische Zugriffe auf das Thema praktikabler zu sein scheinen als historische. Man nehme das Beispiel Tübingen, bis heute der einzige deutsche Standort, an dem man Rhetorik tatsächlich um ihrer selbst willen studieren und einen entsprechenden Abschluss erwerben kann: »Von ihr [der Rhetorik] ist [...] nur sinnvoll im systematischen Zusammenhang zu denken und zu reden«[2] (Ueding 2011: 5), wobei dieser Zusammenhang seinerseits dem historischen Wandel unterworfen sei. Dabei gilt es, irritierende Visionen von Ganzheitlichkeit zu vermeiden: Das Festhalten(-wollen) an der Vollständigkeit der Rhetorik, an der erschöpfenden Erfassbarkeit aller ihrer Teile und Strebungen, gehört selbst zu den diesem Wandel unterworfenen Teilen des Systems. Jedenfalls ist Gert Uedings Einschätzung mit Vorsicht zu genießen: »Rhetorisches Denken ohne Systematik ist Dilettantismus.« (ebd.: 6) Der Weg zum verminten Gelände der inkriminierten schematischen Schulrhetorik beschreibt eine Gratwanderung. Man nehme nur Heinrich Lausbergs *Handbuch der literarischen Rhetorik* mit seiner taxonomischen Wut zur Hand, die Roland Barthes in *Das semiologische Abenteuer* zu sarkastischen Kommentaren animierte. Mit Adorno zu sprechen: »Die Funktion des Wissenschaftsbegriffs ist umgeschlagen. Die vielberufene methodische Sauberkeit, allgemeine Kontrollierbarkeit, der Consensus der zuständigen Gelehrten, die Belegbarkeit aller Behauptungen, selbst die logische Stringenz der Gedankengänge ist nicht Geist: das Kriterium des Hieb- und Stichfesten wirkt jenem immer zugleich auch entgegen.« (Adorno 1963: 55)

Trotz dieser Risiken und Nebenwirkungen und mit Blick auf die weitaus größere Gefahr, dass Skizzen des historischen Verlaufs, an denen es gerade in älterer Zeit durchaus keinen Mangel gibt, dazu neigen, Entwicklungshypothesen aufzustellen, wo keine sind, will ich mich auf die durchaus von Vollständigkeit absehende Erschließung systematischer Grundfragen beschränken, die die Rhetorik im Verhältnis zu mit ihr verbundenen, zum Teil in heftiger Spannung befindlichen Größen, Disziplinen, Denkbewegungen ausmachen (darunter *Wahrheit* und *Philosophie*), um ihr möglichst nahezukommen.

Erläuterungen zum Aufbau

Mit Blick auf den einschlägigen Markt und andere Rhetorik-Hin-, Ein- und Weiterführungen habe ich mich dafür entschieden, phänomenbezogen vorzugehen, nicht historisch-chronologisch oder gar personenbezogen. Der Versuchung einer gewissen Systematisierung konnte ich dabei selbst nicht widerstehen, aber die Dynamik soll doch überall gewahrt bleiben – das System ist mehr *operativ* als *geschlossen*. Beispiele aus verschiedenen Phasen und Kontexten werden natürlich durchweg einfließen. In den *Grundfragen* soll dann zunächst die große, den dokumentierbaren Beginn der Rhetorik dominierende Suche nach dem Verhältnis von Wahrheit und Wahrscheinlichkeit (bzw. Wirklichkeit) skizziert werden. Es schließen sich die seit Aristoteles zentralen künstlichen Überzeugungsmittel an, sofern sie sich nicht eindeutig einer der fünf *Aufgaben des Redners* (*officia oratoris*) zuordnen lassen: die Lehre von der Pathoserregung sowie die zahlreichen Bemühungen, rhetorische Exzesse durch moralische Rückkoppelung zu reglementieren, mit all den Widersprüchen, die das bis heute mit sich bringt (u.a. zwischen Dekonstruktion und rhetorischer Anthropologie). Hier ist es mir ein besonderes Anliegen, ein Netz aus Kontinuitäten und Brüchen zu wirken.

Im dritten Teil, der zugleich den zweiten Hauptteil bildet, »Reichweiten und Konstellationen«, sollen die großen geistesgeschichtlichen Bewegungen rund um die Rhetorik nachgezeichnet werden. Einen eigenen Unterpunkt bildet der Stellenwert der Redekunst in Bildungsfragen. Schon in der frühgriechischen Debatte wird Rhetorik im Zusammenhang mit Bildung diskutiert und mitunter sogar mit ihr identifiziert. Einen festen Platz erobert sie dann im Kanon der *Sieben Freien Künste* (*Septem artes liberales*) – in groben Zügen soll ihr »Bildungsgang« von dort bis in die neueren Curricula einiger deutscher Bundesländer nachgezeichnet werden, in die Rhetorik mehr oder weniger zaghaft Eingang gefunden hat. Die gerade am Beginn enge Koppelung der Rede an die juristische und politische Praxis soll ebenfalls überblicksartig skizziert werden. Mit Blick auf die Politik werden auch neuere und neueste mediale Entwicklungen – von P wie Populismus bis T wie Trumps Perücke – diskutiert. Sodann geht es ganz grundlegend an die Klärung des Verhältnisses von Rhetorik und Sprache und Literatur bzw. wie dieses von Gorgias über Nietzsche bis Barthes, de Man und Derrida konfiguriert worden ist. Das gespannte Verhältnis zur Philosophie soll eine Art Zentrum dieses dritten Teils darstellen, wobei auch die Beziehung von Rhetorik und Hermeneutik sowie das (Nicht-)Verhältnis zur Ästhetik mit Schwerpunkten auf Baumgarten und Kant problematisiert werden.

Damit wäre der Boden bereitet für den Übergang zur vierten Rubrik: den sogenannten *officia oratoris*, den fünf Stadien der Redenproduktion bzw. den Aufgaben des Redners. Was macht eine Rede aus, wie entsteht sie? Die fünf *officia* sollen, wiederum in einer relativen Systematik, vorgestellt werden: in der *inventio* die Auffindung der Argumente, vor dem bereits um das *wilde Denken* erweiterten Horizont logischer Konstellationen. Ein Schwerpunkt wird auf den Allgemeinplätzen (*loci communes*), den *genera causarum* und der sogenannten Statuslehre liegen. Wie sich Erfinden und Auffinden zueinander verhalten und in welcher Weise das *iudicium* hier, frei oder nicht, schalten und walten kann, soll ebenso diskutiert werden wie die Position der drei zentralen Voraussetzungen des Redners: Begabung, Technik, Übung. Es folgt die *dispositio* mit den Teilen der Rede, den *genera dicendi* und den Prinzipien der Anordnung; hier sollen auch grundlegende Bedingungen der Technik des Ordnens verhandelt werden (*ordo naturalis*, *ordo artificialis*). Strukturelle Probleme wie Wiederholung, Serialitität, Frequenz, Iteration auf der einen Seite und Pausen, Umwege, Digressionen (u.a. Nietzsches Ephexis) auf der anderen werden hier auch adressiert. Es folgt die *elocutio* mit einer vertieften Verortung in sprachtheoretischen Grundsatzdebatten. Im Zentrum steht aus dem Katalog der *virtutes dicendi* die Tropik, die Lehre also von den Tropen und Figuren, deren wichtigste auch ein wenig genauer vorgestellt werden. Kompositionsbedingungen gehören ebenfalls in diesen Bereich.

Schließlich die beiden eher praktisch orientierten *officia*: In der *memoria* werden Grundlagen des Erinnerns und Vergessens verhandelt, wobei auch die von Umberto Eco reanimierte *ars oblivionalis* einer kritischen Betrachtung unterzogen und mit der ausführlichen Vorstellung der Mnemotechnik kontrastiert werden soll. Einen beachtlichen Teil soll auch die Geburt der Mnemotechnik aus dem Geiste der totalen Zerstörung einnehmen. Die *actio* fokussiert die Spannung zwischen Spontaneität und Konzept. Stimme, Gestik und Mimik werden in ihrer Relevanz erschlossen, dabei besonders die Augen ins Visier genommen mit der populären Topik als *Spiegel der Seele*. Die Affinität der Redekunst zur Schauspielerei (Hypokrisie) wird ebenfalls ausführlich behandelt. Am Ende sollen mit der totalen Verausgabung des Crassus die radikalsten Konsequenzen einer ungebremsten *actio* vor Augen geführt werden.

Es ist der Natur der Sache – der Genese und Entwicklung der Rhetorik – geschuldet, dass ein Schwerpunkt der Darstellung im gesamten Buch auf der Antike liegt. Jedoch werden alle weiteren wichtigen Entwicklungen und *Erfindungen* mindestens kursorisch behandelt oder in den Blick genommen. Ein besonderes Anliegen ist es mir, die jeweilige Verankerung in der Zeit, ihre möglichen Folgen und die sich daraus ergebenden Visionen in den Blick zu nehmen. Und noch eine Bemerkung zum Verhältnis von Theorie und Praxis: Dieses Buch befasst sich vor allem mit Theorie und Geschichte der Rhetorik; ihre praktische Rolle – also auch die Umsetzung der Theorie – wird immer wieder in den Blick genommen, zumal die Trennung ohnehin nicht mit aller Schärfe sinnvoll durchgehalten werden kann. Das zeigt sich historisch auch an dem so unbeholfenen wie erfolglosen Versuch, die Theorie als *allgemeine Rhetorik* und die Praxis als *angewandte Rhetorik* zu erfassen (für die Praxis ist häufiger noch von *Gebrauchsrhetorik* die Rede).

Am Ende soll die Rede zu sich selbst kommen – dieses Kapitel ist auch als abschließende Zusammenfassung gedacht.

II. Grundfragen

1. *Logos*: Wahrheit, Wahrscheinlichkeit und mehr

In einem Zeitungsinterview erstellt der Philosoph Markus Gabriel, der sich der Denkbewegung des »Neuen Realismus« verschrieben hat, folgende Diagnose: »Denn es liegt im Wesen der Wahrheit, unangreifbar zu sein. Wir befinden uns gerade in Zürich, während wir hier reden. Dieser Satz ist wahr. Wir könnten nun der falschen Meinung sein, wir seien nicht in Zürich, dann sitzen wir einem Irrtum auf. Das kann passieren, wenn man verwirrt ist, aber eigentlich nicht, wenn man in Normalform ist.« (*Neue Zürcher Zeitung* vom 27. Oktober 2020)

Ein Schelm, wer sich intuitiv auf die gegenteilige Botschaft einstellt und den ersten Satz an einer entscheidenden Stelle verliest: Das Kompositum »unangreifbar« scheint doch *in Wahrheit* einen Bestandteil zu viel aufzuweisen und für »ungreifbar« einzustehen: »Die Wahrheit ist ungreifbar.« So bedeutsam kann ein unschuldiges kleines (zweites) Präfix sein, ein weiteres Indiz für die Macht rhetorischer Sprache (und die an sie gekoppelten hermeneutischen Prozesse)! Nach der Lesekorrektur bleibt eine leise Irritation zurück: Was meint der gescheite Philosoph? Warum ist er sich so sicher, »wahrhaftig« in Zürich zu sein, und warum sollten wir das glauben, was wir lesen? Nun wird man einwenden dürfen: Schon die Frage klingt nach bloßer Rabulistik, eine typisch rhetorische Wortverdreherei. Doch so einfach liegen die Dinge nicht. Nicht nur, weil die Wahrheit in ihren vielfältigen

Bezügen zu Wirklichkeit und Wahrscheinlichkeit, zu Lüge und Fiktion ohnehin ein höchst komplexes Gebilde darstellt. Vielmehr hat Gabriel diese Aussage inmitten der weltweiten Covid-Krise getroffen, als ein Großteil der Kommunikation auf digitalem Wege stattfand. Es war also weitaus wahrscheinlicher anzunehmen, dass Markus Gabriel seinem Zürcher Interviewpartner René Scheu, online zugeschaltet wäre, als ihn *wahrhaftig* in Zürich zu vermuten. Und falls *nur* digitale Nähe: Würde er für sich beanspruchen, auch auf diese Weise »wahrhaftig/wirklich« in Zürich gewesen zu sein? Oder wäre das nicht ein geradezu optimaler Anschauungsfall für die vom antiken Atomismus motivierte postmoderne Theorie der Simulakren, jener kleinen Trugbilder, die zwischen den Objekten und den Menschen als Trägern sinnlicher Wahrnehmung hin- und herfliegen und die Grenzen zwischen Wirklichkeit und Phantasie endlos verschieben bzw. verschwimmen lassen, ein Befund, den der Fraktaltheoretiker Jean Baudrillard vor allem auf die digitale Welt bezogen hat: Ist das die Wahrheit? Fragen über Fragen! Sie führen uns direkt ins Zentrum der Debatten, in den gleichsam überzeitlichen Kernkonflikt der Redekunst: der Konfiguration des *logos* bzw. *argumentum*, der »Sache« (*res*) und ihrer Verbindung mit der Wahrheit.

Nun könnte man in der *causa* Gabriel einräumen, er biete eben eine typisch philosophische Perspektive auf die Rhetorik. Doch nicht nur Philosophen, auch andere Denker und sogar die Verteidiger der Redekunst selbst schlagen bisweilen vergleichbare Töne an (auch das war von jeher so und muss nur dann verdrießlich stimmen, wenn sich die Rhetorik dabei gleichsam proaktiv zur *ancilla philosophiae* degradiert). Als namhafter Vertreter der anthropologischen Rhetorik etwa behauptet Josef Kopperschmidt:

»Die Wahrheit zu sagen ist nicht nur moralische Pflicht des Individuums, sondern auch notwendige Bedingung für das Funktionieren des mensch lichen Zusammenlebens. Um handeln zu können, müssen die Menschen ihre gegenseitigen Rechte und Pflichten sowohl bei sich selbst wie auch bei den Mithandelnden kennen und respektieren. Aufgrund dieses gegenseitig geschuldeten Respekts sollten sie die Wirklichkeit, über die sie kommunizieren, wahrheitsgemäß wiedergeben, so dass diese Rechte und Pflichten auch weiterhin gelten können. Die Wahrheit zu kennen ist auch ein Bedürfnis der Menschen im Umgang miteinander. Nur dadurch verlieren sie nicht den Kontakt zur Wirklichkeit.« (Robling 2020: 113)

Bei aller Sympathie hat die Behauptung der grundgegebenen Affinität des Menschen zur Wahrheit als einer wie immer gearteten objektiven Größe in ihren sozialen Auflagen etwas Befremdliches, seltsam Dogmatisches. Es wird zu viel als selbstverständlich vorausgesetzt, was sich durchaus nicht von selbst versteht. Zwar wird die Komplexität des Wahrheitsbegriffs von Kopperschmidt nicht gänzlich ausgeblendet, wenn er z.B. auf einen einschlägigen Aphorismus des spanischen Denkers Baltasar Gracián verweist (Nr. 181): »Ohne zu lügen nicht alle Wahrheiten sagen. [...] Nicht alle Wahrheiten können gesagt werden: manche, weil sie für mich, andere weil sie für den Anderen wichtig sind.«

Hier zeigt sich allenthalben die Dynamizität im Umgang mit Wahrheiten, die ihrerseits an fragile Größen wie Takt und Stilgefühl gebunden ist. Kopperschmidt assoziiert damit – wie es auch schon antike Rhetoriker getan haben – die Kategorie der individuellen Verantwortung (gegenüber anderen und sich selbst, die Reihenfolge ist variabel). Der Wahrheitsbegriff selbst scheint über viele Zweifel erhaben. Diesen Eindruck kann man, zumal im wissenschaftlichen Bereich, disziplinenübergreifend, beinahe überall gewinnen: Jeder zweite Wissenschaftler antwortet auf die Frage nach dem Sinn und Zweck seines Tuns sinngemäß mit »die Suche nach Wahrheit«, wobei, genau besehen, weniger die Suche als das Ergebnis im Mittelpunkt steht: Man ist sich weitgehend sicher, die Wahrheit auch zu finden und damit verlässliche Händel treiben zu können.

Bei Kopperschmidt (und anderen Sozialanthropologen der Rhetorik) steht nun konkret der von Jürgen Habermas geprägte diskurstheoretische bzw. diskursethische Ansatz im Vordergrund, der seine Wurzeln in Max Webers Handlungstheorie und der »kritischen Rhetorik« hat. Im Mittelpunkt eines jeden Überzeugungsvorgangs steht der kommunikative Akt, die rationale Vermittlungsleistung – andernfalls liefe es auf Überredung hinaus. Das Vertrauen in die Vernunft der handelnden Subjekte bildet die mehr oder weniger zuverlässige Basis. Die verbleibenden hermeneutisch-kommunikativen Spielräume sollen auf der Gratwanderung von Überzeugung und Überredung abgegolten werden. Doch wäre es naiv zu glauben, der Unterschied ließe sich durch die semantische oder grammatikalische Distinktion zuverlässig sichtbar halten, wie sie in den einschlägigen griechischen (*peithein*) und lateinischen (*persuadere*) Termini angelegt ist. Es handelt sich um eine Scheinsicherheit, in der die Begriffe ihre Nutzer wiegen, wobei sie ihre eigene Ambi- oder Polyvalenz beständig neu ausspielen.

Diese Ambivalenz speist sich letztlich aus der Komplexität des Wahrheitsbegriffs und der Unzugänglichkeit der Wahrheit an sich. Nicht ohne Grund ist die Wahrheit von Beginn rhetorischen Denkens und Handelns an die *crux*. Blicken wir zurück. *Back to the roots.*

Im fünften vorchristlichen Jahrhundert gerät die geistige Welt in Griechenland in eine Krise: Hatte man sich zuvor weitgehend an der Tradition orientiert und aus ihr die lebensweltlichen Maßstäbe entnommen, so verbreitet sich nunmehr ein ontologiekritischer Skeptizismus. Die schwankende Stabilität der Lebenswelt und der aufkommende Zweifel an der Existenz einer höheren Wahrheit sowie an deren Erkenntnismöglichkeit gaben Anlass, über die Funktion des Logos im politischen Leben nachzudenken, wobei im Logos Vernunft und Erkenntnis des Wahren zusammengedacht werden können. Es sind allen voran die bereits erwähnten »Sophisten«, die in diesen bewegten Zeiten, beeinflusst durch die sizilische Rhetorik, mithilfe der Redekunst politische Fertigkeiten zu vermitteln suchen; demgegenüber steht eine Philosophie, die auf die Konzeption eines ethisch und ontologisch fundierten Wertsystems (Sokrates, Plato) ausgeht.

Der Sizilianer Gorgias von Leontinoi kann als namhafter Vertreter all derer gelten, die die Tradition aus Vernunftgründen auf den Prüfstein stellen. Da seiner – durchaus begründeten – Ansicht zufolge Wissen und Wahrheit entweder als solche über den Augenblick hinaus nicht existieren oder der Zugang zu ihnen unmöglich ist, sucht Gorgias Zuflucht im Wahrscheinlichen (*to eikos*). Das ruft Platons Kritik auf den Plan: Eine Rhetorik, die auf die Wahrheit verzichtet, ist ihm keine wirkliche *techne*, also keine Kunst, die auf wissenschaftlicher Theorie basiert, sondern muss den Erfahrungskenntnissen, der Empirie, zugerechnet werden. Damit verfügt sie eben gerade nicht über wirkliches Wissen.

Aristoteles macht den Logos zum Zentrum einer Trias, die fortan für die Rhetorik bestimmend sein wird: *logos*, *ethos* und *pathos*. Alle drei Größen werden bemerkenswerterweise den sogenannten kunstvollen Beweisen zugerechnet: Aristoteles differenziert in der Rhetorik zwischen *inartifiziellen* und *artifiziellen* Überzeugungsmitteln. Mit »inartifiziellen« Überzeugungsmitteln sind dem Redner zur Verfügung stehende äußere Beweismittel (z.B. Zeugenaussagen, Dokumente, Verträge usw.) gemeint, gegebene Bedingungen also, die für sich sprechen; »artifizielle« Überzeugungsmittel sind im Gegenteil diejenigen, die aus dem Fall selbst bezogen bzw. erst erzeugt werden mithilfe der *Kunst*, der *Rhetorik*. Unter diese »artifiziellen« Mittel subsumiert er also die

Kategorien *logos*, *pathos* und *ethos*. Das heißt: Auch und gerade sie sind dynamisch, man kann sie nach Maßgabe der Situation frei entfalten. Sogar der aristotelische Logos ist bis zu einem gewissen Grade wandel- und verhandelbar, mithin: anpassungsfähig.

Für diese wegweisende logische Dynamik ist mit Blick auf die Rhetorik noch ein weiterer Name zentral: der des Logographen Isokrates (436–338 v. Chr.). Mit einigen Sophisten, besonders mit seinem Lehrer Gorgias, teilt er den erkenntnistheoretischen Pessimismus. Sicheres Wissen scheint dem Menschen nicht zugänglich zu sein; daher ist der Wahrscheinlichkeit vor der unerreichbaren Wahrheit der Vorzug zu geben. Isokrates verlässt sich lieber auf plausible und moralisch vertretbare Meinungen – exakt jene *doxai*, die Platon aufgrund ihrer Unzulänglichkeit ablehnt. Cicero hingegen schließt an Isokrates an. Zwar bleibt er gegenüber einer wie immer gearteten Wahrheit als Referenzgröße verpflichtet, doch stehen Wahrheitsliebe und Wahrheitssuche auf unterschiedlichen Wirklichkeitsstufen: Während erstere eine lebenspragmatische Norm darstellt, suggeriert letztere die Unmöglichkeit, das Ideal zu erreichen. Allen Zugeständnissen an die Existenz oder besser: *Referenzfähigkeit* einer höheren Wahrheit zum Trotz macht sich Cicero das skeptische, ursprünglich am platonischen Logos orientierte *verisimile* bzw. *probabile* zu eigen, das an die Stelle einer *verlässlichen*, *erreichbaren* Wahrheit tritt. Die Realität der objektiven Nichterkennbarkeit der Wahrheit führt zu verschiedenen Paradoxa in der Argumentation, die in mancherlei Hinsicht spätere geistesgeschichtliche Auseinandersetzungen antizipieren, z.B. den Konflikt zwischen Kant und den Idealisten. Dass sich beide Größen, Wahrheit und Wahrscheinlichkeit, in Analogie zu Sein und Schein in einem Verhältnis gegenseitiger Abhängigkeit befinden, bleibt also eine grundlegende, die Rhetorik bestimmende, aber auch über sie hinausweisende Erkenntnis. Wie bereits angedeutet, kann hier nicht der Ort sein, die aufwendige Geistesgeschichte der Wahrheit nachzuzeichnen. Für die Rhetorik wird die Wahrheitsfrage – da das Stichwort Kant soeben gefallen ist – in der Zeit der Aufklärung zum entscheidenden Gradmesser, genauer: zum Sargnagel. Eine Kunst, die die Wahrheit vervielfältigt, umgeht oder gar flieht, konnte der Aufklärung nicht willkommen sein, wo das Ziel nun einmal die Erlangung einer mehr oder weniger »unbedingten« Wahrheit war – existentielle wie (Spätantike, Mittelalter und Frühe Neuzeit durchziehende) spielerische Formen des Wahrscheinlichen oder gar Wahrheitsfernen wurden von den dominierenden dogmatischen Visionen des Wahren und Guten (mehr denn des Schönen, zur Ästhetik s.u. 118 f.) an den Rand gedrängt und konnten auch den an sie herangetragenen moralischen Kriterien in der Regel nicht standhalten.

Doch bleibt die Wahrheit für die Rhetorik selbst dort noch primäre Bezugsgröße, wo der Wahr-Schein wieder breitere Räume erhellt. Als beispielhaft möchte ich das in Hans Blumenbergs *Anthropologischen Annäherungen an die Rhetorik* formulierte ontologische Dilemma betrachten: Dort war, in Anlehnung an Arnold Gehlen, die Genese der Rhetorik aus einer »Wahrheitsverlegenheit« des Menschen, aus einer spezifischen Mangelsituation also, behauptet worden. Die Rhetorik *bedingt* den Status des Menschen als »Mängelwesen« geradezu, weil sie zum Ausweis seiner unabdingbaren Selbstauslieferung an die Rede wird:

> »Der Mensch als das reiche Wesen verfügt über seinen Besitz an Wahrheit mit den Wirkungsmitteln des rhetorischen *ornatus*. Der Mensch als das arme Wesen bedarf der Rhetorik als der Kunst des Scheins, die ihn mit seinem Mangel an Wahrheit fertig werden läßt.«[3] (Blumenberg 1981: 407)

Es ist eine Frage der Perspektive, ob man diesen Befund kritisch oder positiv lesen möchte, das Glas kann genauso gut halb voll wie halb leer sein. Das halb volle wäre aus rhetorischer Perspektive ein allemal attraktiveres Resultat. Tatsächlich vermag, um noch einmal Blumenberg zu zitieren, Rhetorik »Institutionen zu schaffen, wo Evidenzen fehlen« (Blumenberg 1996: 110). Auch diese oft mit dem Attribut »bloß(e)« stigmatisierte Rhetorik ist jedoch eine substantielle sprachliche oder sprachbildliche Denkform.

Die Bedingung der Möglichkeit, Logik durch Rhetorik zu sistieren oder sogar aufzuheben, zeigt sich von Giambattista Vicos Unterscheidung von rationalistischer und tropischer Erkenntnis beeinflusst. Vor allem aber lässt sie sich auf Friedrich Nietzsche zurückführen; auch ist sie kennzeichnend für die an Nietzsche anknüpfende Dekonstruktion, so z.B. für Paul de Mans *Allegorien des Lesens*. Dabei ist nicht nur in de Mans Lektüre die Rhetorik, zumal auf ihrem Kerngebiet, dem Stil, ja ohnehin als ein leseabhängiger Prozess gedacht: »Der Ornatus mit seinen Figuren und Tropen ist im Text [...] nicht einfach gegeben, sondern entfaltet sich erst im imaginären Raum zwischen Text und Lektüre.« (Groddeck 1995: 15) Demnach würden Figuren und Tropen erst beim Vollzug der Lektüre er- bzw. gefunden: Dieser Vorgang beschreibt die bekannte »Lese-Allegorie«. Die *ratio* in ihren spezifischen Spannungen zwischen Schein und Wahrheit wird indes in den Kapiteln zu den einzelnen *officia oratoris* noch ausführlicher diskutiert, vor allem in *inventio* und *elocutio*. Auch in den *Konstellationen* wird sie verschiedene Rolle spielen.

Diese dynamischen Definitionen zusammengenommen, stünde Rhetorik mit Blick auf den *logos* auf einer *vorwissenschaftlichen* Stufe: Unter »vorwissenschaftlich« ist hier freilich eine spezifische, technisch ausgereifte Art von Wissenschaft zu verstehen, die eben nicht ausschließlich rationalen Verfahren Spielräume lässt, sondern auch als »irrational« klassifizierten wie zum Beispiel der Intuition. Diese Disposition ist alles andere als ein

Grund zur Verzweiflung, im Gegenteil: Sie entspricht dem Umstand, dass Wahrheiten zu vielfältig sind, um eine unangreifbare Verhandlungsbasis zu bieten. Das gilt auch für jene Wahrheiten, die man einander kommunikativ erschließt, auch diese sind mit zum Teil undurchschaubaren rational-kognitiven oder moralischen Voraussetzungen verknüpft. Die Zeitläufte bringen immer wieder Situationen hervor, die an solche Grundfesten des für solide befundenen logischen Denkens rühren. Man sieht jedenfalls, dass es keine Eigentümlichkeit der Postmoderne ist, die Gesellschaft produktiv zu spalten, insofern die einen an tradierten Wahrheiten und Wertesystemen festhalten wollen, während die anderen ihre kritische Disposition und Hinwendung zu Scheinwahrheiten oder Wahrscheinlichkeiten nicht zuletzt rhetorisch weiter ausbauen.

2. *Ethos*: Die Moral (in) der Rhetorik

Blickt man auf aktuelle politische Debatten, so scheint die (oftmals christlich überformte) Moral wie ein Damoklesschwert über allem zu schweben. Meistens stehen wohlmeinend wirkende, aber oft gar nicht weiter kritisch hinterfragte Werte wie Gemeinschaft, Solidarität, soziale Rücksicht usf. im Mittelpunkt, und es ist vor allem die Rhetorik, der man etwaige Missgriffe und Abweichungen von derlei politisch korrekten Maßgaben zur Last legt. Das ist natürlich nicht erst seit heute so, sondern in gewisser Weise eine anthropologische Konstante. Franz-Hubert Robling vermerkt: »Daher beruhen die moralischen Normen der Rhetorik auf der popularen Moral, wie sie sich in der praktizierten Sittlichkeit früher Kultivierungsphasen einer Gesellschaft herausgebildet hat und noch heute gilt.« (Robling 2020: 107) Doch gibt es markante Unterschiede zwischen den relativ konstanten (christlich normierten) Werten und den vergleichsweise flexiblen in antiken (wie auch in mittelalterlichen oder frühneuzeitlichen) Gesellschaften. Diese begünstigen die kreativen Spielräume der individuellen, gesellschaftlich orientierten rhetorischen Trägergröße der Moral, des Ethos, was sich durchaus nicht als Nachteil erweist.

Bereits in der Theorie des Aristoteles kommt der *Person* des Redners große Bedeutung zu, wobei er der Erste ist, der den Begriff *ethos* explizit auf die (vor allem stilistischen) *Qualitäten der Rede* angewandt wissen will und dies ausführlich darlegt. Das (subjektive) Ethos komplettiert die Trias der Überzeugungsmittel und bildet die Basis für ihre Glaubwürdigkeit. Aristoteles versteht unter *ethos* indes eine weit flexiblere Größe als nur die moralische Qualifikation, die der Redner von Haus aus mitbringt. Es ist im Grunde erst die Rede selbst, die das Ethos des Redners zu voller Geltung bringt: Der Redner soll seine moralische Disposition *in der Rede* transparent werden lassen; als Ideal gilt eine Übereinstimmung zwischen dem Bild, das das Publikum vom Redner *a priori* hat, und demjenigen, welches er im Verlauf der Rede von sich entwirft. Grundlegend ist einmal mehr die Relation von Rede und Handlung: Das Ethos des Redners kann nur aus seinen Handlungen und Reden (über diese Handlungen) beurteilt werden. Im Zweifelsfall kann allerdings auch ein Redner überzeugend wirken, der nur scheinbar integer ist. Dies ist vor dem Hintergrund des anthropologischen Optimismus des Aristoteles zu bewerten: Im Grunde, meint er, sei jeder Mensch von Natur aus auf die Wahrheit ausgerichtet und erlange sie meistens auch. Die dem Menschen innewohnende Fähigkeit zum Guten müsse nur erst entwickelt werden; schließlich sei das Wahre und Gerechte von Natur aus stärker als sein Gegenteil. Daher mag wohl mancher Redner aus Schlechtigkeit trotz richtiger Einsicht Falsches sagen; hier kann es sich aber nur um Ausnahmen von der Regel handeln. Der entscheidende Part verbleibt beim Hörer, dessen Affekte erregt werden sollen: Er muss beurteilen, ob der Redner respektive das, was er sagt, überzeugend wirkt. Rhetorischen »Exzessen« arbeitet Aristoteles auch mit der eindringlichen Forderung an den Redner entgegen, alles möglichst angemessen auszuüben. Sie gilt nicht nur im Hinblick auf das Ethos des Redners, der bei der Selbstdarstellung nicht übertreiben sollte, sondern erstreckt sich auf die sprachliche Darstellung insgesamt.

Die Bindung der Rhetorik an moralische Kriterien wie das rednerische Ethos nimmt in Rom, wo man der Redekunst zunächst skeptisch bis ablehnend gegenübersteht, noch einmal deutlich zu. Eine so pointierte wie einflussreiche römische Ausprägung des rhetorischen Ideals liefert der ältere Cato (3./2. Jahrhundert v. Chr.), der sein eigenes rhetorisches Talent im allzu bekannten zerstörerischen *bonmot* über Karthago verewigte: *Ceterum censeo Carthaginem esse delendam.* Dagegen steht das friedlich wirkende Rednerideal des *vir bonus dicendi peritus*: »ein guter Mann, der reden kann«, also: Wer moralisch aufrecht sei, sei auch rhetorisch gewandt. Auch Catos Parole steht in der Tradition der philosophisch motivierten, antisophistisch orientierten griechischen Redner-Konzeptionen, wie sie in der Kritik Platons und in den Entwürfen des Aristoteles ihren Ursprung haben.

Cicero und Quintilian sehen das Ideal des *vir bonus dicendi peritus* in der Person des Cato verkörpert. In der für die Entwicklung der Rhetorik bedeutenden Epoche der frühen Kaiserzeit (1. Jahrhundert n. Chr.) wird dieser moralisch begründete Leitsatz mit seiner idealisierten römischen Trägerfigur gleichsam zu einem Grundpfeiler. Es ist die Zeit, in der die Rhetorik in der politischen Öffentlichkeit, besonders in Form des *genus deliberativum*, an Bedeutsamkeit einbüßt und in die geschlossenen

Räume, die Schulen vor allem, abwandert: Sie mutiert zu einer Deklamationspraxis mit nur noch loser Anbindung an die gesellschaftliche Realität, ihre (seien es juristischen, seien es politischen) Fälle bilden Exempla aus der mythhistorischen Vergangenheit. Das bezeugen die drei wichtigen rhetorischen Schriftsteller der Zeit: neben dem bereits genannten Quintilian der ältere Seneca und der Historiker Tacitus. Quintilian, dessen Werk unter *Pädagogik* genauer vorgestellt wird, schließt an Seneca hinsichtlich der Kritik an der zeitgenössischen Redekunst und die Diagnose ihres Verfalls an (»Dekadenztheorie«). Ähnlich Tacitus, der neben seinen historischen Werken auch eine genuin rhetorikkritische Schrift, den *Dialogus de oratoribus*, verfasst hat. Der Dialog ist als getreue Wiedergabe eines Gesprächs zwischen historischen Persönlichkeiten gestaltet, an welches sich der Autor aus seiner Jugend zu erinnern vorgibt. Alles drehte sich um einen qualitativen Vergleich, nämlichen zwischen Rede- und Dichtkunst, in diachroner und synchroner Perspektive. Der Jurist und Rhetor M. Iulius Aper verteidigt das Berufsbild des Redners; Curiatius Maternus schlägt sich auf die Seite der Dichter, da die Redefreiheit massiv eingeschränkt sei, was einer Vernichtung der Beredsamkeit gleichkomme – eine Diagnose von hochaktueller Brisanz. Mit Julius Secundus nimmt auch ein Freund Quintilians am Gespräch teil; Vipstanus Messalla steuert einen formidablen Vorschlag zur Kindererziehung bei, der schon damals mit der wenig überraschenden Erkenntnis aufwarten konnte, dass die Lehrerpersönlichkeit für die Ausbildung der Kinder von höchster Bedeutung sei. Als Historiker formuliert Tacitus in seinem Dialog auch eine historische These: Im Gegensatz zu Quintilian, der den Hauptgrund für den Verfall im »schlechten Geschmack seiner Zeitgenossen« sah, machte Tacitus die politischen Zustände verantwortlich. Am Ende steht die resignative Einsicht, dass ideale Politik ohne Beredsamkeit auskomme. Wenn man um das

»ideal« Klammern setzt, lässt sich das mit einem gewissen Bedauern wohl auch mit Blick auf aktuelle politische Konstellationen behaupten.

Aus der Kritik und den ästhetischen Normierungsversuchen wird deutlich, dass die Redekunst sich selbst nicht genug ist, da sie nicht gegen Missbrauch gefeit ist. Deswegen müssen ihre Referenzen gestärkt werden. Außerdem vernachlässigte die gängige Redepraxis mit dem Verlust des Wahrheitsbezugs gleichzeitig die Handlungsdimension der Hörer, was dem Problem wiederum eine hohe Aktualität verleiht: Das beständige Einfordern dieser Referenzen der Redekunst wird ihr immer aufs Neue zum Verhängnis.

Ein kurzer Blick soll auf die christliche Rhetorik fallen, wird die Religion doch zu einem weiteren schweren Hemmschuh für die Rede als Kunst der Verstellung und des schönen äußeren Scheins. Wie so oft, ist auch hier die Haltung des Augustinus besonders aufschlussreich. Seneca, Quintilian und sogar schon Cicero können mit Blick auf das fragile moralische Ideal nicht nur Vermittler, sondern sogar Vorbilder für Augustinus gewesen sein. Augustinus hat keinen Paradigmenwechsel vollzogen, sondern lediglich andere, vielleicht deutlichere Akzentuierungen vorgenommen, die aber das theoretische Fundament der ethisierenden Rhetorik nicht erschüttern. Dies betrifft insbesondere das Modell der Übertragbarkeit: Augustinus empfiehlt die Benutzung fremder Predigttexte, wo dem »guten« Menschen die rhetorischen Fertigkeiten fehlen; explizit gestattet er »Rollenspiele« (Aug. *doctr. christ.* 4, 29, 62: zur *persona*). Dies begründet er damit, dass die Worte gemeinsamer Besitz aller Gläubigen seien: Ein guter Christ kann also auch den trefflich formulierten und somit nutzbringenden Text eines anderen verwenden. Voraussetzung bleibt die moralische Integrität des Vortragenden. Die Flexibilität, die das Augustinische rhetorische Konzept aufweist, wird effektiv eingeschränkt durch seine Verklammerung mit dem Eigentumsdiskurs:

»Wer nämlich stiehlt, nimmt Fremdes an sich, das Wort Gottes aber ist für die, die ihm gehorchen, nichts Fremdes, und eher sagt jener etwas Fremdes, der, obwohl er gut zu reden versteht, doch schlecht lebt. [...] Wenn man nämlich genau aufpasst, so sind nicht sie selbst es, die gut sagen, was sie sagen. Wie können sie nämlich in Worte kleiden, was sie in ihren Taten verweigern? [...] und diejenigen, die ihre Worte nicht selbst anordnen konnten, machen sie doch zu ihrem Eigentum, insofern sie jenen Worten gemäß ordentlich leben.« (Aug. *doctr. christ.* 4, 29, 62)

Skrupellose Redner lassen sich mit Alteritätskonzepten fassen: Sie begehen nicht nur Diebstahl am allen Aufrechten zur Verfügung stehenden Gemeingut, sondern entfremden sich ihrer selbst, indem sie sich etwas aneignen wollen, wozu sie nicht disponiert sind: Sie verlieren ihre Persönlichkeit, werden *ent-persönlicht*. So fallen sie aus der Gemeinschaft heraus und können unschädlich gemacht werden.

Diese Vorwürfe werden gestützt durch ein weiteres Bibelzitat aus dem Matthäus-Evangelium, in dem Jesus die Beklagten ihrer Tarnung beraubt: »›Ihr Hypokriten‹, [...], ›wie könnt ihr Gutes reden, wo ihr doch schlecht seid?‹ [*Mt.* 12, 34]. Und dadurch sagen sie auch das, was sie sagen, wenn sie es gut sagen, nicht selbst, indem sie durch ihr Wollen und durch ihr Tun dem Hohn sprechen, was sie sagen.« (Aug. *doctr. christ.* 4, 29, 62)

So wird den heuchelnden Schönrednern, den »Schauspielern« (*Hypocritae*), moralisch zu Leibe gerückt, und insofern knüpft Augustinus an die Argumentationsweise an, die z.B. Philo und Clemens von Alexandrien entwickelt haben, um wahre Christen von Ungläubigen zu unterscheiden. Dieses Unterscheidungskriterium hat lange Bestand; es bildet das christliche Komplement zum »säkularen« moralischen Modell, und zusammen sind sie durch die Jahrhunderte hindurch beinahe unschlagbar.

Dieses doppelt abgesicherte Ideal des *vir bonus dicendi peritus* war auch in der humanistischen Tradition tief verankert. Es war zugleich formgebend für den scholastischen Disput, für den z.B. Thomas von Aquin fixe Regeln aufstellte, um den gegenseitigen Respekt der Debattanten zu gewährleisten. Dazu gehörte, dass sie vor Ausführung ihrer eigenen Argumente den gegnerischen Beitrag sachgemäß zu paraphrasieren hatten. Und doch konnten auch derlei Maßnahmen nicht verhindern, dass die radikalen Versuche, die Rhetorik einzuhegen, in der Zeit der Aufklärung und Romantik auch und gerade mit moralischen Gründen betrieben wurden. Kant, Novalis und andere Wortführer in dieser Debatte begründeten ihre Verachtung gegenüber der »nichtswürdigen« Redekunst nämlich auch mit ethisch motivierten Bedenken an ihrer mangelnden »Authentizität«. Franz-Hubert Robling sieht mit Kant den entscheidenden Paradigmenwechsel in der moralphilosophischen Grundierung der Redekunst vollzogen. Im Rahmen seines Prinzips vom »kategorischen Imperativ« unterscheidet Kant einen genuin sittlichen Imperativ, einen rein technischen und einen pragmatischen. Während der technische weitgehend ungebunden die Erreichbarkeit von Zielen im Blick hat, weiß sich der pragmatische dem Interesse eines Gegenübers in der einen oder anderen Weise verpflichtet. Diese Tugenden kann man einüben. Außerdem implizieren sie selbst einen Wertekatalog, insofern das Gelingen des Guten, hier konkret die vermittelnde Überzeugung einer Redeabsicht, »damit eine ethische Dimension [gewinnt], denn es ist ausgerichtet auf die Realisierung des Guten und das Gelingen des Lebens im Ganzen, aristotelisch gesprochen auf die Eudaimonie« (Robling 2020: 52).

Einen etwas anderen Weg schlägt Hegel ein: Er unterscheidet dezidiert zwischen Tugend und Moral; Tugend wird erst zur moralischen Instanz, wenn das eigene Handeln unter diesem Aspekt des Pflichtbewusstseins reflektiert und entschieden von ihm gelenkt wird.

Auch derlei Differenzierungen aus philosophischer Perspektive haben nicht verhindern können, dass sich die Redekunst im freien moralischen Fall bewegte, an dessen Tiefpunkt sie in der ersten Hälfte des 20. Jahrhunderts ankommen sollte. Denn der Weg zur (im Rahmen des nachfolgenden Pathos-Kapitels eingehender verhandelten) diktatorischen Demagogik kommt einer Gratwanderung gleich. Missbrauch, sagen wir besser: einseitige Fokussierung auf die Durchsetzung eigener Interessen, hat die Redekunst immer wieder in die gefährlichen Fahrwasser moralischer Kritik gebracht. Speziell in Deutschland verdankt sich das anhaltende Misstrauen gegenüber der Rhetorik in ihrer ethisch-moralischen Dimension vor allem der NS-Zeit. Die alte These von der Neutralität der Sprache, die ihr böses Gesicht nur aus dem Munde schlechter Redner zeige, greift allerdings weit über dieses historische Extrem hinaus. Wir haben bereits in der frühen Sophistik gesehen, dass Schwarz-Weiß-Maler selbst nur Augenwischerei betreiben. Die Dinge sind von jeher kompliziert, mit einfachen »Wahrheiten« lässt sich keine zweifelsfrei belastbare Scheidelinie ziehen zwischen Spreu und Weizen, »gut« und »böse« nicht trennen. Und doch wird das stets aufs Neue versucht, besonders gerne auf dem Rücken der vorgeblichen rhetorischen Scheinkunst mit ihren moralischen Abgründen und Fallhöhen. Rhetorische Strategien seien »zulässig«, doch bleiben sie an die idealistische Maßgabe gekoppelt, die Bürger sollten sich nicht »überreden«, sondern »überzeugen« lassen. Aber ist das so? Dass die semantische Differenz selbst eine höchst fragile Konstruktion ist, wird dabei gerne ausgeblendet. Kehren wir unter den moralischen Auspizien noch einmal zu ihr zurück (vgl. o. 13).

Es zeugt von der Subtilität rhetorischen Denkens und Handelns in den antiken Kulturen, dass diese den Unterschied zwischen »überreden« und »überzeugen« und damit das ganze Problem der Gratwanderung zwischen Schein und Wahrheit, Vorzug und Missbrauch, Gut und Böse in die ambivalente Semantik der einschlägigen Verben: *peithein* und *persuadere*, gebannt haben. Aber nicht etwa, weil sie den Unterschied nicht gekannt hätten, wie aufgeklärte Kritik gerne behauptet; vielmehr war man sich der Komplexität der Dinge und insbesondere der Schwierigkeit der Differenzierung zwischen »richtigen« und »falschen« Zielen sowie der Problematik, »sauber« zwischen Sprache und Redner zu trennen, deutlich bewusst.

Die Weichen für eine Verengung bzw. hierarchisch strikte Ausdifferenzierung von *peithein* bzw. *persuadere* hat u.a. Kant gestellt. So lässt er die beiden Bedeutungen von *peithein*, Überzeugung und Überredung, mit dem Gegensatz von »subjektiv« und »objektiv« korrelieren, wie er bisweilen für die verschiedenen Konfigurationen von Wahrscheinlichkeit geläufig ist. *Überredung* scheidet für Kant als subjektives Kriterium aus. Dagegen steht die in der *Kritik der Urteilskraft* fundierte *Überzeugung*. Andere »Aufklärer« oder »Aufgeklärte« wie Johann Christoph Gottsched sehen in beiden Prozessen Vorzüge; ihr Einsatz, die Frage also, ob *überreden* oder *überzeugen*, wird praktischerweise nach der Konstellation des Publikums und seines intellektuellen Vermögens bemessen.

Im Akt des *peithein* fassen wir jedenfalls immer wieder einen Gradmesser für die moralischen Entfaltungs- und Gestaltungsspielräume der Rhetorik. Insofern *peithein* in all seinen Facetten eine Situation ganz neu gestalten oder überhaupt erst erschaffen kann, veranschaulicht das Wort die welterzeugende Kraft der Sprache. Kraft, Macht, Gewalt – deren Zusammenspiel fängt die Ambivalenz von *peithein* trefflich ein, wie auch Jürgen Habermas vermerkt: »Das Moment der Gewalt [ist in der Rhetorik] aufgrund der Ambivalenz zwischen Überzeugung und Überredung

[...] bis auf den heutigen Tag [...] nicht getilgt worden.« (Habermas 1970: 76) In der Diagnostik und Handhabung sprachlicher Gewalt sehen Ethologen der Gegenwart wie Franz-Hubert Robling auch die Zukunft dieses rhetorischen Überzeugungsmittels. Unter Rekurs auf Sybille Krämers Definition der »parole« als »Gewalt hervorrufendem Gebrauch der Sprache durch die Wahl von bestimmten Wörtern und Sätzen« wird es als Aufgabe der Ethik verstanden, nach den entsprechenden Formen und Kriterien in der Sprache zu suchen (Robling 2020: 42). Damit sind wir bei der Diskursethik angelangt, wie sie z.B. Wolfgang Kuhlmann in seinem Aufsatz *Rhetorik und Ethik* vertritt: Sie schlägt sich, um im Sprachbild zu bleiben, auf die Seite der Überzeugung. Als ein Set anti-rhetorischer Prinzipien wird in der Diskursethik eine moralische Apparatur identifiziert, die wesentlich auf Fairness und Gleichberechtigung aufruht. Die zumal auf Überredung setzende Rhetorik hingegen vertraue vornehmlich dem Schüren von Emotionen (s. dazu u. *Pathos* 39 ff.).

Hier setzen Chaïm Perelman und Lucie Olbrechts-Tyteca in der *Nouvelle rhetorique* an. Es ist die Interaktion mit dem Publikum, die Logik des kommunikativen Argumentierens, die für den rednerischen Erfolg durch Überzeugung sorgen soll; damit setzen sie sich wiederum von einer dogmatischen Formallogik ab. Inhaltlich tendiert dieses Bestreben durchaus in Richtung skeptizistischer Wahrscheinlichkeitslehren, aber in der optimistischen Variante eines Isokrates, Aristoteles oder Cicero. Polarisierungen oder binäre Oppositionen treten dabei zugunsten vielfältiger Optionen und Zwischentöne in den Hintergrund. Die *Neue Rhetorik* bezieht dezidiert auch Ethik und Rechtsfragen in ihr thematisches Spektrum ein. In dem diskursethischen Umfeld lassen sich darüber hinaus vielfach konkrete Bezüge auf das aus der Antike überkommene *vir-bonus*-Ideal feststellen, vor allem dort, wo es um die Ideale der Ehrlichkeit und Authentizität geht. Das kann wie bei dem bildungswissenschaftlich ausgewiesenen Philosophen John Dewey so weit gehen, dass Rhetorik zur moralischen Ertüchtigung gebraucht wird – und zur ästhetischen Erziehung aller. Überhaupt scheint die Relevanz der »Suche nach ethisch angemessenen Zielen der Redeerziehung« (Robling 2020: 75) außer Frage zu stehen. Robling begründet sie damit, dass es um nichts weniger als »den verantwortungsvollen Umgang mit der persuasiven Macht der Rhetorik geht. Denn rhetorisches Sprechen bzw. Schreiben erzeugt nicht nur Texte, sondern hat auch praktische Folgen als Handlungsakt, der Einfluss auf die sozialen, politischen, ökonomischen und kulturellen Beziehungen der Gesellschaftsmitglieder nimmt.« Er verweist in diesem Zusammenhang vor allem auf die einschlägige US-amerikanische Forschung, welche aufdecken möchte, inwiefern der rhetorische *discourse of power* als Mittel zur Erhaltung der Privilegien von Eliten und der Dominanz der Herrschenden dient. Angestrebt wird demgegenüber eine »kritische Rhetorik«, die sich marxistischer Ideologiekritik ebenso verpflichtet weiß wie der Diskurstheorie Michel Foucaults.

Könnte die Rhetorik sich auf diesem Wege in die moralische Weltverbesserung einschleichen? Indem sie sich als Aufklärerin und Aufdeckerin an Sprachsäuberungen beteiligt, wie sie etwa derzeit im Gefolge der vielfältigen *political-correctness*-Bewegungen (*woke et al.*) diskutiert und auch betrieben werden? Das stünde ihr wohl schlecht zu Gesicht. Was sie aber leisten kann: die Menschen immer wieder aufs Neue davon zu überzeugen, dass sie sich in vielen Fällen auch dort haben überreden lassen, wo sie glauben, überzeugt worden zu sein. Und dass es mit der Moral nicht nur in Fragen der Rhetorik eine unwesentlich weniger heikle Angelegenheit ist als mit der Wahrheit. Das dürfte wohl kaum eine (sprachgebundene) Disziplin subtiler und selbstreflexiver vorführen können als die Rhetorik.

3. *Pathos* und Pathologien

Auch die Lehre von den »pathe«, den Affekten, spielt in der Rhetorik eine prominente Rolle: Sie sind der zweite bzw. dritte Teil der sogenannten »artifiziellen« Beweise. Das dürfte auch den mit der Tradition weniger Vertrauten unmittelbar einleuchten, wenn sie sich vergegenwärtigen, wie affektiv die rhetorisch verbrämte Stimmungsmache im Internet aufgeladen ist: Ein Großteil der Meinungsbildungsprozesse wird über die Affekthaushalte der *User* abgewickelt. Aber auch in der direkten, also nicht virtuellen mündlichen Kommunikation sind die Wirkungen auf die Affekte seit je von kaum zu unterschätzender Bedeutung. Was die unmittelbare Kommunikation angeht, so wird der (imaginierte, ideale und reale) Hörer einer Rede zuerst über das artifizielle Pathos in seiner Affektivität angesprochen. Immerhin kann Rhetorik als »Ausfluß von mentaler und emotionaler Energie« gefasst werden (Robling 2004: 4).[4]

Auch an diesem Punkt werden schnell – bisweilen auch vorschnell – moralische Kriterien angesetzt, von denen nicht immer klar ist, worauf sie gründen und von wem sie festgelegt werden. So beobachtet Josef Kopperschmidt:

> »Ein moralisches Problem tritt beim Einsatz persuasiver Rhetorik vor allem dann auf, wenn der Redner die heftigen und leidenschaftlichen Gefühle seiner Zuhörer erregen will. Zu diesem Zweck muss er, wie Quintilian erklärt, ihre Einbildungskraft (*phantasia*) ansprechen, damit die für die Persuasion benötigten Empfindungen bei ihnen auch wirklich entstehen und den Redegegenstand in einer für ihn günstigen Perspektive erscheinen lassen.« (Robling 2020: 117)

Daran schließt sich die Warnung vor Trugschlüssen an oder »eine so weit getriebene Emotionalisierung der Rede, dass jede rationale Argumentation überdeckt oder gar ersetzt« werde (Robling 2020: 106).

Mit ähnlichen Problemdiagnosen waren bereits die antiken Rhetorik-Theoretiker von Gorgias bis zum kritischen Platon befasst: Ein Redner müsse zuallererst ein guter Psychagoge sein – und das könne nur gelingen auf der Grundlage einer einigermaßen soliden, wenn nicht empirischen Kenntnis der Affekt- und Assoziationspsychologie. Affekte und deren rationale Deutung fungieren durchaus auch als Argumente der Rede: So empfiehlt Cicero in einer fingierten Verteidigung im Rahmen der *infirmatio causarum*, der methodischen Entkräftung von Argumenten der Anklage, dem Redner den Nachweis, dass (in einem bestimmten Fall) gar keine oder aber maßlose Affekte im Spiel gewesen seien (Cic. *part.* 119).

Aristoteles definiert in der *Metaphysik* das Pathos, eine der zehn Kategorien innerhalb seiner Kategorienlehre, als eine »Qualität, die Veränderung zuläßt«. Er differenziert zwischen Affekten, Vermögen und Grundhaltungen bzw. Zuständen. Affekte sind für die emotionale Rührung (lat. *movere* oder *flectere*) zuständig, und dies vor allem in der Gerichtsrede; das soll idealerweise mit bestimmten physiologischen Reaktionen einhergehen und ist vor allem durch die geeigneten Stilmittel zu erreichen; immerhin sollen Empfindungen nicht nur in der Lage sein, Erkenntnisse zu ermöglichen, sondern auch dazu, ethisches Handeln auszulösen. Dabei kommt auf der Grundlage der eben genannten Wirkungsziele die ganze Bandbreite von sanften bis zu leidenschaftlich erregten Gefühlen zum Tragen. Von Affekten sind Emotionen und Stimmungen zu unterscheiden: Während zu den kommunikationsbeeinflussenden Emotionen z.B. Freude, Neid, Hass, Scham, Hoffnung, Liebe, Neid, Eifersucht, Mitleid, Dankbarkeit und Furcht gehören, sind unter die Stimmungen Depression, Melancholie, Euphorie und Heiterkeit zu rechnen; letztere sind allgemeiner und diffuser, mit unspezifischeren Verhaltensauswirkungen. Auf die Emotionen können sowohl affektive als auch kognitive Inhalte einwirken: »Die kognitive und die volitive Funktion der mit den Bewertungen des Redegegenstandes ausgedrückten Emotionen stellen damit den Mobilisierungsspielraum bereit, den der Redner mit seiner Rede ausnutzen kann, um sein persuasives Ziel zu erreichen.« (Robling 2020: 66) Auch hier kommt allerdings wieder die Ambivalenz von Überzeugen und Überreden zum Tragen, deren Spielräume im emotionalen Bereich zusammenfallen und neben der affektiv-kognitiven Doppelspitze alle Sinne involvieren können.

Über die reine Form hinaus lassen sich Affekte vor allem durch solche Topoi evozieren, die auf die Befriedigung etwaiger Bedürfnisse abzielen (eine ausführlichere Beschreibung liefert Cicero in *part.* 96). Wichtig (und komplex) ist das Zusammenspiel von Affektsteuerung und Selbstbeherrschung (*temperantia*), welche handlungsbezogen als »Klugheit« (*prudentia*) erscheint. Seinen eigenen Affekt- und Wahrnehmungshaushalt sollte der Redner dabei unbedingt in seine Überlegungen einbeziehen.

Der affektische Zugang zu den Herzen der Hörer soll in allen *officia oratoris*, jeweils auf eine eigentümliche Weise, gesucht werden. Besonders emotional gefärbte Reize hinterlassen »Stacheln« in den Herzen der Hörer. Die Evokation emotionaler Regungen lässt sich gut durch den Ton der Rede unterstützen. Speziell in der Gerichtsrede sind von jeher die Richter bzw. Entscheidungsträger Gegenstand einschlägiger Reflexionen, wie sie nämlich am besten durch den angemessenen Einsatz vielfältiger pathetischer Mittel erreicht werden können. Spontane Überwältigung birgt dabei einige Risiken, zeitigt aber auch die größten Effekte. Die Rhetorik erweist sich auch in dieser scheinbar genuin affektischen Hinsicht als tiefschürfende Studientechnik. Allein die in der Rhetoriktheorie angestellten Reflexionen über perzeptive und apperzeptive Reizwirkungen zeugen vom Bewusstsein um die Problematik von Schein und Sein, von Ergriffenheit und Ergreifen, von Freiheit und Willkür.

Mit Blick auf alle drei Bereiche, Affekte, Emotionen und Stimmungen, ist die physiologische Bedingtheit der Spontaneität nicht zu unterschätzen: Diese hängt auch von Befindlichkeit und Gestimmtheit des Angesprochenen ab. Den Zusammenhang von rhetorischer Öffentlichkeit und individueller Gestimmtheit mag besonders treffend eine Definition Martin Heideggers veranschaulichen:

> »Die Öffentlichkeit als die Seinsart des Man [...] hat nicht nur überhaupt ihre Gestimmtheit, sie braucht Stimmung und ›macht‹ sie für sich. In sie hinein und aus ihr heraus spricht der Redner. Er bedarf des Verständnisses der Möglichkeiten der Stimmung, um sie in der rechten Weise zu wecken und zu lenken.«[5] (Heidegger 1972: 138 f.)

Solche Stimmung verweist just auf das pathematische wie soziale, dialogische Moment der Rhetorik: »[D]er Mensch ist ein Lebendes, das im Gespräch und in der Rede sein eigentliches Dasein hat.«[6] (Heidegger 2002: 108); erläuternd heißt es bei Heidegger etwas später: »[d]ie Affekte spielen eine fundamentale Rolle bei der Bestimmung des Seins-in-der-Welt, des Seins-mit-und-zu-anderen.« (Heidegger 2002: 122)

Unter den besonders pathoserregenden Gedanken- bzw. Bildfiguren ist z.B. die Apostrophe zu nennen (eigentlich eher ein Verfahren denn eine Figur): Sie wird den Medien der Publikumsansprache zugeordnet. Zu ihr können auch Allegorien, Visionen, Gebete, Flüche etc. gerechnet werden. Ob die angesprochenen Personen anwesend, abwesend oder fingiert sind oder ob Gegenstände personifiziert werden, macht für die pathetische Wirkung keinen Unterschied. Die Suggestion der Präsenz bleibt allerdings zeitlichen Begrenzungen unterworfen: Die Vergegenwärtigung bestimmter Dinge oder Personen sollte sich auf Augenblicke beschränken, damit die Aufmerksamkeit der Hörer nicht überspannt wird. In jeder Form versinnbildlicht die Apostrophe »das plötzliche Heraustreten aus einer sprachlichen Situation oder Stimmung, verursacht von einer Überwältigung durch den Affekt« (ebd.: 91), mit anderen Worten: »Die Apostrophe ist sozusagen ein pathetischer Verzweiflungsschritt des Redners« (Lausberg 1990: 377 f. [762]), der anzeigt, dass der Redner sich vor einem drohenden Aufmerksamkeitsverlust fürchtet. Auch begünstigt sie den Effekt der (ästhetischen) Plötzlichkeit: »Die verschiedenen Arten der *Apostrophe* stellen eine unerwartete Wendung dar, die den Sprecher dazu zwingt, sich aus der ›gewohnten‹ oder vereinbarten Ordnung der Sprache abzuwenden.« (Dachselt 2003: 93)

Durch gezielten Einsatz der Apostrophe lassen sich die Hörer verwirren; werden vertraute Personen aufgerufen, können Apostrophen jedoch auch dazu dienen, das gefühlte wie kognitive Sicherheitsbedürfnis der Hörer zu befriedigen. Ein vollkommenes Beispiel einer solchen Apostrophe bietet Ciceros vernichtende Ansprache an den Erzrivalen Lucius Sergius Catilina, die Cesare Maccari in seinem Gemälde von 1889 so trefflich eingefangen hat.

Ciceros Ansprache an Lucius Sergius Catilina (Cesare Maccari, 1889)

In der poetologisch wichtigen anonymen Schrift *Über das Erhabene* (*Peri Hypsous*, vgl. dazu u. 111; 115), die wahrscheinlich aus der frühen römischen Kaiserzeit stammt und seit der Übertragung Nicolas Boileaus (1674) auch auf neuzeitliche sowie moderne Ästhetik und Rhetorik maßgeblichen Einfluss entfalten konnte, ist das Pathos den Größen Logos und Ethos übergeordnet; es ist aber keineswegs antirationale Leidenschaft, sondern literarisch stilisierter Enthusiasmus, der gezielt zur Affekterregung eingesetzt werden kann. Es ist das Erhabene hierin sogar effizienter als Redekunst im Allgemeinen, denn dort kann die Überredung nur gelingen, wenn der Hörer dem Dargebotenen zustimmt. Darauf ist das Erhabene zunächst nicht angewiesen. Friedrich Schiller koppelt an diese Definition des Erhabenen das Ideal künstlerisch-kreativer menschlicher Freiheit und Leidensfähigkeit: Dieser Auffassung verdankt sich der bis heute übliche Gebrauch des »Pathetischen« als einer sichtbaren Leidensattitüde.

Aus einer anderen, wieder mehr von ihrer Bindung an den *logos* herrührenden Richtung nähert sich Hans-Georg Gadamer den *pathe* als einer Patho-Logik: »Die *historia* ist [...] eine ganz andersartige Wahrheitsquelle als die theoretische Vernunft. [...] Ihr Eigenrecht beruht darauf, dass die menschlichen Leidenschaften nicht durch die allgemeinen Vorschriften der Vernunft regiert werden können. Dazu sind vielmehr überzeugende Beispiele vonnöten, wie sie nur die Geschichte bietet.« (Gadamer 1986: 28 f.)

Doch diese (wenn auch mitunter moderater gefasste, weil kognitiv aufgespaltene) Erfolgsgeschichte rhetorisch bedingter Affekte (oder umgekehrt) ist nur die eine Seite der Medaille. Auf der anderen hat gerade sie den Kritikern in die Hände gespielt und zur weiteren Diskreditierung der Disziplin beigetragen. Das lässt sich wieder besonders drastisch in der Zeit der Aufklärung beobachten, die ja eigentlich an der Spontaneität von Affekten ihre Freude haben und diese auf Seiten der idealisierten »Authentizität« hätte verbuchen können. Aber weit gefehlt: Affekte werden primär als ein weiteres, besonders schlimmes Indiz von Künstlichkeit betrachtet. Hier setzen denn auch die Romantiker das Seziermesser an und stürzen die Rhetorik vorerst tief in den Abgrund der Bedeutungslosigkeit, da sie der idealisierten »Authentizität des Gefühls« zuwiderlaufe (Novalis *et al.*).

Die von Schiller durchaus positiv bewertete Artifizialität oder Theatralität der *pathe* hat nicht nur verschiedensten kritischen Zugriffen auf das Pathos den Weg geebnet (oder diesen verbreitert), neben emotions- auch stilkritischen; man denke an den Schwulst pathetischer (Groß-)Erzählungen, mit denen u.a. Jean-François Lyotard die Pathos-Kritik verbindet.[7] Die Rufe nach ungekünstelter, »einfacher« Rede sind, einmal aufgekommen, nie verhallt. Besonders vernehmlich waren sie aber nicht nur im 18. Jahrhundert, als man an die »ächten Gefühle« hinter den »gekünstelten« heranwollte.

Sogar im 21. Jahrhundert fordern schlichte Gemüter, zumal für bestimmte Bereiche, eine ebenso schlichte, *rhetorik-reduzierte* oder gar *rhetorik-freie* Sprache, als ob es diese gäbe – überhaupt ein Anspruch, der die Menschen nicht nur in ihrer intellektuellen Kapazität, sondern auch in ihrer affektiven Verstricktheit weit unter Wert verkauft. Unaufrichtigkeit und Manipulation sind als Vorwürfe allenthalben zu hören und zu lesen, wo jemand, sei es in komplexerer oder schlichterer Sprache, an die *pathe* appelliert (man muss nicht die Schublade mit den Anfang der 2020er Jahre üblichen Verdächtigen von Trump über Orban bis AfD aufmachen): Die Vorbehalte haben fraglos mit den, global betrachtet, vielfältigen Erfahrungen mit dem als misslich empfundenen Gebrauch der Redekunst durch diktatorische Regimes zu tun, die wohlweislich ganz besonders die Gefühlsebene adressieren. Zumal in Deutschland ist seit der affektiv aufgeladenen

Propaganda der Nazi-Zeit affektives Sprechen in Verruf geraten; diese Vorurteile halten noch immer an. Gerne wird in diesen Zusammenhängen an die Rede erinnert, die Propagandaminister Joseph Goebbels am 18. Februar 1943 im Berliner Sportpalast hielt, in welcher, vor dem Hintergrund der heraufbeschworenen »bolschewistischen Gefahr«, die Parole vom »totalen Krieg« das Maximum an emotionaler Auf- und Einpeitschung versinnbildlicht. Der Erfolg verdankt sich nicht zuletzt dem geschickten Einsatz bewährter rhetorischer Tropen und Figuren wie z.B. der Personifikation, der Klimax, der Amplifikation, des Beispiels oder der Apostrophe, die hier allerdings insoweit »umgekehrt« wird, als die Anwesenden direkt angesprochen und umso unmittelbarer affiziert werden. Sie alle sind nicht nur wichtig für das Gelingen des persuasiven Akts, sondern wirken sich auch auf die ethische Vermittelbarkeit des Redners aus. Die Beispielpalette ließe sich in viele politische Richtungen erweitern; konservative Politik spricht die emotionalen Ebenen der Hörer mit ähnlichen rhetorischen Mitteln an wie revolutionäre.

In jüngster Zeit hat das Vorbild Barack Obamas die »gefühlsechte« Rhetorik rehabilitiert (bevor Donald Trump sie wieder an den Abgrund manövriert hat). Obama war besonders geschickt darin, die drei artifiziellen Tugenden zu verbinden, vor allem Pathos und Ethos, etwa durch die zahlreichen authentisch wirkenden Anekdoten, die er in seine Reden einzustreuen pflegte. Sie sprachen die Hörerschaft unmittelbar auf der Gefühlsebene an und vermittelten das Bild eines authentischen, mithin »aufrechten« Charakters, dem man so auch die »Sache« leichter abkauft.[8] Der Zusammenhang bestand von jeher und besteht immer noch fort; daher ist es nur konsequent, wenn jüngst noch Josef Kopperschmidt »Wahrhaftigkeit« als Rednertugend einforderte. Ob es »richtig« ist oder der Sache gerecht wird, ist eine andere Frage.

III. Reichweiten und Konstellationen

1. Rhetorik und Bildung

Neben der Philosophie ist wohl kaum eine Disziplin von Beginn an so eng mit Bildungsfragen verwoben wie die Rhetorik. Das ist eine Konstante, die sich durch die Jahrtausende zieht; als es der Rhetorik im Zuge ihrer allmählichen Marginalisierung auch in den Ausbildungsstätten – besonders drastisch in den französischen *lycées* Ende des 18. Jahrhunderts – an den Kragen geht, ist eben jene Verbannung aus den Bildungscurricula selbst noch Ausweis ihrer traditionellen didaktischen Macht. Mag sie auch für eine beträchtliche Zeit weitgehend von der Bildfläche verschwunden sein, so hat sie allmählich begonnen, sich die Bildungscurricula zurückzuerobern. Das belegen nicht nur die Aktivitäten der einschlägigen Institutionen, in Deutschland vor allem das Tübinger Seminar für Allgemeine Rhetorik, sofern es Rhetorik zwischen Theorie und Praxis verortet. Das zeigen auch die sich stetig vermehrenden Versuche, Rhetorik oder rhetorikaffine Themen in die Lehrpläne von Schulen und in Lehrbücher zu integrieren. Diese Disposition und die sie begleitenden Entwicklungen rühren an die Ursprünge der Rhetorik als Disziplin, deren Beginn man sich freilich, wie überall, nicht zu transparent oder abrupt vorstellen darf. Allmählich entwickelte sich aus den ersten Anfängen ein Ausbildungsmodell, das bis ins frühe 19. Jahrhundert hinein Bestand hatte: »Reden bildet«.

Die »Genese« der Redekunst liegt, wie so vieles, im Dunkeln. Zeugnisse fehlen schon deshalb, weil man das Reden zunächst primär als natürliche Fertigkeit, weniger als erlernbare Technik auffasste. Genau genommen wird erst Aristoteles im 3. Jahrhundert eine explizite Ansiedelung der *techne rhetorike* bei den *praktikai technai* vornehmen (Aristot. *rhet.* 1, 2, 2). Unabhängig davon gibt es aber doch viele Belege für die außerordentliche Bedeutung der sprachlichen (Re-)Präsentation. Das beginnt mit den homerischen Epen. Odysseus und Nestor treten mehrfach als herausragend gebildete Redner auf, und Homer, der für so vieles Pate steht, gilt auch als Erfinder der Redekunst. Schon in den homerischen Epen zeigt sich mit dem zwischenmenschlichen, kommunikativen auch der agonale Zug der Redekunst. Auch für die moralische Fundierung, die Korrelation von Wort und Tat, lassen sich bereits bei Homer zahlreiche Belege anführen, bilden sie doch eine konstitutive Verbindung für das heroische *paideia*-Ideal.

Als fachliche Archegeten der Rede- als Bildungskunst gelten jedoch die sogenannten Sophisten (vgl. o. 5: 24), deren bevorzugter Lehrgegenstand die Rhetorik war, welche sie als eine Art praktischer Lebensphilosophie begriffen. Konkret ging es auch um die Vermittlung rhetorischer Strategien. Als ambitioniertes pädagogisches Ziel lässt sich die Ausbildung der Menschen zu mündigen, reflektierten und handlungsfähigen Bürgern benennen. Da unsere Hauptquelle für das zeitgenössische »sophistische« Schaffen allerdings die Werke Platons sind, haben wir einen sehr einseitigen, äußerst kritischen Blick auf sie. In den platonischen Dialogen (vor allem *Gorgias*, *Protagoras*, *Sophistes*, *Phaidros*) erscheinen sie beinahe ausnahmslos als habgierige Verkäufer von Scheinkünsten, die ihrer mangelnden Expertise regelmäßig vom ironischen Sokrates überführt werden. Erst spät setzten umfassende Rehabilitationsversuche ein, besonders engagiert hat Hegel dazu aufgerufen, alle (platonischen) Vorurteile »auf die Seite [zu] stellen und [zu] vergessen« (Hegel 1986: 409).

Zu den wichtigsten »Vertretern« der ersten Sophistik (auf die zweite gleichnamige Aufklärungsbewegung komme ich später noch zu sprechen) gehört Protagoras (480–415 v. Chr.), der als Verfasser sogenannter Antilogien (»niederringende Reden«, *kataballontes logoi*) gilt, daneben vielleicht auch ein Lehrbuch verfasst hat. Berühmt ist er für den ihm zugeschriebenen *homo-mensura*-Satz:

> »Aller Dinge Maß ist der Mensch, der seienden, dass (wie) sie sind, der nicht seienden, dass (wie) sie nicht sind.«

Dieser Satz ist vielfach entstellt und vor allem für seine solipsistische Tendenz kritisiert worden. Dabei geht es wohl eher um Wahrscheinlichkeit und Perspektivismus, also darum, die Subjektivität von Wahrnehmungen zu problematisieren, woraus sich Argumente für die Stärkung von Schwächeren ableiten lassen.

Während Hippias von Elis (um 470 v. Chr.) für seine Schaureden bekannt war, hat Thrasymachos von Chalkedon (um 450 v. Chr.) sich um die Verfeinerung der Kunstprosa verdient gemacht, die der Poesie unter formalästhetischen Gesichtspunkten lange Zeit hinterherhinkte, was auch Folgen für die Merkfähigkeit zuungunsten der Prosa hatte. Um diese Differenz zu kompensieren, hat Thrasymachos den Rhythmus in die Prosa eingeführt und die syntaktische Periodenbildung ausgebaut. Er soll auch die rhetorische Affektenlehre entwickelt und ein Lehrbuch verfasst haben. Wie Hippias kennen wir auch ihn aus den platonischen Dialogen, hier aus der *Politeia*, wo er Sokrates gegenüber auf die Koinzidenz von Gerechtigkeit und Macht pocht.

Der bedeutendste rhetorische »Sophist« ist indes der bereits mehrfach zitierte Sizilianer Gorgias von Leontinoi (480–380 v. Chr.: Rhetorik hält jung und sorgt für ein langes Leben). Sein Schüler, der Logograph Isokrates, steht gelegentlich etwas im Schatten großer Namen, wiewohl er für die pädagogische Auffassung der Redekunst von großer Bedeutung ist und enormen Einfluss z.B. auf Cicero ausübte. Isokrates ist ein Schüler des Gorgias und beinahe so alt geworden wie sein Lehrer: ein zweites Beispiel für die vitale Kraft der Redekunst. Anders als sein Lehrer distanzierte er sich allerdings deutlich von der inkriminierten Sophistenzunft; in seinem Werk, das – soweit die Überlieferung es uns überblicken lässt – 21 Reden und neun Briefe umfasst, findet sich auch eine dezidiert »gegen die Sophisten« gerichtete Rede (Nr. 13). Auch wenn er selbst nicht als Redner auftrat, sondern Reden für andere schrieb, hat er sein Leben ganz in den Dienst der Rhetorik gestellt, die er zu einer universalen Bildung ausarbeitete und als »Philosophie« bzw. »Pädagogik« bezeichnete. In einer eigenen Schule brachte er diese praktisch zur Anwendung und in Umlauf.

Mit einigen Sophisten, besonders mit seinem Lehrer Gorgias, teilt Isokrates allerdings den erkenntnistheoretischen Pessimismus. Sicheres Wissen scheint dem Menschen nicht zugänglich zu sein; daher ist der Wahrscheinlichkeit vor der unerreichbaren Wahrheit der Vorzug zu geben. Isokrates verlässt sich lieber auf plausible, empirisch bestätigte und moralisch vertretbare Meinungen als auf idealistische Begriffsbildungen. Für beide, Gorgias und Isokrates, ist das Erkennen des richtigen Augenblicks (*kairos*) ein zentrales Kriterium der rednerischen Tätigkeit und damit auch der Ausbildung. Der Zweck der Redekunst ist vor allem ein politisch-pädagogischer: Die Rhetorik soll als Medium der Erziehung vor allem trefflicher Staatsmänner fungieren; besonders die politischen

Führer der Zukunft sollen in der Redekunst geschult werden, um vernünftige Ansichten zu bedeutenden Fragen in adäquater Form artikulieren und daraus analoge Handlungskompetenz entwickeln zu können. Die Sprache eines Menschen wird auch zum Gradmesser für seine Bildung. Das Erziehungskonzept des Isokrates lässt dabei einigen individuellen Spielraum, und dieser nachgerade universalistische Zug ist es ja vor allem, der ihn manch modernem Interpreten als »Prototyp des humanistischen Bildungsideals« erscheinen lässt (Steidle 1952: 282).

Der Vormarsch der Rhetorik lässt sich auch an den zunehmenden Versuchen ablesen, sie zu systematisieren und zu didaktisieren, nicht selten in Lehrbuchform. Das älteste erhaltene Lehrbuch firmiert unter dem Titel *Rhetorica ad Alexandrum*. Es ist unter dem Namen des Aristoteles überliefert und beginnt mit einem Widmungsschreiben an Alexander den Großen: »Aristoteles wünscht Alexander viel Gutes«. Die Schrift dürfte um 340 v. Chr., also kurz vor der *Rhetorik* des Aristoteles, entstanden sein; als Autor kommt aber nicht etwa Aristoteles selbst, sondern eher Anaximenes von Lampsakos infrage (um 340 v. Chr.), der auch als Historiograph in Erscheinung getreten ist und den makedonischen Herrscher womöglich auf seinen Feldzügen begleitet hat. Die Schrift versammelt sieben verschiedene Redearten (neu ist der Typus »prüfende Rede«) sowie eine eristische, utilitaristische Argumentationslehre. Zudem hebt sie auf die Aufdeckung von Widersprüchen ab.

Und Aristoteles selbst? Er nimmt zumal gegenüber der sophistischen Rhetorik eine weitaus moderatere Position ein als Platon, ähnlich wie in der *Poetik* im Hinblick auf die Poesie. Die Rhetorik, deren Theorie ihm ein »Nebentrieb« der Dialektik und Ethik ist (und damit die von Sokrates im Platonischen *Phaidros* artikulierten Bedingungen erfüllt), definiert er als »Vermögen, bei jedem Gegenstand das möglicherweise Überzeugende zu erkennen« (Aristot. *rhet.* 1355 b25 f.).

Aristoteles unterrichtete u.a. auch Rhetorik an der Akademie: Einige seiner Schulmanuskripte haben Berühmtheit erlangt, neben der *Poetik* eben auch die *Rhetorik*. Als Vorlesungsmanuskripte wurden sie in der Antike aber wenig gelesen, ihr Einfluss entfaltete sich zunächst eher indirekt. Die *Rhetorik* umfasst drei Bücher, die zu verschiedenen Zeiten entstanden sind. Während Buch 1 und 2 erkennbar zusammengehörten, war das dritte Buch ursprünglich selbständig. Im ersten Buch werden die drei Gattungen sowie die – ebenfalls drei – Überzeugungsmittel ausführlich beschrieben (es zeigt sich an mehreren Stellen eine Vorliebe für die – neben der Sieben – magische Zahl Drei). Das zweite Buch widmet sich dem Vortrag des Redners und, recht ausführlich, der Affektenlehre sowie der damit verbundenen Zuhörerpsychologie und entsprechenden technischen Anweisungen. Am Ende des zweiten Buches wird die Technik der Widerlegung vorgestellt. Das separate dritte Buch stellt ganz auf den Stil (*lexis*) sowie Fragen der Anordnung und der Komplementarität ab. Doch bietet das Skript eben nicht nur konkrete Produktionsanweisungen, sondern auch eine – keinesfalls dogmatische – Theorie plausibler Argumentation und Überzeugung. Die Redekunst wird dabei auch zu einer sozialen Handlungstheorie, in deren Mittelpunkt Schlussverfahren stehen. Dazu gehört einmal der Syllogismos im bekannten Dreischritt:

> »1. Die Tugend ist ein Gut; denn nur das ist ein Gut, was niemand zum Schlechten gebrauchen kann; 2. die Tugend kann niemand zum Schlechten gebrauchen; 3. also ist die Tugend ein Gut.«

Doch schätzt Aristoteles mit dem Enthymem auch das logisch verkürzte Schlussverfahren, das deduktiv wie induktiv verfahren kann und stärker auf Suggestion setzt. Unser Beispiel lautete in dieser verkürzten Form:

»1. die Tugend ist ein Gut; 2. niemand kann sie zum Schlechten gebrauchen.«

Mit Blick auf die praktische Anwendung der Rhetorik entwickelt auch Aristoteles eine Theorie der Wahrscheinlichkeit, der *endoxa*, die ihre Beweiskraft wiederum aus Topoi beziehen, aus allgemein verbreiteten und bewährten Ansichten (etwa wie: »Aller Anfang ist schwer«).

Diese ersten Versuche theoretischer, teilweise systematischer Durchdringung und Akkommodation der Rhetorik an praktische Zwecke existierten parallel zu der verbreiteten Einschätzung, Rhetorik sei nicht erlernbar, sondern vorwiegend eine Sache des Talents bzw. des *learning by doing*. Nachdem allenthalben mehr oder weniger begabte Wunderredner ihre Auftritte hatten und sich mehrheitlich gegen die systematische Lehr- und Erlernbarkeit der Redekunst ausgesprochen haben, schlägt das Bedürfnis der Mehrheit, sich *rhetorical skills* zu verschaffen, aber doch zu Buche.

Zunehmend werden, auch in Rom, griechische Lehrbücher konsultiert. Einflussreich ist die Statuslehre nach Hermagoras von Temnos (zweite Hälfte des 2. Jahrhunderts v. Chr.): Sie umfasst sechs Bücher *technai rhetorikai*, die primär der Gerichtsrede gewidmet sind. Das Original ist, wie so vieles, verloren, jedoch aus den Zeugnissen römischer Rhetorik rekonstruierbar. Aber auch auf römischem Boden entstehen Lehrbücher; das erste uns bekannte stammt von einem anonymen Autor, wird aber nach dem Adressaten der Schrift, dem sonst nicht weiter bekannten C. Herennius, *Rhetorica ad Herennium* genannt. Es ist nur knapp vor Ciceros jugendlichem Erstlingswerk *De inventione* (»Über die Auffindung des Stoffes«) erschienen, also zwischen 86 und 82 des ersten Jahrhunderts v. Chr., und wurde tatsächlich lange Zeit mit diesem gemeinsam im *Corpus Ciceronianum* überliefert, weil man es auch für ein Werk Ciceros hielt. Die *Herennius-Rhetorik* umfasst vier Bücher, in denen die fünf Stadien der Redenproduktion vorgestellt werden. Es ist ganz an der griechischen Theorie orientiert und stark an der rednerischen Praxis ausgerichtet, gibt also wenig neue Impulse, bietet aber eine umfassende lateinische Adaption. Der Schwerpunkt liegt auch hier auf der Gerichtsrede; gelegentlich rückt die politische Rede in den Fokus. Die Struktur von Reden ist ebenfalls ein wichtiges Anliegen der Abhandlung.

Auch das benachbarte Stück *De inventione*, das wirklich von Cicero verfasst wurde (er beruft sich später so ausdrücklich wie kokett auf diese »Jugendsünde«), setzt sich ausführlich mit der Statuslehre als Kerngebiet der *inventio* auseinander. In dem zwei Bücher umfassenden, eher theoretischen als didaktischen Frühwerk legt Cicero nicht nur ausführlich und in Auseinandersetzung mit der Tradition dar, was seiner Meinung nach zur Themensuche gehört, sondern liefert auch eine eindrucksvolle Begründung der Redekunst als kultureller Sublimation der Natur. Im Unterschied zum technokratisch-asyndetischen Stil des *Auctor* bietet Cicero eine Darstellung in ausgefeilter Kunstprosa. Außerdem stellt er dezidiert den Zusammenhang zwischen Politik und Rhetorik sowie, genauso wichtig, die Untrennbarkeit von Rhetorik und Philosophie dar.

An diese Grundlagen schließt Cicero in seinen späteren rhetoriktheoretischen Werken an: In dem der mittleren Schaffensperiode zuzurechnenden rhetorischen Hauptwerk *De oratore* lässt

Cicero die Teilnehmer des fingierten Gesprächs alle fünf Stadien der Redeproduktion vorstellen. Es handelt sich um Ciceros umfassendste Präsentation der Redekunst mit ständigem Blick auf das virtuelle Ideal des *orator perfectus*. Manfred Fuhrmann spricht gar von der »bedeutendsten Darstellung der Rhetorik, welche die Antike hinterlassen hat« (Fuhrmann 2011: 52). In der Spätschrift mit dem zum Verwechseln ähnlichen Titel *Orator* entwickelt Cicero ausführlich das Ideal von Redner und Redekunst mit philosophischem Anspruch und in technischen (vor allem prosarhythmischen) Details. Der *Brutus* gibt in dialogischer Form einen anschaulichen Überblick über die Geschichte der Beredsamkeit anhand von 275 Rednern (von denen 53 genauer vorgestellt werden). Die weniger bekannten *Partitiones oratoriae* verhandeln in einem didaktisch ausgerichteten Gespräch zwischen Cicero und seinem Sohn ausführlich Redetätigkeit, Redeteile und Thema (*quaestio*). Die mit theoretischen Fragen zur Übersetzung befasste Abhandlung *De optimo genere oratorum* schickte Cicero seiner (nicht erhaltenen) Übertragung der Reden des Demosthenes und des Aischines gegen bzw. für Ktesiphon voraus, die als Beispiele des präferierten attischen Stils gelten sollten. In den C. Trebatius gewidmeten *Topica* wird das Auffinden der Argumente und *loci* (*communes*) im Rahmen der *inventio* mit zahlreichen Beispielen veranschaulicht. Die Schrift über die *Paradoxa stoicorum ad M. Brutum* schließlich befindet sich auf der Grenze zwischen Philosophie und Rhetorik und bietet anschauliches Material für Ciceros stoischen Positionen zuneigenden, kritischen Skeptizismus. In allen diesen Texten wird Rhetorik zugleich als *Techne* und als *Theoria* diskutiert; die Dialogstruktur der meisten Texte eröffnet der Beobachtung von Grundregeln der Kommunikation ein reiches Feld.

In dieser Zeit – also dem ersten vorchristlichen Jahrhundert – etablierte sich die Rhetorik auch in Rom fest im Ausbildungssystem und beanspruchte sogar den Rang der leitenden Disziplin im Rahmen der *paideia* bzw. der *enkyklios paideia* als umfassender Bildung. Das blieb auch in Spätantike und Mittelalter so, wo sie infolge des schwindenden politischen Einflusses redeaffiner Institutionen und Individuen fast nur noch als Schulrhetorik relevant war und immerhin noch das epideiktische Genre florierte. Für diese ganze lange Zeitspanne war neben den Werken der Griechen und Ciceros bzw. der *Herennius-Rhetorik* vor allem noch der Einfluss des älteren Seneca und, vor allem, Quintilians verantwortlich (zu Seneca s.o. 31).

Marcus Fabius Quintilianus war der erste besoldete Rhetoriklehrer, Kaiser Vespasian hatte ihm diesen Lehrstuhl eingerichtet; seine Prominenz war eindrucksvoll, und so unterrichtete er unter anderem die Schriftstellerkollegen Plinius, Tacitus und Juvenal sowie die Söhne des späteren Kaisers Domitian. Sein Schüler Martial ehrt ihn in seinen Epigrammen nicht ganz ironiefrei mit dem Titel »Erzieher einer flatterhaften Jugend« (Mart. *spect.* 2, 90). Im Mittelpunkt von Quintilians Ruhm steht ohne Zweifel die aus zwölf Büchern zusammengesetzte Schrift zur »Ausbildung des Redners« (*institutio oratoria*). Daneben gibt es eine verlorene Schrift *Über den Verfall der Beredsamkeit* (*De causis corruptae eloquentiae*), welche die weiter oben angestellten Betrachtungen zum Ethos dokumentiert und von der wohl einiges in die *institutio* eingeflossen ist. Unter Quintilians Namen sind – wohl fälschlicherweise – noch zwei Sammlungen von Deklamationen überliefert, die *declamationes maiores* und die *declamationes minores*. Das gesamte rhetorische Lehrprogramm, das Quintilian in seinen Schriften entwickelt, geht von der Diagnose allgemeiner Sittenverderbnis aus, die politisch bedingt sei und in eitlen Eltern und ehrgeizigen Lehrern Gestalt gewinne. Dem müsse eine konsequente rhetorische Pädagogik entgegengesetzt werden, die Rhetorik als sittliche Aufgabe definiert, beim Kleinkind (im Alter von fünf Jahren) ansetzt und das Leben als lebenslanges Lernen definiert; damit steht auch diese um 95 n. Chr. entstandene, höchst einflussreiche Schrift ganz im Zeichen eines humanistischen Menschenbildes, das Lernen als ganzheitlich begreift.

Die Rhetorik dient auch der Vermittlung als zentral erachteter Werte wie Respekt, Achtung, *pietas* und *concordia* – einer Vorform gesellschaftlicher Verantwortung respektive Solidarität. Das geht schon aus dem ersten der zwölf Bücher hervor, in welchem der Elementarunterricht disponiert und die Bedeutung von Grammatik, Musik und anderer Fächer herausgestrichen wird. Nebenbei bemerkt, empfiehlt der Verfasser, die fremde Sprache Griechisch noch vor der heimischen lateinischen zu »lernen«, also intensiver zu studieren. Das zweite Buch führt in die rhetorischen Anfangsgründe ein, während in Buch drei bis elf die *officia oratoris* als Zentrum der Redekunst entfaltet werden. Berühmt ist auch die Darstellung der griechischen und römischen Literaturgeschichte in Buch zehn, die nicht nur einen Literaturkanon verbürgt, sondern die Vertrautheit mit Literatur zur Bedingung erfolgreicher Rhetorik kürt. Buch zwölf entwickelt ausführlich das moralisch konnotierte Ideal des *orator perfectus*, das eine Symbiose von natürlicher Begabung und Kunstfertigkeit verkörpert. Das Werk bildete die (in Mittelalter und Renaissance-Humanismus weitgehend unumstrittene) Grundlage des Rhetorikunterrichts bis ins 18. Jahrhundert hinein, also bis zum vorläufigen Untergang der Rhetorik.

Daneben konnten noch einige andere Schriften einen gewissen Einfluss auf die pädagogische Gestaltung der Rhetorik gewinnen. Auf sie soll im Folgenden kurz und bündig eingegangen werden. Da wäre zunächst Marcus Cornelius Fronto (ca. 100–170 n. Chr.), der unter Hadrian als Anwalt und Redner derart erfolgreich war, dass sein Ruf beinahe an den Ruhm Ciceros heranreichte, und der fortan die Adoptivsöhne des Kaisers Antoninus Pius unterrichtete. Seine Anhänger gründeten eine nach ihm benannte Schule, die »Frontoniani«, die sich den Erhalt der »Reinheit« der lateinischen Sprache auf die Fahnen geschrieben hatte. Auf uns gekommen ist – über einen Palimpsestfund durch Angelo Mai – die Sammlung von Briefen (*Epistulae*) des Fronto, in welchen Abhandlungen über die Beredsamkeit und ihre pädagogischen Grundlagen enthalten sind. Dort erweist sich Fronto als einer der zahlreichen Gegner der sogenannten »Zweiten Sophistik«, der an die erste anschließenden griechischen rhetorischen Aufklärungsbewegung, die der genuin römischen Rhetorik den Rang ablief und einen Retro-Trend (Archaismus) auslöste: Alle Jahre wieder! Die Grundzüge und Hauptrepräsentanten seien hier kurz vorgestellt.

Wie zahlreiche Stellen aus zeitgenössischer Literatur und diversen Inschriften belegen, wurden Beredsamkeit, Bildung und Charakter in kaiserzeitlicher Rhetorik fast immer zusammengedacht. Bildung und Wissen stehen nicht für sich, sondern sind als repräsentativer Teil der Gesamtpersönlichkeit aufzufassen. Als eine logische Folge erscheint die kaiserzeitliche Vorliebe für improvisierte Reden, die eine denkbar zuverlässige Bewährungsprobe einer gut funktionierenden und harmonischen Gesamtpersönlichkeit ergeben. Sicherster Ausweis eines hohen Bildungsniveaus wie einer tadellosen Persönlichkeit, musste das Bemühen um rhetorische Fertigkeit und Sprachrichtigkeit im Zentrum allen Strebens stehen. Die Bezeichnung »Zweite Sophistik« steht für die »rhetorische Blüte der Kaiserzeit« von etwa 50 bis 250 n. Chr. Die Redekunst avanciert zur Schlüsselqualifikation öffentlichen Lebens, und kennzeichnend ist die Verbindung von Rhetorik, Philosophie, Bildung und Öffentlichkeit, die sich konkret auch in der Nähe zur Politik, in Sonderheit zum Kaiserhaus, kundtut.

Für die Anhänger der Zweiten Sophistik war es nicht untypisch, einen zweiten Beruf zu haben, so dass sich z.B. Iatrosphisten (Arzt und Sophist) wie Galen ergaben. Es haben sich umfängliche Schriftcorpora erhalten. Besonders lesenswert sind die Sophistenviten mit der berühmten Lebensbeschreibung des Apollonios von Tyana sowie die *Eikones* des (älteren) Flavius Philostratos, 65 Gemäldebeschreibungen in zwei Büchern, die den Höhepunkt der rhetorischen Technik der ausführlich-anschaulichen Beschreibung (»Ekphrasis«) darstellen. Athenaios knüpft in seinen fünfzehn Büchern *Deipnosophistai* an die Tradition der symposiatischen Literatur an, des weinseligen Bildungsgesprächsbanketts. Lukian von Samosata schließlich (ca. 120–180 n. Chr.) galt als regelrechter Konzertredner, bevor er sich von der Rhetorik distanzierte, weniger um der Sache willen als vielmehr, um die Wirkung seines radikalen Ausstiegs aus der Bildungs-*community* in Szene zu setzen.

Mit Blick auf die Interdependenz von Rhetorik und Bildung ist noch auf Aelius Aristides (2. Jahrhundert n. Chr.) zu verweisen, eine Art Analogon zu Isokrates im Umfeld der ersten Sophistik. Aristides, der bis in den Humanismus den Rang eines berühmten Klassikers einnahm und dessen rhetorische Theorie uns deshalb als repräsentativ für seine Zeit gilt, hat nicht nur in seinen politischen Reden ein kompaktes Bildungsprogramm entworfen. Dabei hat er es sich zur Hauptaufgabe gemacht, die Rhetorik gegen die Angriffe der Philosophie zu verteidigen. Von den über fünfzig erhaltenen Reden ist besonders die zweite zu Ruhm gelangt, eine kritische Auseinandersetzung mit Platons Gorgias. Dort wie in einigen weiteren Reden bemüht sich Aristides um eine ethische Fundierung der Rhetorik (Cic. *orat.* 2, 392): »Es ist nun also das Ziel der Redekunst, dass man den Verstand richtig benutze und nicht nur sich selbst als jemand erweise, der das Nötige tut, sondern auch andere dazu bringe, das Nötige zu tun, und im Ganzen ist es eine königliche Angelegenheit.« (Übers. nach Möller 2004: 294).

Aristides versucht in apodiktisch ausgerichteter Argumentation nachzuweisen, dass Weisheit und Eloquenz eine untrennbare Einheit bilden. Was sich bei manch anderem noch wie ein idealistisches Postulat ausnahm, wird von ihm – in seinem Optimismus Aristoteles vergleichbar – zur Grundgegebenheit erklärt. Aristides erhebt die Redekunst sogar zur Bedingung eines funktionierenden Verstandes. Die Täuschungspotenz des Wortes wird eingeschränkt, wenn die Redekunst als Anleitung zum richtigen Gebrauch des Verstandes definiert wird. Der Sophist möchte auch am pädagogisch-sozialen, der Gesamtheit dienlichen Aspekt der Redekunst festhalten und die häufig erhobenen Vorwürfe der Selbstgenügsamkeit der Redekunst entkräften. Diese harmonistischen Bestrebungen spiegeln sich noch in der byzantinischen Rhetorik eines Michael Psellos (11. Jahrhundert n. Chr.).

Im 3. Jahrhundert gewinnt Hermogenes von Tarsos mit seiner Statuslehre große Autorität in rhetorischen Ausbildungsinstitutionen, was nicht zuletzt das große Kommentierungsbedürfnis seiner Schriften dokumentiert, zumal je weiter Ost und West, Latein und Griechisch sich – sprachlich, kulturell, religiös – voneinander entfernen (das zeigt etwa das Beispiel des Grillius, eines byzantinischen Rhetors aus dem 6. Jahrhundert, der, wie einige andere, bestrebt war, die Lehre des Hermogenes vor allem an die lateinischsprachige Welt zu vermitteln und mit der *Herennius-Rhetorik* und Ciceros *De inventione* zu kollationieren).

In loser Orientierung und kritischer Attitüde greift auch die christliche Theorie in ihren pädagogisch-didaktischen Ansprüchen auf die Rhetorik zurück. Viele Christen entsagen der Rhetorik jedoch spätestens nach ihrer Bekehrung, da sie für eine schein(-heilige) Kunst stehe, darunter z.B. Tertullian (150–230 n. Chr.), Lactanz (ca. 250–325 n. Chr.) und Marius Victorinus (ca. 300–386 n. Chr.). Augustinus, dessen Überlegungen unter *Rhetorik und Sprache* ausführlicher vorgestellt werden, äußert sich u.a. im vierten Buch *De doctrina christiana* zum pädagogischen Stellenwert der Rhetorik. Grundsätzlich bleibt er kritisch bis ablehnend und verkörpert gleichsam die Präferenz der christlichen *conversio* vor der säkularen *persuasio*. Doch gibt es einige Feindifferenzierungen mit weitreichenden Folgen. Während es sich bei den Büchern eins bis drei um die *inventio* dessen handelt, was dargestellt werden soll, nämlich die beim Studium der Heiligen Schrift gewonnenen Gedanken, liefert das vierte Buch analog den *modus proferendi*, gibt also dem (Kanzel-)Redner konkrete Anweisungen zu ihrer Verbreitung. Das eigentliche Anliegen der Schrift ist die Verbesserung der Kommunikation zwischen dem Menschen und der Bibel als Gottes Wort; dieses soll pragmatischer ausgelegt werden. Bei aller Sprachskepsis sieht Augustinus in der Redekunst ein äußerst nützliches Instrument für den christlichen Apologeten: »Wenn sich nämlich mit Hilfe der Redekunst sowohl wahre als auch falsche Dinge anraten lassen, wer wagte dann zu sagen, dass die Wahrheit bei ihren Verteidigern gegen die Lüge unbewaffnet auftreten muss [...].« (Aug. *doctr. christ.* 4, 2, 3)

Anders gefragt: Warum soll man das, was man notwendig lehren muss, nicht auch auf angenehme, ästhetische Weise lehren? Erfüllt sie diese Bedingungen, kann Rhetorik dem Glauben nutzbar gemacht werden. Die schon von Cicero, von dessen rhetorischen Schriften sich Augustinus stark beeinflusst zeigt, formulierten *officia oratoris* kehren bei Augustinus wieder; er analogisiert sie mit den von Aristoteles überkommenen drei Stilarten, so dass *docere* den niederen Stil repräsentiert, *delectare* den mittleren und *flectere* bzw. *movere* den hohen. Dabei empfiehlt Augustinus die Mischung der Stilebenen, insofern sie sich vorteilhaft auf die Erregung der Hörergemüter auswirkt und den Überzeugungsakt erleichtert. Die rhetorische Schönheit ist freilich einigen Regeln unterworfen, die ihrer willkürlichen Nutzung Einhalt gebieten sollen. Vor allem bleibt die von Augustinus postulierte Rhetorik stets an die Wahrheit rückgebunden; ihr muss die Redekunst dienen, von ihr soll das christliche Auditorium sich überzeugen lassen. Authentizität und Harmonie sind ihm wichtig. Alles muss in einem ausgewogenen Verhältnis stehen.

Wir machen einen kleinen Sprung ins Mittelalter und seine bildungsrhetorischen Zusammenhänge. Hier hat vor allem die römische Redekunst ihre Spuren hinterlassen, namentlich Cicero und Quintilian, weil die Mehrheit des Griechischen schlicht nicht mächtig war. Prägend war das System der *Sieben Freien Künste* (*Septem artes liberales*) mit ihrem zweistufigen Bildungssystem: Hier gewinnt die Rhetorik ihren angestammten Platz im Trivium, wozu sich noch Grammatik und Dialektik gesellen, deren wichtigstes Ziel es war, die lateinische Kunstprosa der klassischen Zeit zu verstehen und ihre Techniken anwenden zu lernen (*in auctoribus cognoscendis*). Die Fächer, welche den zweiten Teil der Bildung formten, waren das Quadrivium: Arithmetik, Geometrie, Astronomie und Musiklehre, ergänzend: Philosophie (*in evolvenda antiquitate*).

Auf der Trennung von Rhetorik und Dialektik, die Aristoteles affiliiert wissen wollte, sollten später Melanchthon und Luther beharren (*dialectica docet*, *rhetorica movet*). Verbreitet bleibt der dreistufige Bildungsgang mit Elementarunterricht im Lesen, Schreiben und Rechnen beim Pädagogen, Grammatik beim Philologen und Rhetorik beim Rhetor, welcher im Aufbau von einem mehrjährigen Rhetorikprogramm begleitet werden konnte, das Aufsatzübungen (Progymnasmata), rhetorische Theorie und Übungsreden (*meletai*) vorsah. In einigen Lateinschulen wurden die *Septem artes* bereits und konsequent unterrichtet. Auch wenn prominente Gelehrte wie Alkuin oder Hrabanus Maurus sich mit der Rhetorik – im Rahmen der *Septem artes* oder darüber hinaus – auseinandersetzten, blieb diese doch im Schatten der

Grammatik. Daneben wuchs das Interesse für die Logik stetig an. Die Rhetorik erhielt weitere Konkurrenz in Form von Philosophie, Theologie, Jura und Medizin, sobald zahlreiche verlorene oder unbekannte Texte aus dem Griechischen oder Arabischen übersetzt und einem breiteren Gelehrtenpublikum zugänglich gemacht worden waren. Die *Sieben Freien Künste* geraten zunehmend in den Stand eines Propädeutikums.

Die Rhetorik erschloss sich jedoch weitere Pfründe bzw. bewirkte Affiliationen und Fusionen mit anderen Disziplinen und Praktiken. Hier ist vor allem an die Briefliteratur zu denken, deren fünf Teile favorisierende Theorie der *ars dictaminis* bzw. *dictamen* eng an die *Herennius-Rhetorik* anschließt und deren Formelhaftigkeit als besonders nützlich für die Vorbereitung auf das Jurastudium oder andere bürokratische Tätigkeiten empfunden wurde. Überhaupt war die Schulung in epistolographischen Formeln sehr gefragt, wobei sachgemäß eine Verlagerung von der ursprünglichen Mündlichkeit der Rhetorik hin zur Schriftlichkeit erfolgte. Zu nennen sind in diesem Zusammenhang aber auch die *ars notaria*, die *ars poetica* bzw. *poetria* und die von Augustinus' rhetorischer Kritik inspirierte *ars praedicandi.* Letztere knüpft wieder mehr an die Mündlichkeit der Rhetorik an, wohingegen Reden *coram publico* im Mittelalter darüber hinaus aus der Mode gekommen waren. Die Prediger-Lehrbücher orientieren sich jedoch auch in dieser Hinsicht eng an der antiken Rhetorik; gerne wird ein Bibelvers in Proposition gesetzt. In Italien etablierte sich zusätzlich die *ars arengandi*, die Kunst, eine stark an die Brieftechnik angelehnte Rede zu verfassen. Nach dem Auftauchen der griechischen Rhetoriken (v.a. Aristoteles, *Alexander-Rhetorik*, Demetrius, *De elocutione*) erschloss sich die Redekunst neue Metiers. Die Rhetorik des Aristoteles wurde als Lehrbuch in Schulen und Universitäten populär, vor allem bei den scholastischen Philosophen.

Das theoretische Potential der Rhetorik als Schlüssel zum Verständnis kommunikativer Prozesse, aber auch von Texten überhaupt haben die Renaissance-Humanisten offengelegt. Im Anschluss an Isokrates und Cicero wird Rhetorik hier zu einer grundlegenden, »humanistischen« Konzeption von Bildung erweitert, die auch ästhetische Dimensionen umfasste. Auf diesem Gebiet haben sich vor allem Georg von Trapezunt, Rudolf Agricola, Petrus Ramus, Philipp Melanchthon und Gerhard Johannes Vossius einen Namen gemacht. Ihr Engagement hat wesentlich zur methodischen Grundlegung der humanistischen Fächer beigetragen, vor allem mit Blick auf die *Sieben freien Künste*, die auf das Studium von Theologie, Philosophie oder Jura vorbereiten sollten. Von hier aus erobert sich die Rhetorik als Teil der weiter gefassten *studia humanitatis* sukzessive alle Bereiche der Kultur, im Verbund mit Grammatik, Dichtkunst, Moralphilosophie und Geschichte, aber jenseits der großen Prozesse oder politischen Debatten. Der Fokus liegt also eindeutig auf der epideiktischen Funktion, was auch das Konfliktpotential zwischen »überzeugen« und »überreden« entschärfte. Epideixis eroberte auch die Höfe für sich, im Absolutismus wie im Barock überhaupt, wo sie mit Verhaltenskodizes und galantem Auftreten verbunden wurde. Seitdem ging die handbuchartige Spezialisierung mitunter sehr weit (der »Knigge« ist nur eines von vielen Beispielen).

Neben den inzwischen erschlossenen und immer zahlreicher ins Lateinische übersetzten griechischen Standardwerken und den Rednern, vor allem den Attikern wie Demosthenes, Lysias oder Isokrates, erfreuten sich weiterhin die *Herennius-Rhetorik* und Ciceros *Rhetorica*, zusätzlich zum von jeher populären *De inventione* nun – nach ihrer Wiederentdeckung und Erschließung – auch die Hauptwerke aus der »mittleren Schaffensperiode«, *De oratore*, *Orator* und *Brutus*, großer Beliebtheit. Das Studium der theoretischen Texte wurde weiterhin um die Lektüre von zu Sammlungen vereinten Beispielreden ergänzt. Grundsätzlich blieb der so geschaffene Standard auch noch Teil des Bildungskanons, als sich die Ästhetik als eigene Disziplin etablierte und zur veritablen Konkurrentin der Rhetorik avancierte, zumindest in Alexander Gottlieb Baumgartens epochemachendem Werk. Die Romantiker mit ihrer so leidenschaftlichen wie – romantischen – Regelfeindlichkeit jedoch duldeten die Redekunst nicht einmal mehr als Bildungsgegenstand. Reste der pädagogisch verstandenen Rhetorik wanderten in Philosophie, Poetik, Literaturwissenschaft und -kritik (*ante litteram*) und eben Ästhetik ein.

Eine Sonderstellung nimmt einmal mehr Johann Christoph Gottsched ein, dessen im Geiste der Aufklärung verfasste *Ausführliche Redekunst* von 1736 alle historischen und zeitgenössischen Erkenntnisse über die Rhetorik versammelt. Eine Rhetorik jedoch, die ausschließlich im Namen der Vernunft operieren soll und allzu formelhaft angelegt ist, verfehlt ihren Sinn – und damit langfristig auch ihren Erfolg. Diese Rhetorik, die sich der Kontingenz mit allen Mitteln zu entziehen sucht, hätte eher den Namen Grammatik verdient. Die so betriebene Verteidigung der Rhetorik spielt Kritikern wie Kant oder den Romantikern in die Hände und trägt ihren Teil zum Niedergang bei, wie er sich mit Blick auf Bildungsfragen ganz konkret an der zu Anfang des Kapitels erwähnten Einstellung des Rhetorik-Unterrichts an französischen *lycées* und der Abschaffung bzw. Umwidmung deutscher Rhetoriklehrstühle zu Philologieprofessuren um die Wende des 18. zum 19. Jahrhundert studieren lässt. Gleichwohl blieb das Thema Rede in der Praxis gefragt, so dass es sich in die Niederungen der Ratgeberliteratur zurückzog (vgl. z.B. Dale Carnegie), um fortan ein durchaus erfolgreiches, aber wörtlich zu begreifendes »Schattendasein« zu fristen: Rhetorik am Ab- und im Untergrund. Tatsächlich ist es unter pädagogischen Auspizien bis heute vor allem die Ratgeberliteratur, die die Rhetorik in aller Munde hält; hinzu kommen (semi-)professionelle Trainings, Seminare und Angebote, die oft sehr speziell auf ihr Publikum eingestimmt sind: *besser reden* für jede Spezies. Und doch hat sich die Rhetorik noch von diesen Rändern her wieder aufgemacht, ihre Bildungswelten allmählich zurückzuerobern, wie man – ich verweise nochmals auf den Anfang dieses Kapitels zurück – an ihrem behutsamen Wiedererstarken in den Bildungsinstitutionen ablesen kann.

2. Rhetorik, Recht und Politik

Als eigentlicher Ort der historisch dokumentierbaren Genese der Redekunst wird der Umstand ausgemacht, dass sich seit dem siebten vorchristlichen Jahrhundert markante gesellschaftliche Wandlungen in den griechischen Poleis vollzogen. Zunächst etabliert sich die Tyrannis und drängt die herrschenden Clans allmählich zurück. Das führt jedoch nicht etwa zur Befreiung von Unterdrückung, vielmehr häufen sich Auflagen und Verbote, was in eine allgemeine Sprachlosigkeit einzumünden scheint – ein Schelm, wer sich an aktuelle Zeiten erinnert wähnt. Ihre große Bühne erhält die Redekunst jedenfalls tatsächlich erst nach dem Ende der Tyrannis im 5. Jahrhundert v. Chr. Die alten Gewissheiten geraten ins Wanken und setzen tiefschürfende Zweifel und vielfältige Erkenntnisinteressen frei. Wir stehen am Beginn der viel gepriesenen eigentlichen Demokratie, die ihrerseits auf verschiedenen Entwicklungen aufruht. Nun setzt man ernsthaft und nachweislich auf Beratung, Diskussion und Entscheidungsfindung.

Die Rhetorik wird zu einer zentralen Fähigkeit im öffentlichen Leben. Nach Aristoteles, der vielen als erster »Politikwissenschaftler« gilt, gehören zur »rhetorischen Grundsituation« Redner, Kontrahent und Auditorium. Das Redeereignis findet stets vor einer – und sei es imaginierten – Öffentlichkeit statt. Neben den Redner tritt der Schreiber, nicht nur dort, wo Oralität an unmittelbarer Bedeutung verloren hat: Schon in Isokrates haben wir ja ein frühes Beispiel für einen reinen Logographen. Im Laufe der Zeit hat sich das System der Redenkonstellation weiter ausdifferenziert: Moderne Politologie spricht von einem »Emittenten« und einem »Kontrahenten«, der Kontrahent lässt sich noch in einen befürwortenden »Proponenten« und einen widersprechenden »Opponenten« aufspalten (bei der traditionellen Gliederung der Rede entspricht das der Kontrastierung von Beweis und Gegenbeweis), das Auditorium in Adressaten, also direkt Angesprochene, und Rezipienten, worin auch die nebensächlichen Zeugen eingeschlossen sind. Die Debatten fußen in der Regel auf einer normativen Grundlage oder geben doch wenigstens vor, dies zu tun. Sie können in institutionalisierter Form stattfinden oder in eigenverantwortlicher.

Historisch betrachtet, taucht ein erster Name am Redehimmel direkt nach dem Sturz der Tyrannis auf Sizilien auf: Korax, der »(krächzende) Rabe«: Ausgerechnet! In den spärlichen Quellen zeichnet sich ab, dass dieser Name keineswegs aus dem Nichts kommt oder für einen eklatanten Wandel stünde, sondern im Gegenteil Tradition mit Innovation verbindet. Denn Korax soll schon vor dem Tyrannensturz politisch einflussreich gewesen sein: Auch hier beobachten wir das geläufige Paradox politischer Kontinuität im Hintergrund radikalen politischen Wandels. Möglich immerhin, dass Korax bei den einsetzenden reformerischen Tätigkeiten vom Verlust seiner Ämter angetrieben war. Jedenfalls soll er in der entscheidenden Situation eine Versammlung (»*ecclesia*«) einberufen haben, um im entstandenen politischen Machtvakuum eine neue Herrschaft zu installieren. Der

Inhalt der dort gehaltenen Rede ist verloren, doch wissen die Quellen von ihrer Strukturiertheit zu berichten. Aristoteles zufolge verdanken wir Korax auch den Wahrscheinlichkeitsschluss. Jedenfalls erlangte er als Redner beträchtlichen Ruhm, hernach auch als Lehrer der Redekunst. Sein Schüler Teisias war ebenfalls populär, hat wohl selbst ein rhetorisches Lehrbuch verfasst und seinen Nachfahren eine Sammlung von Musterreden hinterlassen. Diese bedeutenden Ereignisse fasst Cicero im *Brutus* (45 f.) folgendermaßen zusammen, was sich weitgehend mit Platons Rhetorik-Kritik im *Phaidros* deckt:

> »So sagt auch Aristoteles, es sei erst nach Vertreibung der Tyrannen in Sizilien gewesen, als nach langer Pause Privatansprüche wieder vor Gericht eingeklagt wurden: Da hätten bei der scharfsinnigen, aber auch streitlustigen Anlage jenes Volkes zwei Sizilianer, Korax und Tisias, erstmals Regeln und Vorschriften verfasst. Zuvor sei nämlich noch niemand gewohnt gewesen, systematisch und kunstgerecht Reden zu halten. Es hätten jedoch schon sehr viele mit Präzision und guter Disposition geredet.«

Bereits früh zeichnen sich die drei prominenten Gattungen der Rede ab (*genera causarum/rerum/materiae/dicendi/orationis*), die auch den praktischen Anlässen entsprechen: Während Korax als Archeget der forensischen, also politischen Beredsamkeit (*genos symbouleutikon/genus deliberativum*) gefeiert wird, soll Teisas die Gerichtsrede (*genos dikanikon/genus iudiciale*) erfunden haben. Das dritte Genre bildet die Lob- und Tadelrede (*genos epideiktikon* bzw. *panegyrikon/genus demonstrativum* bzw. *laudativum*).

Dieses eingeführt zu haben schreibt man wiederum Gorgias von Leontinoi zu.

genera causarum/rerum/materiae/dicendi/orationis	
genos dikanikon/genus iudiciale	Gerichtsrede
genos symbouleutikon/ genus deliberativum	politische Rede
genos epideiktikon, panegyrikon/ genus demonstrativum, laudativum	Lob- und Tadelrede/ Festrede

Nicht nur in Griechenland haben die gesellschaftlichen Veränderungen die Potentiale der Redekunst freigelegt, sondern auch in Rom. Die Genese der Rhetorik steht also von Beginn an im Zeichen von (Um-)Brüchen. Doch während die Rhetorik in den griechischen Poleis rasch Anhänger gewinnt, stößt sie in Rom zunächst fast durchweg auf merkliche Ablehnung. Dabei sind die spezifisch römischen politischen Strukturen der Entfaltung der Redekunst eigentlich äußerst zuträglich: Die politische Macht lag beim Senat (welcher aus bis zu sechshundert Senatoren bestand), und Entscheidungen wurden vor bzw. von diesem durch Beratschlagen, Diskutieren und Überzeugen getroffen. Im Anschluss waren dem Volk die getroffenen Entscheidungen öffentlich zu vermitteln. Neben dem *genus deliberativum* war auch das *genus iudiciale* zentral, denn auch das Prozesswesen war rhetorikaffin gestaltet: Bei Kapitalverbrechen richtete das Volk in Form von Zenturiatskomitien (die sich aus 175 nach Vermögensklassen und in *iuniores* und *seniores* eingestuften militärischen Fußsoldaten konstituierten). Hinzu kamen Laienrichter und Geschworene, die auch erst wieder überzeugt werden mussten. Zivilprozesse wurden stets öffentlich abgehalten.

Und so nimmt es nicht wunder, dass das Interesse für die Entwicklung der griechischen Rhetorik, das die Bildungsreisenden weckten, stetig anwuchs. Doch blieb die Rhetorik zunächst an die griechische Sprache gebunden und damit einem großen Teil der Bevölkerung verschlossen. In der Fremdsprache wurde beständig geübt und deklamiert, wozu auch das als eine Art Propädeutikum angelegte Literaturstudium diente. Allmählich verbreitete sich der Wunsch nach genuin römischer Redekunst, und so setzte eine sukzessive Latinisierung ein, was aber zunächst weiterhin vornehmlich Unmut weckte und zeitweise sogar zum Verbot dieses unerwünschten Lehrgegenstands führte: Die Optimaten vor allem fürchteten um ihre Vormacht und witterten in der Redekunst, nicht zu Unrecht, eine schlagkräftige Waffe der in Bedrängnis geratenen politischen Opposition. Dass die Redekunst trotzdem auch in Rom Fuß fassen konnte, hat sie auch einigen besonderen rednerischen Talenten zu verdanken. Denn natürlich wurden die politischen Foren in Rom rhetorisch genutzt; nur überließ man das für lange Zeit sogenannten Ausnahmetalenten, da man an einer, gar didaktischen, Systematisierung der Redekunst kein Interesse hatte. Diese würde den Gegnern ja in die Hände spielen. Der Hauptort für römische Reden waren die Rostra auf dem Forum, die nach den Schiffsschnäbeln benannt waren, den an der Vorderseite von Kriegsschiffen angebrachten Rammspornen; sie wurden zweckentfremdet und zierten fortan die Rednerbühne. Zu den weiteren rhetorisch relevanten Gebäuden auf dem Forum Romanum gehört die Kurie, der Sitz des Senats, welche bis zum Ende der Republik als bedeutendste politische Institution gelten kann, und das Comitium, der Versammlungsort der gesetzgebenden Volksversammlung.

Wer aber waren die spezifischen Wegbereiter – und zum Teil auch prominenten Verhinderer – einer *ars rhetorica latina*? Einige wenige seien im Folgenden vorgestellt.

Im dritten vorchristlichen Jahrhundert erregte Appius Claudius Caecus (»der Blinde«) Aufsehen, weil er sich, wiewohl selbst aus einer vornehmen Patrizierfamilie stammend, nachdrücklich für die Rechte der unteren Schichten (Plebejer, Sklaven) einsetzte und entsprechende Reformen, u.a. des Wahlrechts, vornahm. Auch als Konsul und Diktator engagierte sich der Namenspatron der berühmten römischen Via Appia Antiqua für soziale Fragen und, im Zusammenhang damit, für Sprache, Literatur und Rhetorik; darüber hinaus setzte er eine Rechtschreibreform in Gang und forcierte die Entwicklung lateinischer Poesie und Kunstprosa.

Seine Reden wurden berühmt, besonders jene gegen einen Gesandten des Königs Pyrrhus von Epeiros, die er bereits erblindet gehalten haben soll (Blindheit war häufig, wie bei Homer, auch ein Indiz für Weisheit). Cicero scheint diese Rede, die als erstes Zeugnis einer lateinischen politischen Rede gehandelt wird, noch vorgelegen zu haben. Zur Ruhe kam dieser omnipotente Gelehrte offenbar nie, weswegen er sich den Beinamen »*Centummanus*« (»Hunderthand«) eingehandelt hat, wie Sextus Pomponius in seinen *Digesten* zu berichten weiß (Pompon. *Dig.* 1, 2, 36).

In die Annalen rhetorisch begabter Erneurer sind die Brüder Tiberius Sempronius und Gaius Gracchus eingegangen (2. Jahrhundert v. Chr.). Tiberius wollte als Volkstribun radikale Reformen durchsetzen; der Senat war mehrheitlich nicht einverstanden und schickte Häscher, die Tiberius samt Anhängern ermordeten. Ein ähnliches Schicksal ereilte seinen Bruder Gracchus und dessen Konsorten, die die populare Politik weiter vorantreiben wollten. Diese Morde waren jedoch symbolträchtig – sie haben nicht nur eine lange Phase von Bürgerkriegen ausgelöst, sondern vor allem Tiberius zum Inbegriff des Widerstands gegen die politische Willkür der Mächtigen erhoben.

Zu den für Cicero und seine gesamte rhetorische Theorie und Praxis prägendsten Rednern gehören Marcus Antonius, Lucius Licinius Crassus und Quintus Hortensius Hortalus. Sie tauchen auch als Protagonisten in verschiedenen seiner Werke auf, z.B. in seinem Hauptwerk *Über den Redner* bzw. im verlorenen *Hortensius*.

Forciert wurden die Entwicklungen in Rom weiterhin durch die Einflüsse der griechischen rhetorischen Kultur, die die Römer trotz aller Vorbehalte begierig aufsogen. Griechen hinterließen tiefe rhetorische Eindrücke in Rom – nicht mehr nur aus der Ferne und über die Bildungsreisenden importiert, sondern zunehmend auch durch Besuche in der italischen Metropole. Einige Berühmtheit hat die »Philosophengesandtschaft« des Jahres 155 v. Chr. erlangt, die, auch das noch, zur »Einbürgerung der Philosophie in Rom« (Richard Harder) führte. Sie bestand aus den drei Vertretern der philosophischen Hauptschulen, Karneades von Kyrene für die platonische Akademie, Diogenes von Babylon für die Stoa und Kritolaos für den aristotelischen Peripatos; ein Epikureer war nicht dabei. Die drei waren als Streitschlichter nach Rom entsandt worden, um über eine den Athenern auferlegte Geldstrafe zu verhandeln.

Der Leiter der platonischen Akademie in ihrer skeptischen Phase, Karneades aus dem ägyptischen Kyrene, nutzte die Gelegenheit, um den Römern über die konkrete Schlichtungsaufgabe hinaus Kostproben seines rhetorischen Talents zu demonstrieren. Ein Ereignis war seine Doppelrede: An einem Tag plädierte er für, am anderen mit den umgekehrten, aber ebenso messerscharf gestochenen Argumenten wider die Tugend der Gerechtigkeit. Die Leute sollten begreifen, welch fragile, subjektive Angelegenheit diese Idealtugend darstellt. Karneades ist damit, typologisch gedacht, so etwas wie die Präfiguration des radikalen postmodernen Kritikers von Werten wie Wahrheit, Wirklichkeit und Objektivität, und seien sie noch so pragmatisch konzipiert (wie zuletzt wieder im bereits zitierten »Neuen Realismus« bei Markus Gabriel, s.o. 20 f.). Mit seiner dialektischen Kunst konnte er den historischen Gerüchten zufolge zwar die römische Jugend begeistern. Konservative Kreise jedoch verfielen in wütenden Protest über die Hexenmeisterei dieses tollkühnen Fremden. Der gestrenge Cato sorgte denn auch dafür, dass die drei Herrschaften rasch wieder verabschiedet und in ihre griechische Heimat zurückgeschickt wurden.

Dabei hat Cato selbst nicht unwesentlich zur weiteren Etablierung der Redekunst in Rom beigetragen. Nicht nur, weil er zu derart heftiger Gegenwehr ansetzte und damit die Aufmerksamkeit darauf lenkte, sondern auch, weil er selbst rhetorische Studien betrieb. Wir haben ihn schon als Inbegriff des *vir-bonus*-Ideals gesehen; von ihm stammt auch ein Plädoyer für unbedingte Sachbezogenheit: *rem tene, verba sequentur* (»behalte die Sache im Auge, die Worte werden schon folgen«). Berühmter noch hat ihn sein Hass auf die Punier gemacht, der in dem bereits zitierten, rhetorisch wuchtigen Zerstörungsbeschluss kulminierte: *Ceterum censeo Carthaginem esse delendam*, eine Formulierung, die zu einem stereotypen Redeschluss avancierte bzw. zu einem der ersten »salienten« politischen Sätze: Aus jüngerer und jüngster Zeit können einem etwas konstruktivere Beispiele in den Sinn kommen, etwa Willy Brandts »Wir wollen mehr Demokratie wagen«, Barack Obamas »Yes, we can« oder Angela Merkels »Wir schaffen das«.

Den Höhepunkt forensischer wie politischer Beredsamkeit stellt zweifelsohne Marcus Tullius Cicero dar, der uns auch wichtiger Stichwortgeber für die Theorie der Rhetorik ist. Der *homo novus* machte sich rasch als begabter Redner einen Namen und wurde im Jahre 74 v. Chr. zum Senator gewählt. Als beauftragter Advokat war er ähnlich gefragt wie als Patron auf Unterstützung angewiesener Bürger. Auch ist der Redner Cicero *Anwalt seiner selbst*, in bewegten, gefährlichen Zeiten: Die Bedingungen, unter denen sich die Republik in den Prinzipat wandelte, haben immer neue Ausnahmezustände hervorgebracht. Es wird sich wohl nicht leicht jemand finden, der ähnlich tief in die Geschehnisse involviert und vergleichbar stark zwischen Tradition und Veränderung aufgerieben ist wie Cicero. Zu seinem Ruhm haben nicht zuletzt spektakuläre Fälle politischer Korruption beigetragen, in denen vor allem einzelne Akteure stigmatisiert wurden: Der Redner enttarnt das dem Gemeinwohl zuwiderhandelnde »Böse« in Einzelpersonen oder von diesen gesteuerten Gruppen. Der erste große Erfolg in dieser Hinsicht war die Anklage des C. Verres wegen Betrugs und persönlicher Bereicherung im Jahre 70 v. Chr. Die steile Karriere des Wunderredners gipfelte im Konsulat des Jahres 64 v. Chr. Hier ereignete sich ein weiterer Höhepunkt, der zu einem wegweisenden Tiefpunkt wurde: die Aufdeckung der sogenannten Verschwörung des Lucius Sergius Catilina, eines Konkurrenten Ciceros um das Konsulat und berüchtigten Umstürzlers.

Der berühmte Anfang der ersten Rede sei hier anzitiert, eine kühne Apostrophe, die den abwesenden Catilina anwesend erscheinen lässt, so anwesend, dass er auf späteren Bebilderungen als Erscheinung verewigt ist, wodurch die Attacken Ciceros gerechter, präsenter, menschlicher wirken:

»Wie lange, Catilina, willst du unsere Geduld noch missbrauchen? Wie lange soll diese deine Raserei ihr Gespött mit uns treiben? Bis zu welchem Ende soll die zügellose Frechheit ihr Haupt erheben? [...] Was für Zeiten, was für Sitten! Der Senat durchschaut dies, der Konsul sieht es, und doch lebt dieser Mensch. Er lebt? Nein, er kommt sogar in den Senat, nimmt an einer öffentlichen Beratung teil und bestimmt und bezeichnet mit seinen Blicken jeden einzelnen von uns zur Hinrichtung. Wir aber scheinen als tapfere Männer unsere Pflicht gegenüber dem Gemeinwesen zu erfüllen, wenn wir der Raserei und den Waffen dieses Menschen ausweichen.

Zum Tode hättest du, Catilina, schon längst auf des Konsuls Befehl geführt und auf dein Haupt hätte das Verderben gewälzt werden sollen, das du gegen uns betreibst.« (Klose 1972: 7)

Die Rede, deren pointierte Passagen (besonders »wie lange noch«/*quo usque tandem*) bis heute in Reden zitiert werden, hat ihre Wirkung nicht verfehlt, Catilina wurde zum Staatsfeind erklärt. Doch dann ereignete sich eine von vielen blutigen Wenden im Leben des Meisterredners: Trotz der öffentlichen Kritik, unter anderem durch Caesar, ließ Cicero einige Catilinarier hinrichten. Die bittere Folge: Cicero musste ins Exil nach Makedonien. Niemand Geringeres als Pompeius betrieb seine Rückkehr, die ihn wieder als Anwalt aufs Forum brachte, vor allem aber an den heimischen Schreibtisch, wo er sich verstärkt der Erschließung der Theorie der Rhetorik zuwandte (*De oratore*, *Orator*) sowie dem Wesen des Staates und der Gesetzgebung nachging (*De re publica* oder *De legibus*). Ciceros Stern stieg und sank in der Folge mit dem des Pompeius Magnus, dessen finale Niederlage gegen Caesar auch ihn in Bedrängnis brachte, bis Caesar ihn begnadigte.

Seinen letzten großen Kampf als politischer Redner führte Cicero gegen Marcus Antonius, den selbsternannten Nachfolger Caesars und späteren Todfeind des Augustus. Davon künden die vierzehn in Anlehnung an Demosthenes benannten *Philippischen Reden*. Während Cicero anfangs noch versucht, das Tischtuch zwischen Antonius und ihm nicht bis auf den letzten Stofffetzen zu zerschneiden – von der erst nachträglich veröffentlichten Invektive der zweiten Rede einmal abgesehen –, bezeichnet er Antonius bereits in der fünften Rede ausdrücklich als einen Staatsfeind (*hostis*, § 29) und behauptet sogar, der Senat habe ihm diesen ehrenrührigen Titel verliehen – versucht also, seinen Wunsch zur Norm zu erheben. Ein besonders eindrückliches

Stück stellt jedoch schon die dritte Rede dar, in welcher eine perfekte Mischung aus Appell, sachlicher Diagnose und sarkastischer Polemik vorliegt. Die Rede war ein großer Erfolg, Ciceros Beschlüssen wurde stattgegeben – doch das gilt längst nicht für alle Reden der Sammlung, und am Ende ist es Cicero, der mit leeren Händen und mehr oder weniger allein dasteht: Reden auf Leben und Tod. Am 7. Dezember 43 v. Chr. fiel Cicero in Formiae seinen brutalen Häschern in die Hände.

Beauftragt hat sie eben jener Marcus Antonius, den Cicero mit aller rhetorischen Überzeugungskunst zum Staatsfeind hatte erklären lassen wollen. Am Ende ist ihm sogar sein Hoffnungsträger Gaius Octavius, der spätere Augustus, in den Rücken gefallen: Er hat nicht verhindert, dass Antonius den Namen Ciceros auf die Proskriptionslisten setzen ließ. Die Häscher erwischten ihn auf der Flucht in einer Sänfte, meuchelten ihn (und seinen Bruder Quintus), schnitten ihm seine Redewerkzeuge – Kopf und gestikulierende Hände – ab, um sie zur Abschreckung auf den Rostra auszustellen – *bloody body talk.*

Fulvia mit Ciceros Kopf (Pavel Svedomsky)

Eine Ausnahme, dieser Cicero? In gewisser Weise schon. Und doch gibt es vergleichbare Fälle unter ganz anderen politischen Vorzeichen in der grausamen Geschichte der Rhetorik. Wir wollen an dieser Stelle Mittelalter und Frühe Neuzeit überspringen, nicht, weil es da keine Beispiele für beschnittene Redner gegeben hätte, aber weil die Redekunst in ihrer politischen Einflusskraft sehr eingeschränkt, oft gar nicht mehr vorhanden war – eine Entwicklung, die in der frühen römischen Kaiserzeit eingesetzt hatte und sich eigentlich erst mit der Französischen Revolution wieder zu ändern begann. Zwar ist die Aufklärung, wie bereits zu sehen war, der Redekunst als Wahrheitsverhinderin feindlich gesonnen; jedoch entfaltet die sogenannte Revolutionsrhetorik eigene Dynamiken von politischer Sprengkraft. Ein blutiges Beispiel bietet Maximilien Robespierre, der sich auch als Cicero-Fan erweist (so der Jakobiner zu solch pathetischen Neigungen in der Lage gewesen sein sollte): Allerdings hat er sich mehr von Ciceros *Catilinarien* inspirieren lassen als von den Philippischen Reden gegen Antonius.

Am Beispiel Robespierres und einiger anderer zeigt sich, dass die Revolution den Bürgern ein beachtliches Maß an Redefreiheit zurückgebracht hat: Zuerst kehren die klassisch ausgebildeten Redner und Anwälte auf die Bühnen zurück, was zu einem gewissen Gleichklang im Auftreten führt. Später kommen auch »ungelernte« Stimmen hinzu. Betrachtet man die zentralen Themen, so scheinen diese sich weder von der republikanischen Rhetorik Ciceros noch von der aktuellen parlamentarischen zu unterscheiden: Im Wesentlichen geht es um den Widerstand gegen die Bedrohung der Menschenrechte durch fragwürdige Subjekte und die prekäre Lage der Heimat, ein Szenario, welches mit Verlustangsten verwoben und in einschlägigen Untergangsvisionen heraufbeschworen wird, denen Handlungsappelle entgegengesetzt werden.

Maximilien de Robespierre
(Stephane Pannemaker)

Einer dieser Redner aus dem »Off« war Maximilien Robespierre, »jener kleine, wie ein Schneider aus dem *Ancien Régime* anmutende Mann mit dem warzenübersäten Gesicht und einer bitteren, schreienden Stimme, dessen Bewegungen nicht immer kontrolliert waren« und der »in den Augen mancher Zeitgenossen vor allem Hass und Neid aus[strahlte]« (Berger 2018: 5). Diese missliche Disposition verhinderte nicht, dass sich Robespierre als »furchterregender Redner« einen Namen machte, auch weil er eine gewisse Authentizität verkörperte (laut Mirabeau glaubte er selbst schlicht an das, was er sagte). Andererseits war es womöglich gerade die körperliche Schwäche (die er auch mit seinem Vorbild Cicero teilte), welche seinem rednerischen Erfolg zuträglich war. Inhaltlich schließt Robespierre nicht nur an Ciceros Catilina an, sondern auch an die Gesetzgebung Lykurgs. So gerüstet, versuchte er, auf die Seelen der Hörer einzuwirken, indem er die seine gleichsam rhetorisch ausstellte. Am 24. April 1793 hat Robespierre im Nationalkonvent eine Rede gehalten, worin er die Erklärung der Menschen- und Bürgerrechte von 1789 kritisierte und der Revision empfahl, welche hier in einem vielsagenden Auszug vorgestellt werden soll:

»Verhört die Mitglieder der Dynastie Capet und sie werden euch sagen, daß das heiligste Eigentum das Erbschaftsrecht ist, werden euch sagen, daß sie ein altes Recht haben, 25 Millionen Menschen, die das

Territorium Frankreichs bewohnen, zu unterdrücken, zu vernichten und sie legal und monarchistisch nach Gutdünken zu behandeln. In den Augen all dieser Leute hat das Eigentum gar kein moralisches Prinzip. Warum hat eure Erklärung der Menschenrechte denselben Fehler? Indem ihr die Freiheit definiert habt, [...] habt ihr gefragt, und das mit Recht, daß sie eine Grenze hat im Recht des Nächsten. Warum habt ihr nicht dasselbe Prinzip auf das Eigentum angewandt, das doch auch eine soziale Institution ist? [...] Ihr habt die Artikel vermehrt, um dem Recht auf Eigentum eine möglichst große Freiheit zu geben und ihr habt kein Wort hinzugefügt, um dieses Recht auch zu begrenzen, so daß eure Erklärungen der Menschenrechte den Eindruck erwecken können, sie seien nicht für die Armen, sondern für die Reichen, für die Spekulanten, für die Börsenwucherer gegeben worden. Um diese Mängel zu verbessern, schlage ich euch vor, folgende Ergänzungen anzunehmen [...].«[9]

Wir fassen in dieser Rede den beeindruckenden, so versierten wie pathetischen Versuch der Apologie der eigenen Schreckensherrschaft, die in dieser Darstellung als menschenfreundlich und progressiv, ja: brüderlich, gerecht, egalitär, erscheint und das Ideal einer Demokratie feiert. Diese Rede gewährte Robespierre ein weiteres halbes Jahr Macht, bevor er selbst auf die Guillotine geschleppt wurde.

Genauso wichtig wie die Ansprachen und Debatten in öffentlichen Institutionen wie dem Konvent ist jedoch der sich zunehmend weiter ausdifferenzierende Gebrauch massenkompatibler Kommunikationsmedien, von den Flugblättern, Journalen, Manifesten und Pamphlets der Revolutionszeit bis in die virtuellen Welten des 21. Jahrhunderts, die der ursprünglich auf Mündlichkeit fokussierten Rede vielfältige neue Spielräume eröffneten. Gerade in revolutionären Kontexten kommt beides komplementär zum Einsatz. Wo, wie im Frankreich des 18. Jahrhunderts, der Alphabetisierungsgrad der Bevökerung nicht einheitlich ist, setzen die Medien verstärkt auf die Nutzung von Bildmaterial. Bevorzugt wird ein breites Publikum adressiert, das die revolutionären Ziele umsetzen soll.

Dem Einsatz von Pathos kommt dabei eine tragende Rolle zu, wie man z.B. an der Antwort des bereits zitierten Mirabeau vom 23. Juni 1789 an den Großzeremonienmeister des Königs feststellen kann, die zum »Fanal des Widerstandes gegen die absolutistische Herrschaft« geworden ist:

> »Ja, mein Herr, wir haben die Absicht vernommen, die man dem König eingeblasen hat, und Sie, der Sie niemals sein Organ bei der Versammlung der Generalstände sein können, Sie, der Sie hier weder Sitz noch Stimme noch das Recht zu sprechen haben, Sie sind nicht befähigt, uns an seine Rede zu erinnern. [...] wir werden uns von unseren Plätzen nur durch die Gewalt der Bajonette vertreiben lassen.« (Ueding 2005: Sp. 1313)

Affektstrategie, rhetorische Figürlichkeit und Wortwahl greifen hier ineinander: Wiederholungen, Parallelismen, ironische Antithesen und Abwertungen werden zum Ausdruck der Wirkungsabsicht des *movere*. Damit sind wichtige rhetorische Kennzeichen der Revolutionssprache benannt. Zu zentralen Instrumenten der revolutionären Sprachstrategie wird jedoch auch die Kriegs-, Kampf-, Feuer- oder Lichtmetaphorik.

Die Entwicklungen in Frankreich haben bekanntlich breit ausgestrahlt: Im Laufe des 18. Jahrhunderts fallen sie in Italien auf fruchtbaren Boden, an seinem Ende auch in Deutschland. Weitreichend sind mit Blick auf die politische Beredsamkeit auch die in England einsetzenden Folgen. Diese kommen insofern besonders zur Geltung, als bereits Mitte des 17. Jahrhunderts die Pressezensur eingebrochen ist: Die Zahl der produzierten und verbreiteten

Flugblätter schießt in die Höhe und beflügelt die Rhetorik als zentrale Exponentin politischen Handelns. Erst damit kann man eigentlich auch wieder von einer politischen Öffentlichkeit sprechen. Die Attacken eines *konkreten* Gegners erweisen sich von Antonius bis Trump als besonders populär, so auch in der englischen Revolutionsrhetorik im Bürgerkrieg des 17. Jahrhunderts, in welcher es der parlamentarischen Opposition vor allem darum zu tun ist, die Ratgeber von König Karl I. zu inkriminieren. Am vorläufigen Ende steht schon hier die Hinrichtung des Königs (1649) sowie die Abschaffung der Monarchie; die Errichtung der Republik führt allerdings durchaus nicht von selbst zu einem tragfähigen Forum für mit rhetorischer *verve* ausgetragene politische Debatten. Es ist Autoren wie Milton vorbehalten, die Gesellschaft politisch zu formen und dabei nicht nur selbst von den Errungenschaften der Redekunst Gebrauch zu machen, sondern diese auch als Medium der öffentlichen Debattenkultur zu (re-)etablieren. Allerdings sind hier dezidierte Interessen am Werke: Die Bürger sollen einheitlich erkennen, dass das brutale Ende der Monarchie richtig und rechtens war. Dazu werden auch die Möglichkeiten der forensischen Argumentationsrhetorik reich ausgeschöpft. Mit der Annahme der *Bill of Rights* von 1689 bzw. Thomas Paines *The Rights of Man* offenbart sich, dass sich die revolutionäre politische Rhetorik zuungunsten der epideiktischgemäßigten durchgesetzt hat.

Und die USA, deren gesprächige Präsidenten zuletzt im wahrsten Sinne des Wortes von sich reden gemacht haben? Die US-amerikanische Rhetorik definiert sich politisch zunächst vor allem im Hinblick auf die Abkehr vom englischen Mutterland. Gestützt auf den aus Rom populären Topos der *Translatio imperii* soll Amerika die aufstrebende neue Weltmacht werden (»rising glory«). Das gründet sich schlicht auch auf die »Neuheit« des Kontinents: Die auf Reinheit und Tugendhaftigkeit gestützte amerikanische Disposition wird dem verkommenen, lasterhaften Zustand Englands gegenübergestellt. Überhaupt wird konsequent mir rhetorischen Dichotomien gearbeitet: Dazu gehören »stark« – »hinfällig«, »einfach« – »künstlich«, »selbstbestimmt« – »unterworfen« und dergleichen mehr – beinahe jede Opposition für sich hat ihre eigene rhetorische Tradition. Die politische Rhetorik wird dabei zusehends wieder epideiktischer.

Anders liegen die Dinge im Falle der sogenannten *Gettysburg Address*, der Rede, die Präsident Lincoln am 19. November 1863 anlässlich der Einweihung des Soldatenfriedhofs auf dem Schlachtfeld von Gettysburg gehalten hat. Sie führt Lincolns Bemühen, das als zutiefst demokratisch empfundene US-amerikanische Selbstverständnis in einem prägnanten rhetorischen Stück zusammenzufassen, eindringlich vor Augen. Die Rede ist nicht in einhelligem Wortlaut überliefert, doch ergeben die verschiedenen Fassungen auch im Vergleich ein plastisches Bild von der Schärfe und Transparenz, die in mancherlei Hinsicht an die Reden Ciceros oder die von den Gracchen-Brüdern kolportierten gemahnt:

»Vor 87 Jahren gründeten unsere Väter auf diesem Kontinent eine neue Nation, in Freiheit gezeugt und dem Grundsatz geweiht, dass alle Menschen gleich geschaffen sind. Nun stehen wir in einem großen Bürgerkrieg, der eine Probe dafür ist, ob diese oder jede andere so gezeugte und solchen Grundsätzen geweihte Nation dauerhaft Bestand haben kann. Wir haben uns auf einem großen Schlachtfeld dieses Krieges versammelt. Wir sind gekommen, um einen Teil dieses Feldes jenen als letzte Ruhestätte zu weihen, die hier ihr Leben gaben, damit diese Nation leben möge. Es ist nur recht und billig, dass wir dies tun. Doch in einem weiteren Sinne können wir diesen Boden nicht weihen, können wir ihn nicht segnen, können wir ihn nicht heiligen. Die tapferen Männer, Lebende wie Tote, die hier kämpften, haben ihn weit mehr geweiht, als dass unsere schwachen Kräfte dem etwas hinzufügen oder etwas davon wegnehmen könnten. Die Welt wird wenig Notiz davon nehmen, noch sich lange an das erinnern, was wir hier sagen, aber sie kann niemals vergessen, was jene hier taten. Es ist vielmehr an uns, den Lebenden, hier dem unvollendeten Werk geweiht zu werden, das diejenigen, die hier kämpften, so weit und so edelmütig vorangebracht haben. Es ist vielmehr an uns, der großen Aufgabe geweiht zu werden, die noch vor uns liegt – auf dass uns die edlen Toten mit wachsender Hingabe für die Sache erfüllen mögen, der sie das höchste Maß an Hingabe erwiesen haben – auf dass wir hier feierlich beschließen, dass diese Toten nicht vergebens gestorben sein sollen – dass diese Nation, unter Gott, eine Wiedergeburt der Freiheit erleben soll – und dass die Regierung des Volkes, durch das Volk und für das Volk, nicht von der Erde verschwinden möge.«

Wie konnte es gelingen, dass Lincoln in nur zehn Sätzen zu etwa 272 Wörtern das amerikanische Demokratieverständnis auf den Punkt brachte – geradezu ein Musterbeispiel an attizistischer Knappheit, welche selbst einem Cicero nicht immer zuteilwurde? Nun, besonders eingängig ist die Rede einmal wegen der Wahl bedeutungsschwerer, auch poetischer Wörter. Hinzu kommen eingängige Wiederholungen und aufrüttelnde Kontraste wie »sagen« und »vergessen«. Auch die Juxtapositionen fallen ins Auge (»sie gaben ihr Leben ... lebten«), da sie die Gegensätze gleichsam in einer Fortsetzung aufgehen lassen. Weiters gefällt die einnehmende Rhythmik mit Trikola und Alliterationen, die die Klaviatur der *elocutio* perfekt bespielt.

Kein Wunder, dass von dieser Rede, die, wie die Unabhängigkeitserklärung, bis heute zum Kanon des amerikanischen Geschichtsunterrichts gehört, starkes identifikatorisches Potential ausgeht. Wie seinerzeit die Zwölftafelgesetze in Rom, ist die Rede (allerdings nicht auf Erztafeln, sondern in Stein gemeißelt) öffentlich ausgestellt; sie findet sich auf einer Wand des Lincoln Memorials in Washington D.C. Daran wurde inhaltlich und räumlich in vielen entscheidenden Momenten der amerikanischen Geschichte angeknüpft; u.a. von John F. Kennedy in seiner Gedenkrede an Gettysburg oder von Martin Luther King, der seine wohl berühmteste Rede im Aufgang zu eben jenem Memorial gehalten hat: »I have a dream«.

Ein weiteres prominentes Beispiel einer epideiktischen Rede von hoher politischer Bindungskraft ist diejenige über die »four freedoms« von Präsident Franklin D. Roosevelt (1941) vor dem amerikanischen Kongress: Eine sehr schlichte, umso einprägsamere Rede, die an den Anfang die Redefreiheit stellt, damit zu einem Manifestum der politischen *power* der Rhetorik wird und diese zur Wegbereiterin anderer Basiswerte wie Freiheit und wirtschaftlicher Unabhängigkeit macht, wobei sie eine Kohäsion entfalten kann, die den Bürgern, so Roosevelts Absicht, einen Kausalzusammenhang vor Augen führte, nicht zuletzt, um sie zu größerer Kriegsbereitschaft zu animieren.

Aus allen Winkeln der zumal demokratisch organisierten Welt lassen sich Beispiele anführen für die geballte Kraft politischer Rede und die von ihr ausgelösten Dynamiken. Erfolgreiche Redner finden sich freilich auch in anderen politischen Systemen: Kurz sei an die reformerischen Kraftakte des Fürsten von Bismarck erinnert, die von einem, gleich den frühen römischen »Originalgenies«, sich selbst als natürlich inszenierenden Redetalent flankiert wurden. Auf Technik und Übung pflegte der praktisch orientierte Kanzler angeblich zu verzichten. Walter Jens zufolge spiegelt sich noch in dieser Attitüde das schlechte Ansehen der Rhetorik in Deutschland, bedingt durch das feudalistische System und das deutsche Untertanendenken: Ausgerechnet für die argumentativ-vernünftige Rede taten sich hier nur wenige Spielräume auf.

Dafür haben propagandistische diktatorische Regimes von der deliberativen Rhetorik profitiert: Hier wohlfeil von »Missbrauch« zu sprechen würde die Dinge allerdings unangemessen vereinfachen. Die Beispiele aus der deutschen, mit antisemitischen Topoi aufgeladenen, das aus Rom bekannte *hostis*-Schema über jegliche Gebühr strapazierenden Nazi-Propaganda sind Legion. Augenfällig aber auch die politische Rhetorik Benito Mussolinis: Dieser setzt auf einen betont abschüssigen, parataktischen, ja fragmentarischen Stil, es geht mehr um die Ausstellung von Sprachfetzen, die sich nicht in geordneten Hypotaxen einfangen lassen. Die *exclamatio* wird zu einer zentralen Figur. Die Wirkung auf die Massen wird durch Mussolinis abrupte Gestik und Mimik sowie die Fokussierung auf lautliche Effekte erhöht, welche verrät, dass er sich mit den Techniken der *actio* (s.u. 184 ff.) durchaus vertraut gemacht hat.

Beispiele finden sich aber nicht nur in der NS-Propaganda, sondern auch in sozialistischer Rhetorik: Diese besticht seit den Tagen von Marx und Engels durch ihre spezifische, von antibürgerlicher Kritik geprägte Wortwahl. Auch beim »Spartakus« etwa fungierte eine die Revolution verherrlichende Rhetorik als Katalysator einer autoritativen politischen Ideologie. Gewalt wird dabei zum probaten Medium der Sprache (und) der Wirklichkeit – auf den Straßen der Weimarer Republik. Wie in der Nazi-Rhetorik liegt auch hier die Konzentration auf propagandistischen Zwecken; der Anspruch auf Aufklärung der Massen über etwaige Missstände wird zwar formal aufrechterhalten, aber hauptsächlich zur Manipulation eingesetzt. Die Polemik fällt durch besondere Zuspitzungen, regelrechte Schwarz-Weiß-Malereien, auf, die sich auch zahlreicher Pathosformeln bedienen. Die *brevitas* wird zu einem zentralen Marker, und auch hier gibt es eine Neigung zu Sentenzen (sogar lateinischer wie bei Lenin, der sie allerdings ins Russische übersetzt). Passt so viel Tradition zum umstürzlerischen Charakter einer Revolution? »Jede revolutionäre Bewegung befreit auch die Sprache«, meint Christa Wolf mit Blick auf die Ereignisse beim Zusammenbruch der DDR im Jahre 1989. Das gilt offenbar nur sehr eingeschränkt: Jede Revolution schafft sich eine eigene Sprache, die im Zeichen der rhetorischen Tradition steht. Ohne diese – geht es nicht.

Die Grenze politisch aufgeladener Rhetorik zu Demagogie (eigentlich Volks/ver/führung, nach Charles Lomas ein Prozess, der das Vermeiden von Begründungen strategisch entfaltet [Lomas 1961: 160]) und Rabulistik (Wortklauberei, Rechtsverdreherei) oder auch Populismus (Durchsetzung des Volkswillens: tatsächlich oder subjektiv bzw. manipulativ getarnt) ist von jeher nicht scharf zu ziehen, hier nicht, nicht in der Antike – auch wenn die Anhänger der aristotelisch geprägten Debatten- und Argumentationsrhetorik, die in den 1950er Jahren, federführend von Chaïm Perelman und Stephen Toulmin, wiederbelebt wurde, dies gerne hätten und daher fortwährend behaupten. Dieses Bedürfnis spielt auch in die rationalistische Kommunikationstheorie jener Prägung von Paul Grice oder Jürgen Habermas mit hinein. Solche Ansätze sind in jüngerer Zeit erweitert worden um kognitions- und sozialwissenschaftliche Verfahren, z.B. das sog. »framing«, das nachzuweisen versucht, wie gleiche Inhalte bei verschiedener Formulierung unterschiedlich aufgenommen werden – ein Faktum, das freilich schon in antiker Lexis diagnostiziert und zu einem Kernbereich der Rhetorik werden konnte. Hinzu kommt die Genese einer Verpflichtung darauf, Geschichte als moralische Verantwortung zu betrachten, wie sie nicht zuletzt in Deutschland aufgrund der Erfahrungen vor allem des 20. Jahrhunderts zu beobachten war (und ist).

Doch wenden wir uns noch ein letztes Mal der Praxis der politischen Rede zu, bevor es an die sprachtheoretischen Grundlagen geht. Beschließen soll dieses Kapitel ein kurzer Blick auf die jüngsten Entwicklungen. Barack Obamas und Donald Trumps politische Rhetorik sind zu einem beliebten Gegenstand der Synkrisis geworden. In den rhetorischen Analysen, vor allem im deutschsprachigen Raum, ist der Tenor erwartungsgemäß einhellig: Obama ist ein begnadeter Redner und der »Gute«, Trump ein twitternder Demagoge und der »Böse«. So nahe diese Einschätzungen liegen mögen und so begründet sie sind: Diese kleine Studie fühlt sich für allgemeinverbindliche moralische Aburteilungen nicht zuständig, sie möchte lediglich beobachten und beschreiben, erklären und bebildern. Daher hier nur ein paar Bemerkungen zu den Strategien und ein Beispiel aus der Feder von Obamas Redenschreiber (das Problem, dass die Reden, an denen man die Redner nicht zuletzt moralisch misst, von anderen geschrieben wurden, ist nicht neu – Isokrates war ein frühes Beispiel für einen Logographen. Obwohl diese Zwischenstufe die Spiegelungsproblematik noch verschärft, wird sie kaum je geltend gemacht).

Obamas Auftritte und Kampagnen gelten in rhetorischer Hinsicht als besonders emotional: Sie haben ein konstruktives Verhältnis zum rhetorischen Pathos, welches in Kontinentaleuropa eher verpönt ist. Zugleich setzen sie aber auch stark auf den Logos, die rational begründete Argumentation (oder was man im »guten Westen« gemeinhin dafür hält, wenn man den »schlechten« ausblendet). Die Gräzistin Gyburg Uhlmann sieht im Ganzen »rationales Argument und Gefühl gemeinsam bei der Arbeit« (Uhlmann 2019: 263). Die Ansprüche an das den dominanten christlichen Wertvorstellungen entsprechende Ethos und ihre Erfüllung stellen sich gleichsam von selbst sein. Auf dieser Trias baut Obama seine Identifikationsrhetorik auf, konkret in seinem »movement of change« mit einem inklusiven »we« im Zentrum. Alle Kampagnen – die virtuellen wie die realweltlichen – sind von sozialen Gedanken und einer »alles ist möglich für jedermann« bzw. »vom Tellerwäscher zum Millionär«-Mentalität geprägt.

Rufen wir uns ein populäres Beispiel ins Gedächtnis, nämlich die Rede, die Obama nach seinem ersten Sieg bei der Präsidentschaftswahl am 9. November 2008 gehalten hat. Die Stimmung des Redners entspricht der der Hörer: alles auf Neuanfang, gerade in Folge des Irakkriegs und der Finanzkrise. Gleichwohl wird direkt an die Tradition und die amerikanischen Werte angeknüpft. Darüber hinaus zeigt sich Obama als sozialer, seinem Umfeld verpflichteter und seiner Familie zutiefst dankbarer Mensch, wenn er die großen Herausforderungen der Zukunft, sein politisches Programm, skizziert: ein verantwortliches Miteinander, an welchem nicht zuletzt die »einfachen Leute von der Straße« wesentlichen Anteil hätten. Gemeinsam brächten alle die Kraft für die anstehenden Veränderungen auf. Sein Optimismus zieht sich wie ein roter Faden durch diese wie viele andere seiner Reden. Schwierigkeiten werden nicht ausgeblendet, sondern in diesen Optimismus integriert, indem an die Langmut aller appelliert wird.

Schließlich werden die vermeinten Kontrahenten geschickt ins Boot geholt, indem sie ihrer Gegnerschaft gleichsam beraubt werden: Obama geriert sich als der Präsident nicht nur seiner Anhänger, sondern aller Amerikaner, er akzeptiert auch abweichende Ansichten, kommt aber auf den kleinsten gemeinsamen Nenner: Interessen, die alle teilen, auch Feindbilder, die alle einen (Islamismus etc.). Die Geschichte dient als Quell beständiger Ermutigung: Hier arbeitet Obama in guter römischer Tradition mit Exempla, die einen didaktischen Effekt auf die Zukunft entfalten sollen. In der Summe präsentiert er sich als ehrlicher, verlässlicher Partner für alle, als ein moderner *primus inter pares*, zugleich als die Verkörperung und das Versprechen des gelebten *American Dream*. Alle kommen zu allem zusammen in der legendären Kurzformel: »Yes, we can.« Stilistisch macht sich daneben eine Häufung von Kontrasten bemerkbar, die sich bisweilen zu Reihen, auch in gesteigerter Form, verbinden – eine gute Tradition auch seit der *Gettysburg Address*. Hinzu kommen insbesondere Wiederholungen bzw. Doppelungen sowie die spiele-

Barack Obama (University of Illinois 2018)

risch leicht wirkende Einbeziehung persönlicher Anekdoten. Diese Anekdoten, eigentlich ein nicht primär sachliches Mikronarrativ, welches auf der Schwelle von Wirklichkeit und Möglichkeit steht, wird hier ausgerechnet zum Garanten für Glaubhaftigkeit und Authentizität. Stets betont Obama seine Affinität zur wissenschaftlichen Welt der Fakten (oder was die federführende *peer group* dafür hält). Dabei bedient er sich auch moralisierender Mittel, wie sie der Linguist George Lakoff aufgelistet hat (auf der Figurenebene z.B. strenger Vater, leutselige Mutter etc.; Lakoff 1996). Im Gegensatz zu seinem Nachfolger im Amt, Donald Trump, wirbt Obama dezidiert für sein eigenes Vermächtnis, das er entspannt anderen als sich selbst anvertraut.

Damit sind wir auf der »anderen Seite« angekommen, auf welcher Analysen des »Aggressors« Trump allerlei evidente Beobachtungen zu seinen Strategien der Beleidigung und Diskriminierung versammeln, die er in allen Medien und bei allen Auftritten, mündlich wie schriftlich, versprengt wie aus einem Feuerwehrschlauch, was sie denn auch besonders transparent und durchschaubar macht – oder doch zu machen scheint. Trump betreibt zugespitzte Schwarz-Weiß-Malerei *à la bonheur*, er macht sich die Wut der oft benachteiligten oder sich im Nachteil wähnenden Bürger zunutze und lässt aus deren negativen Gefühlen emotionale Cluster entstehen, mit denen er arbeitet. Indem er sich des bewährten Freund-Feind-Schemas bedient und den Feind besonders heraushebt (beispielhaft sei an seine Angriffe auf die demokratische Widersacherin Hillary Clinton oder auf Joe Biden und sein Team, nicht zuletzt die weiblichen Akteure, erinnert), gelingt es ihm, sich selbst als eine Art Erlöser zu präsentieren, der sich für die Belange der Benachteiligten einsetzt und diese aus dem Vergessen befreit.

Dass er dabei sogenannte »Fake News« einsetzt, ist ein heikles Thema. Weniger wegen des Fingierens von Argumenten, das, so es allzu offensichtlich und mit erkennbar »bösem Willen« vonstattengeht, nicht unbedingt zu den gewünschten Tugenden eines Politikers gehört (wenn auch vielleicht zu den erfolgversprechenden); problematischer ist daran noch, dass viele Menschen weltweit zu wissen meinen, was Fakten sind und wie man sie von den Fiktionen oder auch dem »Fake« unterscheiden kann – bzw. die Grauzonen und Abgründe ignorieren, die sich zwischen diesen durchlässigen und diffusen Bereichen auftun. Dass diese »missbraucht« werden können, nicht zuletzt von gewieften Rednern – oder auch »Redenhassern«, die aber gleichwohl Redner sind –, verkleinert indes das Problem keineswegs. Auf diese Gemengelage hat gerade Trump umso effizienter positive, optimistische Botschaften aufgesattelt, die in ihrer nicht selten imperativischen Form umso kraftvollere Wirkung entfalten konnten, z.B. »America first« oder »Make America Great Again«. Moralische Schlüsse werden auf der »bösen« Seite genauso umstandslos – oder sogar noch schneller – gezogen wie auf der »guten«: Daran – auch an den Maßstäben – hat sich im Laufe der Jahrtausende gar nicht so schrecklich viel geändert. Nicht immer allerdings war das, was als Polemik, Populismus oder »Fake News« denunziert wird, so einhellig auf der Seite der »Falschen« angesiedelt wie im frühen 21. Jahrhundert. Platons Blick auf »die« Sophisten zum Beispiel verkörperte eben nur eine neben anderen, rationalen und irrationalen Sichtweisen. Das betrifft grundsätzlich auch die Übereinstimmung von Feindbildern. Eine grundlegende Sehnsucht nach ihnen bleibt eine nicht nur, aber auch rhetorische anthropologische Konstante. Und es gibt einige Charaktere auf der historischen Bühne, die als »Böse« besonders wenige Rehabilitationsversuche herausgefordert haben – von Marcus Antonius im antiken Rom angefangen, ließe sich die Reihe unendlich fortschreiben. Im Deutschland des 21. Jahrhunderts gehören dazu jedenfalls die AfD, Pegida und die coronakritische Masse der »Querdenker« (die erstaunlicherweise nicht gegendert werden) sowie gar die Verteidiger eines aus westlich-linker Perspektive diskreditierten politischen Regimes wie, um nur drei einschlägige Beispiele zu nennen, Bolsonaros Brasilien, Orbáns Ungarn sowie, das vor allem, Putins Russland. Bleibt abzuwarten, was die Zukunft rhetorisch aus ihnen – und ihrer Fähigkeit zu politischer Beredsamkeit – machen wird.

3. Rhetorik und Sprache

Die sprachtheoretischen Reflexionen des Sophisten Gorgias und ihre rhetorischen Adaptionen seines Schülers Isokrates sind für die Folgezeit von großem Einfluss gewesen. Sie wirken nicht nur auf Cicero und andere bedeutende Redner und Redetheoretiker, sondern, über die zentrale Zwischenstation Friedrich Nietzsche, auch auf die – insbesondere postmoderne – Sprachphilosophie des 20. Jahrhunderts nach. Deswegen möchte ich im Folgenden zunächst bei den beiden alten Griechen (scheinen sie doch beide an die hundert Jahre alt geworden zu sein) verweilen.

Gorgias kam 427 als Gesandter von Leontinoi nach Athen und wusste das dortige Publikum, das schon durch Thrasymachos auf rhetorischen Zauber eingestimmt war, mit seinen Reden zu beeindrucken. Nicht zuletzt deshalb gilt Gorgias der einfachen Legende zufolge als »Erfinder« des dritten *genus dicendi*, der Lob- und Tadelrede (*genos epideiktikon/genus demonstrativum*). Den theoretischen Grundstein für sein Sprachverständnis hat Gorgias in der nur indirekt überlieferten Schrift *Über das Nichtsein* (*Peri tou me ontos*) gelegt. Dort stellt er eine dreifache These auf:

1. Nichts ist.
2. Wäre es, dann wäre es nicht erkennbar.
3. Wäre es und erkennbar, dann wäre es nicht mitteilbar.

Die dritte These besagt nichts anderes als die »semantische Impotenz« des *logos*. Gorgias stellt die verweisende Funktion sprachlicher Zeichen infrage: Sprache kann nur sich selbst sagen. Sie wird durch ein eigenes, wohl als Analogon zur sinnlichen Wahrnehmung gedachtes Organ aufgenommen, mit dem Unterschied, dass der *logos* die sinnliche Wirkung mit den Mitteln der *techne* bewusst einsetzt und steuert. Wahrnehmungen lassen sich demzufolge nicht mitteilen, weil sie zum einen sprachlich nicht umsetzbar sind, zum zweiten keine Äquivalenz besteht zwischen den Wahrnehmungen des Sprechenden und denen der Rezipienten. Neben die semantische tritt die semiotische Ohnmacht. Ein so definierter *logos* ist nur sich selbst verpflichtet und generiert seine eigene Wahrheit. Für diese Wahrheit ist ihr Präsenzbezug entscheidend: Der situative Kontext bestimmt, ob sprachliche

Aussagen sich in der Wirklichkeit verankern lassen oder nicht. Weil Seinsbereich und Sprachbereich verschiedene Größen sind, kann Gorgias die Sprache als *megas dunastes* (»großen Vollbringer«) bezeichnen. Die Verteidigung der eingangs erwähnten Helena (vgl. o. 9 f.) fußt auf den Argumenten der gleichsam hypnotischen Macht der Überredung einerseits, der optischen Wahrnehmung andererseits:

»Denn wie andere Drogen andere Säfte aus dem Körper austreiben, und die einen Krankheit, die anderen aber das Leben beenden, so auch erregen unter den Reden die einen Leid, die andern Genuss und dritte Furcht, und wieder andere versetzen die Hörer in zuversichtliche Stimmung, und noch andere berauschen und bezaubern die Seele mit einer üblen Bekehrung.«[10] (Gorg. *Hel.* 14)

»Gehörte« (bzw. durch »Poren« aufgenommene) Sprache und gesehene Bilder haben die Seele der Spartanerin bezwungen, die damit von jedem Vorwurf freizusprechen ist, da sie nur Opfer ihrer sinnlichen Wahrnehmungen und der sprachlichen Manipulation ausgeliefert war. Die Erregung von Affekten bei den Hörern wird als zentrale Potenz des *logos* ausgemacht. Diesen Effekt soll auch die Prosa bei den Hörern erzielen können, ihre Seelen sollen systematisch gelenkt werden. Dazu bedarf es allerdings auch einer profunden Kenntnis der Verfassung der Hörer, an die die sprachlichen Mittel ebenso anzupassen sind wie an den Gegenstand, über den gesprochen wird. Daher widmet Gorgias seine Aufmerksamkeit fast ausschließlich der formalästhetischen Ausgestaltung (*lexis*). Durch die Verfeinerung der stilistischen Technik kann Sprache ihre suggestive Kraft entfalten und so die Realität bis in ihr Gegenteil verkehren.

Von vergleichbaren Voraussetzungen wie die *Helena* geht die Argumentation in der Verteidigungsrede des *Palamedes* gegenüber seinen Anklägern aus; er erhebt den Vorwurf, sein Verleumder, Odysseus, operiere nur mit Meinungen, »dem unzuverlässigsten Ding« (Gorg. *Pal.* 24), und verfüge über keinerlei Wissen. Die Bedingungen der Möglichkeit von Wissen werden auch hier infrage gestellt: Wissen ist entweder unmöglich oder es lässt sich genauso wenig versprachlichen wie Wahrnehmungen. Für die Handlungstheorie des Gorgias gilt derselbe Grundsatz wie für seine Sprachtheorie: Das Seiende kann Handlungsnorm nur sein, solange es ein aktuell Seiendes ist. An die Stelle von Wissen und Wahrheit tritt Wahrscheinlichkeit (s. dazu o. 20 ff.). Der in dieser Hinsicht verkürzten sokratisch-platonischen Perspektive war dies Anlass genug zu behaupten, Gorgias gehe es nur um die Vermittlung formaler Fähigkeiten der Persuasion. Doch stellt die Aufwertung des Wahrscheinlichen wie der Überredung eine zwingende Konsequenz der gorgianischen (Nicht-)Ontologie dar. Gorgias legt mit seiner Sprachtheorie den Finger in eine hermeneutische Wunde, die sich immer wieder schließen und öffnen wird: das Auseinandertreten von Wahrnehmung und Wahrheit. In der Augenblicksgebundenheit der Sprache scheint sich eine Pluralität von Wirklichkeiten immerhin anzudeuten. Der Boden ist bereitet für eine Theorie der »vormodernen Subjektivität« – einer Subjektivität, die Sprecher und Hörer einschließt: Wenn der *Redner* Gorgias am Ende der *Helena* bekennt, lediglich ein »Spiel« (*paignion*) mit der Sprache zu treiben, so ist dies Ausweis der Metadiskursivität seiner rhetorischen Theorie. *Für ihn* mag es ein Spiel sein – zweifellos aber ein Spiel, dessen Regeln geeignet waren, einen neuen Modus sprachlichen Weltverhältnisses zu begründen.

In den Ausführungen von Gogias' Schüler Isokrates, der sich ausdrücklich von den Sophisten distanziert, wird nicht unterschieden zwischen Sprache und Vernunft. Demzufolge bezeichnet Isokrates das Denken als ein »reden mit sich selbst«. Reden und Denken, also auch »gut« reden und »gut« denken, stehen zueinander in einem korrelativen Verhältnis. Der *logos* ist nicht nur Zeichen oder Abbild einer Sache, sondern – zugespitzt – »die nach menschlicher Vorstellung genaueste Begrenzung der Sache, von der wir ohne sie keine Vorstellung haben könnten« (Erbse 1971: 337). Das läuft auf eine Substantialisierung des über den einzelnen Buchstaben hinausgehenden Zeichensystems hinaus. Die Sprache ist nicht bloß Instrument, »sondern selbst Substanz des moralisch und politisch Billigenswerten«[11] (Alexiou 1995: 58). Isokrates' *logos*-Begriff ist wertbeladener, somit auch emphatischer als der des Gorgias: Die Redekunst bringe von allen den Menschen angeborenen Gaben den meisten Segen; aus der Sprache erst habe man die Normen für Recht und Unrecht ableiten können.

Hieran schließt wiederum Cicero an, alles in allem ein ausgemachter Isokrates-Fan. In Ciceros Vorstellungswelt kann »Sprache« weitgehend mit »Rhetorik« identifiziert werden: Das erhellt schon aus den Elogen auf ihre kulturstiftende Funktion. Wenn von »Sprache« (über *lingua* als bloße Sprach-*Fähigkeit* hinaus) die Rede ist, ist die Rhetorik immer mitgemeint. Sprache weist in Ciceros Theorie sowohl eine *kognitive* als auch eine *emotive* Funktion auf. In kommunikationstheoretischer Hinsicht sticht an Ciceros in den *Rhetorica* greifbarer Sprachauffassung etwas hervor, das man mit Klaus Weimar als »kontagiöses Element« bezeichnen könnte (Weimar 1998: 391); es hat seinen Grund in der dialogischen Form, die beständig zwischen den pronominalen Perspektiven wechselt (von der ersten bis zur dritten Person ist in beiden Numeri alles in denkbarer Dichte vertreten). Dieser Wechsel erzeugt den Eindruck einer gewissen Beliebigkeit: Die Pronomina, besonders freilich die der ersten beiden Personen, bieten dem Leser respektive Hörer ein breites Angebot aus Leerstellen, die als permanentes Identifikationsangebot zu verstehen sind. Der Leser darf nahezu überall in die Sprachverhandlungen eintreten und sich als mitdenkend betrachten. Über diese personalen Referenzen hinaus gilt Sprache Cicero als wesentliches Mittel der Weltaneignung und -deutung: Durch sie vor allem soll der Mensch auf die Welt der Phänomene erkennend zugreifen können, und zwar mittels der auch philosophisch begründeten Kategorie der Wahrscheinlichkeit. Schon deren Notwendigkeit zeigt an, dass nicht nur sinnliche, sondern auch intellektuelle Vorgänge sprachlicher Welterschließung der ciceronischen Skepsis unterliegen, einer Skepsis, die unmittelbare Beziehungen zwischen dem Menschen und seinem Umfeld kritisch hinterfragen muss.

Dass jedoch, im Zuge ciceronischer Pragmatik, Form und Gehalt auch in der Rhetorik zu einer gewissen Übereinstimmung kommen sollen, kann nicht weiter überraschen. Die Harmonie erstreckt sich nicht nur auf den Redner und die Redeumstände, sondern auch auf Sprach- und Sachwelt. Aus diesen Problemstellungen geht hervor, dass alle rhetorischen Fragen von Überlegungen zur mimetischen Grundstruktur der Sprache bestimmt werden: Auch die in Sprachzeichen gekleidete Nachahmung umfasst immer zugleich einen kreativen Ausdrucksprozess, insofern ein Gedanke, um die genuin rhetorische Terminologie aufzugreifen, »eingekleidet« oder verhüllt wird. Mit den Mitteln der Sprache können schließlich auch von der natürlichen Maschinerie hinterlassene Leerstellen besetzt werden, also über die Phänomene hinausweisende Vorstellungen konfiguriert und, wo die semiotische Potenz der Sprache nicht grundsätzlichen Zweifeln unterliegt, vermittelt werden.

Stehen Kreativität und Nachahmung des Künstlers von Beginn an in einem produktiven Spannungsverhältnis zueinander, so haben sich beide Produktionsmodi bisweilen denkbar weit auseinanderentwickelt. Aus der neuzeitlichen Entwicklung ragt einmal mehr die Position Kants aufgrund ihrer Radikalität heraus: Hiernach sollen das unter dem Titel »Genie« figurierende kreative Subjekt und die mimetische Methode sogar als gegensätzliche Größen gefasst werden. Auf die allgemeine Zugänglichkeit von mimetischen Techniken gegründete objektive Regeln für ästhetische Werturteile werden somit unmöglich und sinnlos. Aus diesen Erwägungen heraus erklärt sich auch die massive Kritik an der Rhetorik insgesamt. Die sprachlich-stilistische Mimesis-Diskussion steht von nun an in engem Zusammenhang mit der idealistisch-konstruktivistischen Ästhetik. Auch die romantische Genieästhetik hat, um eine unhintergehbare, von der Außenwelt unabhängige Kunstwelt zu rechtfertigen, der dem Allgemeinen und Objektiv-Erfassbaren zugeschlagenen Rhetorik kritisch den Rücken gekehrt. Kaum je haben sich die Romantiker allerdings Rechenschaft von ihrer Beeinflussung durch die antike Rhetorik gegeben; gerade sie aber hat den romantischen Begriff von Mimesis präfiguriert, insofern diese nicht »ein Kopieren der objektiven Umwelt oder eines Vorbildes [beschreibt], sondern, weil ihr Amt sich auf die Affekte richtet, die Wiedererweckung von verblassten Leidenschaften, die Vergegenwärtigung von Affekten durch eigene Ergriffenheit« (Dyck/List 1968: 126). Das irrational-affektive Potential der Rhetorik proliferiert recht eigentlich in dieser romantischen Genieästhetik.

Demgegenüber stehen wirkmächtige Bestrebungen, die Objektivierbarkeit von (Sprach-)Kunst im Allgemeinen und Rhetorik im Besonderen zu rehabilitieren: Nicht nur die naturalistischen Theorien des 19. Jahrhunderts, sondern auch die Literaturwissenschaft des 20. Jahrhunderts hat zahlreiche Vertreter hervorgebracht, die sich darum bemühten, die Kategorie der Nachahmung wieder fasslicher zu machen. Unter ihnen sei Erich Auerbach genannt, der in seinem Bestreben, die Nachahmung salonfähig zu halten, nicht nur die Verweisfunktion von Sprache, sondern auch das urteilssichere Subjekt zu restabilisieren versucht. Gerade diese beiden Prämissen freilich mussten in der Postmoderne fallen: Dem Tod des Subjekts korrespondiert der schon im *linguistic* wie im *rhetorical turn* angelegte Niedergang des (sprachlichen) Zeichens als zuverlässigen Indikators von Wirklichkeitsreferenz. Wenn Wirklichkeit jenseits ihrer selbst mithilfe von Sprachzeichen nicht sicht- oder greifbar gemacht werden kann, dann wird auch Nachahmung überflüssig, jedenfalls eine solche, die sich in irgendeiner Form direkt auf die Wirklichkeit bezieht. An die Stelle von Ähnlichkeitsverhältnissen, wie sie eine solche auf Repräsentation gegründete Nachahmung fundieren, treten folgerichtig (teils emphatisch gefasste, teils nüchtern oder gar pessimistisch konstatierte) Vorstellungen von Differenz und Distanz.

In dieser Lage befindet sich die Rhetorik allerdings – lange vor der Postmoderne – schon in Aristoteles' und in Ciceros Theorie. Die Subversivität seiner rhetorischen Mimesis erhellt gerade aus solchen Stellen, die auf völlige Authentizität und Empathie, ja geradezu auf die Aufhebung der Grenzen von Wirklichkeit und Scheinwelt (in- und außerhalb ihrer Darstellung) hinauszulaufen scheinen:

> »Und es kann nicht geschehen, dass der Hörer Schmerz, Hass, Neid oder Furcht vor etwas empfindet, dass er zu Tränen oder zu Mitleid gerührt wird, wenn nicht alle Gemütsbewegungen, die der Redner beim Richter erregen möchte, beim Redner selbst dem Anschein nach tiefe Spuren hinterlassen haben.« (Cic. *de orat.* 2, 189)

In eben diesen (affektiven) Akten des »Imprägnierens« und »Einbrennens«, die sich am und im Redner vollziehen, hat Cicero, so scheint es, kongeniale Metaphern für die komplexe Überlagerung von Schein und Wahrheit gefunden – in ihrer ästhetischen ebenso wie in ihrer materiellen *und* kommunikativen Gestalt. Ob sie auch – im Sinne Anselm Haverkamps – als Metaphern der repräsentativen Rhetorizität von Sprache taugen?

Schließlich werden die von Cicero im Rahmen der Rhetorik analysierten und aufgestellten Regeln auch »autoreflexiv verwendet«, insofern derjenige, »der über die Sprache nachdenkt, [schon] [...] spricht« (Groddeck 1995: 86). »Die Lehre der Rhetorik hebt sich im Reden auf, daher kann sie auch in den Texten selbst immer wieder neu entdeckt und neu formuliert werden« (ebd.: 86). Diese Autoreferentialität des *Redens über Rhetorik*[12] in Rechnung gestellt, bedarf es keiner Stichproben aus der oratorischen Praxis, um die theoretischen Leitsätze zu überprüfen. (Diese nicht zuletzt durch Cicero übermittelten Überlegungen sind im 20. Jahrhundert auch in Sprecherziehung und Linguistik eingeflossen und für Gesprächsanalyse-Konzepte nutzbar gemacht worden.)

Das grundlegende Kommunikationsdilemma ist einer klugen Beobachtung Dirk Baeckers zufolge in der Figur der *communicatio* (bzw. *anakoinosis*) erfasst, die bisher fast ausschließlich soziologisch bzw. psychoanalytisch gedeutet wurde; Baecker knüpft an die Überlegungen Claude Lévi-Strauss' und Marcel Mauss' an, denen diese Figur gleichsam als »soziale Tatsache« erschienen ist, weil sie »›mich‹ (objektivierendes Ich) mit ›mir‹ (subjektives Ich) und ›mich‹ (objektives Ich) mit einem ›anderen‹ zusammentreffen läßt« (und zwar in strukturbildender Weise) (Baecker 2001: 154). Baecker zieht die Konsequenzen für die Rhetorik; so mache die *communicatio* »seitens des Redners deutlich [...], daß er mit Zuhörern rechnet, die sich unabhängig und abhängig von dem, was er sagt und wie er es sagt, ihren eigenen Reim auf die Dinge und auf ihn machen«[13] (ebd.: 151). Die hier avisierten Zuhörer sind sich der zwingenden Ambivalenz kommunikativer Vorgänge, die von einer redenden Instanz dominiert werden, in vollem Ausmaß bewusst. Die Verwandtschaft der *communicatio* mit der Figur der *dubitatio* ist symptomatisch: Das *wesentliche* Dilemma gleichzeitiger Abhängig- und Unabhängigkeit der an einer Redesituation Beteiligten veranschaulichen beide. Der Unterschied besteht lediglich darin, dass die *communicatio* nicht zum Ziel hat, den geplanten Redeverlauf infrage zu stellen und gegebenenfalls zu korrigieren, sondern eher vage nach den Modi der Handlungen fragt, die bereits ausgeführt worden sind oder noch stattfinden sollen. Deliberativ ist sie also ausschließlich in handlungstheoretischer, nicht in sprachgestalterischer Hinsicht.

Einige Schritte darüber hinaus gehen die sprachphilosophischen Überlegungen zu einer postmodern ausgerichteten Handlungstheorie, die zuletzt Andreas Hetzel entwickelt hat. Er nimmt vor allem das Subjekt der Sprachhandlung ins Visier: Mit der, gar moralisch aufgeladenen, Orientierung am Rednersubjekt komme man grundsätzlich nicht weit, erst recht nicht in Kombination mit einem hypostasierten Technikbegriff. Hetzel setzt die autopoietische Arbeit, sprich: Selbstorganisation der Sprache, dagegen, die mit einem anderen Namen »Rhetorik« heißt. Diese steht für den »welterzeugenden Charakter« (Hetzel 2011: 410) der Sprache gegenüber einer auf logisch-argumentative Kommunikation reduzierten Rhetorik. Das lässt sich sehr gut mit einer wichtigen Voraussetzung antiker Rhetoriktheorie verbinden: »Da es aus der Perspektive der antiken Rhetorik keinen Standpunkt jenseits des *logos* gibt, bleibt dieser als ganzer undurchschaubar.« (Hetzel 2011: 118) Rhetorik ist also die Möglichkeit der Sprache, sich selbst zu beobachten und zu gestalten, aber intrinsisch, nicht in Form einer objektiv verwaltbaren Metasprache.

Hetzels Thesen haben zum Teil nachhaltige Kritik hervorgerufen, nicht zuletzt von Franz-Hubert Robling. Die Relativierung der argumentationslogischen Basis und des moralischen Fundaments vor allem erregen Anstoß – und weisen weit in die Vergangenheit zurück. In einer ähnlichen Weise hatten von jeher rhetorikkritische Ansätze gegen die Redekunst argumentiert. Man muss gar nicht noch einmal Platon ins Spiel bringen, der seinerseits nicht ausschließlich Schwarz-Weiß-Malerei betreibt (vgl. o. 11 f.; 24). Christliche Theologie und Philosophie wissen mit Rhetorik als Kunst der Verstellung prinzipiell wenig anzufangen, bemühen sich aber auch um die moderate Indienstnahme der Vorteile, vor allem mit Blick auf die Predigten (s.o. 63).

Besonders einflussreich waren auch hier die Schriften des Augustinus. Sein Traktat *De doctrina christiana* bietet eine kohärente Theorie der Schriftauslegung – nach Tyconius' *Liber regularum* die zweite christliche systematische Hermeneutik überhaupt. Für seine Zeichentheorie hatte Augustinus in der Schrift *De magistro* den Grundstein gelegt; dort diskutiert er die Frage, ob Sprache ein kompatibles didaktisches Medium und Wissensvermittlung *qua* Sprache überhaupt möglich sei, um zu dem Ergebnis zu kommen, dass Wörter keine notwendige Bedingung für den Wissenstransfer darstellen. Dieser Schluss ist gleichermaßen dogmatisch wie skeptisch: Dogmatisch ist die Prämisse, dass der Mensch wahrer Erkenntnis fähig sei, skeptisch die Feststellung, dass er zu dieser Erkenntnis nicht durch *verba* gelangen könne. Diese können, genau wie die sinnliche Wahrnehmung, nur Impulse zum Denken liefern; Wörter sind nicht auf den Intellekt, sondern auf den Willen bezogen. Die Bedingungen für die wahre Erkenntnis liegen hingegen in der Seele, und der Akt des *intellegere* gelingt im Verbund mit der Illumination. So scheint die Erkenntnis zwar »sprachfrei«, doch erfolgt die Beschreibung dieses Prozesses bei Augustinus immerhin doch auf sprachlicher Ebene.

Ähnlich die Argumentation in *De doctrina christiana*: Das geschriebene Wort repräsentiert die mündliche Welt (Buch 2), das gesprochene ist wiederum *signum* eines internen Wortes (*verbum mentis/cordis*; vgl. bes. Buch 1). Diese »innere Sprache« gehört zu den *incorporalia* und kann mentale Prozesse auslösen. Doch wird in dieser Schrift der instrumentellen Funktion der sprachlichen Zeichen im Hinblick auf den Erkenntnisprozess größere Bedeutung beigemessen. Alle Sprache ist also intentional. An der Möglichkeit von Bedeutung und ihrer Vermittlung hält Augustinus, ganz im Gegensatz etwa zu einem Referenzkritiker wie Gorgias, fest; doch adressiert er früh das Problem der Bedeutungsvielfalt: »Aus zweierlei Gründen kann man nicht verstehen, was geschrieben steht: Wenn es durch unbekannte oder vieldeutige Zeichen verhüllt wird.« (Aug. *doctr. christ.* 2, 10, 15)

Augustinus bleibt auch hier Sprach-, vor allem Schriftskeptiker: Die richtige Interpretation kann durch Dunkelheit erschwert, bisweilen verunmöglicht werden. Im Fall, dass genaue Festlegung des Sinnes nicht möglich ist, empfiehlt der Autor das gleichberechtigte Nebeneinander mehrerer Deutungsmöglichkeiten; er konzediert also einen Sinnpluralismus, der vom biblischen Autor bisweilen sogar beabsichtigt sei. Doch gilt als eines der obersten Gebote Transparenz (*perspicuitas*): Die in der Heiligen Schrift durchaus sinnvolle Dunkelheit (*obscuritas*) soll vom christlichen Schriftsteller nicht nachgeahmt werden (Aug. *doctr. christ.* 4, 8, 22).

Überhaupt lässt sich die Wortbedeutungsvielfalt zügeln durch Berücksichtigung weiterer Faktoren wie Kontext, Tradition etc. Augustinus kann daher nicht wirklich als Vorläufer dekonstruktivistischer Theorie vereinnahmt werden, denn seine sprachlichen Bezeichnungen sind relational, nicht substantiell oder autonom, und seine »Spuren« bewegen sich auch dort, wo sie schwach sind, auf festem Terrain. Flexibilität bleibt aber eine wichtige Voraussetzung, und eine zu einem Zeitpunkt als richtig erkannte Interpretation lässt sich durchaus widerrufen. Oberstes Ziel muss es sein, die Meinung des Autors herauszufinden, nicht dem Text eine eigene aufzuoktroyieren. Voraussetzung für den

Überzeugungsakt ist, dass Sprache die Intention des Autors abbilden und in die Seele des Hörers eindringen kann.

Wir sehen, dass in nahezu allen kritischen Reflexionen auf das Verhältnis von Rhetorik und Sprache das Subjekt im Mittelpunkt steht. Mal erscheint der Mensch als rationales und sinnliches, soziales und kommunikatives Subjekt. Reden wird dabei zum radikalen Signum der Humanität; in den Termini der rhetorischen Anthropologie[14] führt das zur Identität von Reden und Menschsein. Auf der anderen Seite steht die Unhintergehbarkeit von rhetorischer Sprache und Subjekt, die ihrerseits bald die Existenz der Rhetorik als menschlicher Daseinsform begründet, andererseits den Kritikern einer realitätsfernen Scheinkunst vernichtende Argumente liefert. Diese können sich, wie gesehen, auf lange Zeit durchsetzen, mit dem Tiefpunkt in der romantischen Genieästhetik; erinnert sei an Goethes Verachtung dieser »Kunstlehrer« oder an Novalis' bündiges Verdikt: »Poësie ist Poësie. Von der *Rede(-Sprach-)kunst* himmelweit verschieden.« (Novalis 1987: 839) Diese Entwicklung ist darauf zurückzuführen, dass sich die Romantik keine Rechenschaft von der Herkunft ihrer literarästhetischen Prinzipien ablegte: Wie wiederum Klaus Dockhorn nachgewiesen hat, stehen diese aber in denkbar großer Abhängigkeit von rhetorischer Theorie, vor allem mit Blick auf die wachsende Bedeutung des Irrationalen.[15]

Eines Tages verkehren sich die Verhältnisse wieder zugunsten der Rhetorik, und zwar durchaus nicht erst mit den entsprechenden *turns* des 20. Jahrhunderts, mit Strukturalismus und Dekonstruktion, welche in dieser Hinsicht wieder eng an die antiken, vor allem sophistischen Auffassungen anschließt. Das ändert sich zuallererst und besonders eindringlich mit dem Auftritt Friedrich Nietzsches auf der Bühne des Dramas zwischen Sprache, Philosophie und Rhetorik. Nietzsche assoziiert Sprache mit einem »künstlerisch schaffenden Subjekt« (Kopperschmidt 1994: 48),

Rhetorik mit einem Reflexionsmodus für Sprechen als »ästhetisches Verhalten«[16] (Nietzsche 1988: I, 884). Er wendet sich dezidiert gegen die Vorstellung einer idealen Ursprache, in der *res* und *verbum* koinzidieren: Sprache und Sache stehen zueinander in einem komplexen, nicht-abbildenden, sondern metaphorischen Verhältnis. Nietzsche pointiert: »Es giebt gar keine unrhetorische ›Natürlichkeit‹ der Sprache, an die man appelliren könnte: die Sprache selbst ist das Resultat von lauter rhetorischen Künsten.«[17] (Nietzsche 1995: II.4, 425)

Nietzsche zufolge kann zwischen Natur und Kultur in ihrer sprachlichen Bedingtheit schlechterdings nicht unterschieden werden. Auch alles in sprachlicher Hinsicht »Natürliche« muss demnach als historisch und kulturell determiniert gelten, und *alles Reden ist Rhetorik*. Unter *natürlicher Rede* wäre allenfalls ein unbewusstes, nicht rhetorisch performiertes Reden zu verstehen. Nietzsche begründet seine Überlegungen also bewusstseinstheoretisch: Die Polarisierung »bewusst-unbewusst« ist (nicht nur) für die Rhetorik kennzeichnend. Zum einen ist es die Koinzidenz von Sprache und Rhetorik, die wir hier konstatieren wollen: Damit greift Nietzsche in gewisser Weise dem *linguistic turn* der Rhetorik voraus, dem zufolge jeder Sprachgebrauch notwendig als rhetorisch anzusehen ist. Wo Sprache auf ihrer eigenen Natürlichkeit beharrt, hat sie demnach ihren figurativen Ursprung nur mehr vergessen.

Es ist darüber hinaus die Grundlosigkeit der rhetorischen Sprache, die sie von genuin philosophischen Sprachkonzepten unterscheidet: Sie verweist auf nichts als sich selbst, ohne dabei auf ihren Anspruch, Sinn zu generieren und Wirkungen auszulösen, zu verzichten. Vor diesem Hintergrund gehen Erkenntniskritik und Sprachkritik bei Nietzsche konform; konsequent wird jede Kritik in den Modi des Rhetorischen betrieben. Die Rhetorik bildet den Mittelpunkt des Lebens; da ihr Status als Scheinkunst weder angezweifelt noch als Ausweis eines ontologischen Defizits interpretiert wird, gerinnt auch die Scheinhaftigkeit des Lebens selbst für Nietzsche zur unhintergehbaren Bedingung menschlicher Existenz. Damit knüpft Nietzsche direkt an die komplexe Scheinthematik an, die die Genese der Rhetorik als Nomenklatur sprachtheoretischen Denkens mitbedingt hatte: In diesem Sinne kann er vom »griechischen Begriff der Cultur« sprechen »als einer neuen und verbesserten Physis, ohne Innen und Aussen, ohne Verstellung und Convention«, genauer »als einer Einhelligkeit zwischen Leben, Denken, Scheinen und Wollen« (Nietzsche 1988: I, 334). Das hat freilich wenig mit Authentizität oder, im Gegenteil, einer provozierenden Feier des Scheins gegenüber einem wahrhaften Sein zu tun, sondern zeigt an, dass die Grenze zwischen Schein und Sein mit den Mitteln der Erkenntniskritik nicht deutlich gezogen werden kann. Der Schein bleibt dem Sein verpflichtet; an einer Dichotomie zwischen beiden Kategorien kann aus Sicht einer Sprachkritik, die die Rhetorik zwangsläufig zur einzig möglichen Denk- und Lebensform erklärt, genauso wenig festgehalten werden wie an der zwischen Rhetorik und Philosophie.

Gleichwohl nimmt Nietzsche Anstoß am Logozentrismus, wie ihn seiner Auffassung zufolge Aristoteles, Isokrates oder Cicero betrieben haben. In seiner modifizierten Auffassung von Sprache verlagert er den Akzent vom *logos* auf den Willen: In enger Orientierung an der Schopenhauer'schen »Metaphysik des Willens« kontrastiert er eine willensgeleitete »Macht-Beredsamkeit« mit einer argumentativ um Zustimmung werbenden, in der Absicht, (auch unter performativem Aspekt) »die rhetorische Überwältigung des [verfallenen] Gesellschaftskörpers« zu bewirken (Stingelin 2004: 308), ein Projekt von großer soziologischer Sprengkraft. Die Gesellschaft ist hiernach nicht mehr in der Lage, die Bedingungen rhetorischer Kommunikation zu erfüllen; rhetorische Manipulation wird zur notwendigen Maxime sozialen Lebens. Der Machtdiskurs, in dem Nietzsche seine Gedanken zur Rhetorik entfaltet, unterscheidet sich damit ganz grundlegend von demjenigen, den Michel Foucault entfacht hat. Der Spezifität Nietzscheanischer Machtrhetorik hat Heinz Schlaffer eine eigene Studie gewidmet; darin dokumentiert Schlaffer, dass Nietzsches Stil, insbesondere seine Vorliebe für Sprüche und Aphorismen, Ausdruck eben jenes *Willens zur Macht* sei.[18] Da in den Augen Nietzsches und der Dekonstruktion jede Seinsweise notwendig eine rhetorische ist, bestimmt dieser Zyklus die menschliche Existenz in jeder Hinsicht. Mit anderen Worten: Sprache ist immer schon da, Rhetorik die Signatur der bedingungslosen Ausgeliefertheit des Menschen an die Sprache, die zugleich seine Verlorenheit indiziert.

Bleibt die Frage, was diese grundlose rhetorische Sprache denn vermitteln oder besser: repräsentieren kann. Mit dieser Frage hat sich etwa Anselm Haverkamp auseinandergesetzt – und ist zu dem Schluss gekommen, dass Repräsentation als Metapher von Rhetorik gelten könne.[19] Diese pointierte Beobachtung setzt das zentrale sprachtheoretische Problem ins Licht. Gerade im Hinblick auf die Rhetoriktheorie scheint die Schwierigkeit oder Unmöglichkeit der Repräsentation indes zu einer unumkehrbaren Trennung der Bereiche *natürlicher* und dargestellter Welt geführt zu haben: Unrealistische Darstellungen erscheinen gerade aufgrund ihrer Unwahrscheinlichkeit als viel natürlicher, weil »wirklichkeitsgetreu eine Welt gezeigt [wird], die von der realen Welt völlig abgetrennt ist« (Esposito 2001: 121). Das implizite künstlerisch umgesetzte Bekenntnis zur Wirklichkeitsferne reüssiert also unter dem Stichwort der Authentizität. Unter dieser Voraussetzung kann die Rhetorik von einer emphatischen Differenzierung zwischen »richtig« (in Sinne von »echt« oder »wahr«) und »falsch« absehen, ihre Künstlichkeit wird weder ihr noch sich selbst zum Problem. Einen Schritt weiter geht Jacques Derrida, wenn er die Katachrese gegen die Metapher ins Spiel bringt, die sich durch das Fehlen eines *verbum proprium* auszeichnet: Die Katachrese erst mache die Philosophie rhetorisch und literarisch.

Und die weiteren Entwicklungen im 20. Jahrhundert? In eine andere, gleichwohl sprachtheoretisch ambitionierte Richtung weisen die Studien der *New Critics*, etwa I. A. Richards mit seiner psychologisch aufgeladenen *close-reading*-Methodik oder Wayne Booth mit der rezeptionsästhetischen Theorie des »impliziten Autors« in *The Rhetoric of Fiction*. Auf der gegenteiligen, literaturpragmatischen Seite haben die wirkmächtigen topologischen Studien von Ernst Robert Curtius und Heinrich Lausberg ihren – wenn auch umstrittenen – Teil zum neu erwachten Ruhm der Redekunst beigetragen. Und natürlich im Besonderen zur Kenntnis – oder verstellten Kenntnis – der unzähligen Tropen und Figuren, von denen die hier versammelten (siehe auch unten *elocutio*) nur die Spitze des Eisbergs darstellen. Diese Sammelverfahren knüpfen lose an Phasen in der Geschichte der Rhetorik an, in welcher diese nur mehr als Stichwortgeberin fungierte und Literatur/Theorie und Poetik die theoretischen Grundlagen lieferten (so etwa in der Frühen Neuzeit bei Martin Opitz oder Georg Philipp Harsdörffer). Darüber hinaus verliert die Rhetorik wie nebenbei ihre eigentliche Domäne an die neu entstehenden Regelpoetiken.

Das überzogene Schematisieren bzw. notgedrungen vereinfachende Klassifizieren ist also nicht ungefährlich für die Redekunst; andererseits hat es die Theoriebildung in jüngerer Zeit erst recht weiter befruchtet. Das allzu ausgeprägte Schematisierungsgebaren war ein Grund für den spezifischen Weg, den Roland Barthes eingeschlagen hat. In strukturalistischer Perspektive fasst er Rhetorik grundsätzlich als Episteme auf, als Wissenschaft der Rede, wobei der Genitiv sowohl objektivisch als auch subjektivisch gedeutet werden kann (Wissen der Rede und für/über die Rede). Sprache wird wieder, wie es sich in Teilen der antiken Theorie und in der Renaissance abzeichnete, zuallererst als Kommunikationsmittel aufgefasst.

Die Diskurssemantik, die die Begriffe in den Mittelpunkt stellt, fungiert für Barthes als eine Art zweites Standbein. Bei seinen theoretischen Studien entdeckt er die antike Rhetorik für sich, die er mit einer frühen Form von Diskurslinguistik identifiziert. Um die Anerkennung der Wissenschaftlichkeit moderner Rhetorik *in ihren antiken Wurzeln* hat sich Barthes vor allem mit seiner Abhandlung *L'ancienne rhétorique* verdient gemacht: Aus dem der alten Rhetorik eigentümlichen Referenzsystem sollten sich Sinn und Bedeutung, in poststrukturalistischer Wendung: unendliche Verweisstrukturen, erschließen lassen, ohne dass die Notwendigkeit bestanden hätte, auf Instanzen wie »konkrete Wirklichkeiten« oder »verlässliche Signifikate und Signifikanten« zu rekurrieren. Dass die griechischen (nicht nur sophistischen) Redetheoretiker, allen voran Gorgias, mit ihren sprachontologischen Bedenken als Entdecker der Zeichenhaftigkeit von Sprache und ihres Abstands zu den realen Dingen zu gelten haben, ist längst gesehen worden. In einer pointierten Formulierung von Antonio López Eire bedeutet dies, dass »the Greeks discovered the ›rhetoricity‹ of language« (López Eire 2007: 336; 348); in diese Entdeckung sind nicht nur Figürlichkeit und Performativität, sondern auch Handlungsdimension und Effizienz von Sprache immer schon eingeschlossen. Damit spielt auch die Mündlichkeit wieder eine größere Rolle; das Sprechen, die Rede, kehrt bei Barthes zurück in den Fokus einer Sprachtheorie, die im Rahmen von generativer Grammatik und co. einen allzu abstrakten Anstrich erhalten hatte. Anders als bei Nietzsche avanciert Rhetorik damit bei Barthes jedoch wieder zum Instrumentarium, zum Analysemedium und zugleich zur »Metasprache«, eine Perspektive, die Gérard Genette mit Roland Barthes teilt. Genette spricht jedoch von einer »neuen«, nicht von einer »alten« Rhetorik.[20]

Auch mit der von Michel Foucault geprägten Diskursanalyse teilt Barthes ein eher grundlegendes Interesse an den beobachtbaren Verfahren des Sprechens – und Denken-in-Sprache-Kleidens –, weniger an den Prozeduren des Ein- und Ausschließens. Den Zusammenhang von Sprache und Macht haben beide im Blick, doch ist das recht eigentlich eine Konstante jeglicher soziologisch aufgefächerter Analyse von Sprache in ihren praktischen Zusammenhängen. Barthes bringt auch in diesem Kontext den Begriff des *codes* ins Spiel: Es sind rhetorische *codes*, die die gesellschaftliche Kultur – diachron, synchron – durchziehen und die entschlüsselt werden können. Diesen traditionellen *codes* werden die neuen semiotischen Schreibweisen bzw. »écritures« gegenübergestellt, die der Emanzipation und Aufsprengung alter Machtstrukturen dienlich sein sollen oder doch zumindest könnten. Barthes zufolge ist die alte Rhetorik zwar wohl ein gewichtiges, bedeutsames, aber eben auch ein repressives System, dem mit den neuen Schreibweisen zu begegnen wäre, deren Vereinnahmung ihrerseits nicht restlos geklärt werden kann (und wohl auch nicht sollte). Als Gemeinsamkeit zwischen alter und neuer Rhetorik – gerade mit Blick auf die sophistischen Anfangsgründe – bleibt die Unhintergehbarkeit der Tropen und Figuren bestehen: die Uneigentlichkeit. Diesen Nachweis hat Jacques Derrida nicht zuletzt in *La mythologie blanche* zu erbringen versucht. Vor allem ist es das zentrale Anliegen von Paul de Mans *Allegorien des Lesens*, wobei de Man Uneigentlichkeit so (in-)konkret wie möglich mit »Rhetorizität« identifiziert, welche ihrerseits nicht mit den elokutionären Tropen und Figuren, sondern überhaupt mit Bildsprache und Literarizität koinzidiert.

Einer allzu emphatischen Semiologie hält er jedenfalls ihre Verstrickung in die Grammatik vor, die sie keineswegs von der Rhetorik emanzipiere bzw. dieser gegenüber als Vorteil ausspielen könne.

Was das Verhältnis von Rhetorik und Literatur betrifft, so wird es nicht zwar bei de Man, aber beinahe überall sonst prekär, wo Fragen ästhetischer Autonomie berührt werden: Kommt die Rhetorik in den Blick, sind allen weiterführenden Ansätzen durch die pragmatischen Ziele wie Überredung und Überzeugung enge Grenzen gesetzt. Von Poesie und (nicht genuin rhetorischer) Kunstprosa scheint die Redekunst dadurch getrennt zu sein, dass ersteren »intentionale Akte wie Interesse an der Zukunft [...] fremd sind« (Bohrer 1993: 53) und Kunst »nur in ihrer radikalen Grundlosigkeit Kunst sein [...] kann« (ebd.: 62): Solche Differenzen sind schon in der Romantik gegen die Rhetorik in Stellung gebracht worden. Die Intentionalität der Redekunst bedarf jedoch genauerer Prüfung.

In der Mehrzahl der kritischen Einlassungen ist schon die Definition des Intentionalitätsbegriffs problematisch. Bei genauer Durchsicht aller Vorurteile und Anwürfe zeigt sich, dass das von Kant und vielen anderen nur für die »Literatur« reklamierte »interesselose Wohlgefallen« bzw. die »Autotelie« (in der Terminologie Roman Jakobsons) durchaus *auch* für die Rhetorik (oder eben *auch nicht* für Literatur) Geltung beanspruchen kann. Dazu hat Heinrich F. Plett, in Anlehnung an den bekannten Syllogismus von Sprache, Überzeugung und Rhetorik, folgende drei Thesen aufgestellt:

»Das Prinzip der Autotelie dominiert alle Literarität, auch die rhetorische«;
»Das Prinzip der Persuasion beherrscht alle Rhetorizität, auch die literarische«;

> »Es gibt eine Skala von rhetorischer Literarität, aber auch umgekehrt: eine Skala von literarischer Rhetorizität. Auf diesen Skalen können sich Funktionen verschieben.« (Plett 2000: 258)

Man wird vielleicht nicht den (letzten?) Schritt in die radikale Biologisierung gehen müssen, wie ihn neuere (und neurowissenschaftlich versierte) literaturwissenschaftliche Theorie verschiedentlich eingeschlagen hat; demnach handelt es sich bei Intention und Motivation, insoweit sie mit konkreten Handlungen assoziiert sind, um »den archaischen Hirnregionen zugeordnete Verhaltensdispositionen« (Breidbach 2006: 171). Damit scheinen sie bei jedem Akt zwangsläufig und unvermeidbar zu sein. Zum Intentionalitätsproblem der Rhetorik lässt sich immerhin sagen, dass auch dieses sich als scheinhaft erweist. Keinesfalls erschöpft sich rhetorisches Schaffen in psychologisch erschließbaren intentionalen Akten: Die Rhetorik kann genauso *grundlos* sein wie andere Formen schriftlicher oder mündlicher Textproduktion. Das lässt sich, dies sei abschließend bemerkt, indes bereits an zwei besonderen antiken Autoren bzw. Texten studieren: Die Werke des ausgebildeten Redners Publius Ovidius Naso sind durchzogen von einer abgründigen Rhetorik, die zu schwer fasslichen ironischen Brechungen führt. Eine erste theoretische Grundlegung erhält die notorische Rhetorizität der Literatur (hier vor allem der Poesie) in der anonymen Schrift *Über das Erhabene*, die wahrscheinlich um 40 n. Chr. entstanden ist (*Ps.*-Longinus: *Peri hypsous*). Die Schrift transzendiert allerdings die Grenzen der Rhetorik zugunsten einer umfassenderen Ästhetik. Diese Transgression leitet in das nächste Kapitel über.

Die weitere Rezeption steht nun sehr stark unter dem Einfluss der Entwicklungen in der Philosophie und der Ästhetik und soll im folgenden Kapitel nachgezeichnet werden. Mit der hier bereits angerissenen postmodernen Literaturtheorie gibt es dabei nur leichte Überschneidungen, wie wir sehen werden.

4. Rhetorik und Philosophie

Rhetorik als Denkform – das war lange Zeit unvorstellbar. Wie konnte es dazu kommen, dass die Rhetorik geradezu übersehen wurde? Man hat ihr auch in ihren reflexivsten Dimensionen kaum je zugetraut, Lösungen für zeitübergreifend relevante theoretische Probleme bereithalten zu können. Die Gründe für diese Geringschätzung sind vielfältig; sie liegen vor allem im von Beginn an gespannten Verhältnis der Redekunst zur Philosophie. Ein kurzer historischer Überblick über diejenigen Stationen ihrer geistesgeschichtlichen Auseinandersetzung, die die Höhepunkte dieser Verspannungen und ihre Auflösungen repräsentieren, mag das veranschaulichen. Es wird sich auch hier wieder zeigen, dass sich die Lage der Rhetorik als Katalysator theoretischer Phänomene spätestens seit Nietzsches beherzter Parteinahme deutlich verbessert hat. Die Übergänge zwischen Philosophie und Literaturtheorie sind in diesem Zusammenhang fließend, daher werden sie hier einbezogen.

Wie bereits angedeutet, ist das Bild von »den Sophisten«, das durch die Jahrhunderte hindurch tradiert worden ist, im Wesentlichen von Sokrates und Platon geprägt; neben den auch namentlich einschlägigen Dialogen *Protagoras*, *Sophistes* und *Phaidros* versucht besonders der *Gorgias*, Rechenschaft über das Wesen der Rhetorik einzufordern. Zusammen ergeben sie, dass die zumal sophistische Rhetorik eine haarspalterische Scheinkunst sei, dass sie Wesentliches wie die Tugend nicht lehre könne, obwohl sie es behaupte, solange sie nicht auf einer philosophischen Dialektik basiere. Im *Gorgias* vor allem erscheint die Redekunst als

Waffe beinahe skrupelloser Redner, die um jeden Preis und unter Verzicht auf die Entwicklung objektiver Kriterien *überreden* wollen; die Sophisten als gefährlichste Gegner der Philosophie und ihres Bildungsideals trieben, so der Vorwurf, Missbrauch, um die Masse zu manipulieren oder ihr im Gegenteil nach dem Munde zu reden. Mögen manche Sophisten Platons Vorwürfen auch Vorschub geleistet haben; dem sprachtheoretischen Konzept des Gorgias werden sie kaum gerecht. Eine so definierte und praktizierte Redekunst bedarf nach Platon nicht wirklichen Wissens, sondern lediglich einer gewissen Routine. Damit wäre auch schon der zentrale Punkt der platonischen Kritik an der (sophistischen) Rhetorik benannt: der Mangel an Wissen. Dass Platon die Rhetorik nicht grundsätzlich verdammt, sondern nur die gängige Praxis, erhellt aus dem *Phaidros*; hier wirft er der zeitgenössischen Rhetorik vor, dass sie sich mit bloßen Meinungen, mit (Wahr-)Schein(-lichem) zufriedengebe. Wirkliche Redekunst gebe es aber nicht ohne Kenntnis der Wahrheit. Eine Rhetorik, die auf die Wahrheit verzichtet, ist ihm keine wirkliche *techne*, also keine Kunst, die auf wissenschaftlicher Theorie basiert, sondern muss den Erfahrungskenntnissen, der Empirie, zugerechnet werden. Die Kritik daran erhellt deutlich aus einer Passage im *Gorgias*:

»Ich glaube, Gorgias, sie ist eine Beschäftigung, die zwar nicht künstlerischer Art ist, aber doch Gewandtheit, Mut und Geschick im Umgang mit Menschen verlangt. Im Ganzen aber bezeichne ich sie als Einschmeicheln. Von diesem Bestreben gibt es, dünkt mich, viele einzelne Teile. Einer davon ist das Kochen. Man hält es zwar auch für eine Kunst; nach meiner Meinung ist es aber keine Kunst, sondern eine Fertigkeit und eine Übung. Auch die Redekunst nenne ich einen Teil von ihr, dann die Putzkunst und die Sophistik, diese vier, auf vier Objekte sich beziehenden Teile.« (Plat. *Gorg.* 463 b3-4)

Die Redekunst zielt in Platons Wahrnehmung auch nicht auf Nutzen, sondern lediglich auf die Erregung von Lust und Wohlgefallen; somit gehört sie ebenso wie die Dichtung zu den schmeichlerischen Scheinkünsten, die zudem nicht »schön«, sondern nur das Schattenbild von einem Teil der Staatskunst seien und auch nur scheinbares Wohlbefinden erzeugten.

Einen weiteren gravierenden Mangel verzeichnet die Rhetorik in Platons kritischer Perspektive: Da alle Redekunst Psychagogie ist, sind für einen Redelehrer bzw. Redner psychologische Kenntnisse zur Lenkung des Auditoriums vonnöten. Über solche Kenntnisse verfügten die zeitgenössischen Redelehrer jedoch nicht. Die platonische Alternative wäre eine auf der dialektischen Methode basierende Redekunst, die wahrem Wissen entspringt und auf Kenntnissen der menschlichen Psyche beruht. Die größte Verantwortung verbleibt in jedem Fall beim Redner selbst, dem er hohe moralische Qualitäten abverlangt, um das jeweils Beste erkennen und raten zu können, darf doch der echte Redner nur für Wahrheit und Gerechtigkeit eintreten mit dem Ziel, das Volk zu bessern – dass Sokrates mit seinen Diagnosen auch ein ironisches Spiel treibt, macht die Sache allerdings auch wieder kompliziert.

Aristoteles nimmt auch in diesem Kontext eine weitaus moderatere, pragmatische Position ein. Bei aller Kompatibilität des aristotelischen Entwurfs darf allerdings eines nicht übersehen werden: Ebenso wie der synoptisch verfahrende Platon erstrebt der Analytiker Aristoteles die Einheit von Philosophie und Wissenschaft; das bedeutet für die Rhetorik und ihre theoretische Disposition, dass sie ebenso wie alle anderen Formen methodisch-wissenschaftlicher Wahrheitssuche ausdrücklich der Philosophie subsumiert wird. Die Oberhoheit der Philosophie ist auch für Aristoteles unbestritten; die von ihm entwickelte Rhetoriktheorie wird somit durch die philosophischen Implikationen determiniert. In sein Konzept lässt sich die Rhetorik aber leichter integrieren. Die philosophische Erklärung dafür liegt in der Revision der platonischen Ideenlehre. Aristoteles bewertet die von Platon suggerierte absolute Existenz der Ideen als unnötige Verdoppelung der Wirklichkeit. In Aristoteles' entelechetischem Modell existieren die »Ideen« (oder besser »Formen«) nicht getrennt von den wahrnehmbaren Dingen, sondern wohnen ihnen als einheitsstiftende Prinzipien inne; die *Form-Idee* verwirklicht sich erst in Verbindung mit dem Stoff. Für die Rhetorik als künstlerische Technik ergibt sich daraus, dass ihr zentrale Erkenntnisfunktionen nicht streitig gemacht werden müssen.

Nach den umfänglichen theoretischen Bemühungen des Isokrates, die unter dem Konstellationspunkt *Rhetorik und Bildung* abgehandelt wurden, da Isokrates selbst diesen Bildungsbegriff geprägt hat, erfährt die Rhetorik eine wirkliche Aufwertung erst mit dem Auftreten des Isokrates-Anhängers Cicero, der sich zum Sachwalter einer philosophischen Redekunst macht und ihr zum Zwecke ihrer Verbreitung und allgemeinen Akzeptanz eine umfassende Theorie widmet. Ciceros Werk markiert eine der entscheidenden geistesgeschichtlichen Schnittstellen nicht nur zwischen – in grober Zweiteilung – Rhetorik und Philosophie, sondern auch zwischen deren komplementären Bereichen, vor allem der Soziologie, Anthropologie und Psychologie. Er präsentiert sich als – insgesamt moderater – Anhänger der *Methodik* der akademischen Skepsis mit *inhaltlicher* Ausrichtung an der stoischen Physik und Ethik. Auch sieht sich Cicero nicht selten (und gewiss nicht immer zu Recht) im Einklang mit Platon und Aristoteles. Sein einem moderaten Probabilismus zuneigender Erkenntnisskeptizismus (der die Skepsis gegenüber der eigenen skeptischen »Erkenntnis« grundsätzlich miteinschließt) ist charakteristisch auch für das Verhältnis von Philosophie und Rhetorik und schlägt sich schon innerhalb der frühen ciceronischen Redetheorie nieder. Als Philosoph wie auch als Rhetoriker hält er zu Orientierungszwecken an einer diffusen Wahrheit fest. Gerade in der Vielfalt der geprüften Meinungen liegt die Bedingung der Möglichkeit einer Annäherung an diese Wahrheit. Zustimmung zum Wahrscheinlichen, mithin Vernünftigen lässt Cicero von Fall zu Fall als pragmatisch gelten, ohne das methodische Ideal skeptischer Enthaltung aufzugeben. Höhere, idealistische Standpunkte gelten als erstrebenswert und werden nicht substantiell angezweifelt, zwingen aufgrund ihrer mangelnden Erreichbarkeit jedoch zu lebenspraktischen Kompromissen. Die fortlaufende Aktualisierung des Wahrscheinlichen nach jeweiliger (fundierter) Neutaxierung der Lage wird zur notwendigen Voraussetzung der von Cicero favorisierten Skepsis. Was manchem als Inkonsistenz erscheinen musste, hat sich längst als methodisches Prinzip entpuppt; dieses Prinzip erweist sich in Ciceros Werk sogar als »anthropologische Pointe«: Sie besteht in des Menschen Fähigkeit und Verpflichtung »zur Verbindung von Gegensätzen«[21] (Reckermann 1990: 510) (»verbinden« ist freilich keineswegs gleichbedeutend mit »aufheben«). Dieser flexible, bisweilen kreative Umgang mit Widersprüchen schafft Freiheiten; von diesen Freiheiten profitiert mehr noch als der Philosoph der Redetheoretiker Cicero.

Der Rhetoriker Quintilian, der erste staatlich besoldete Rhetoriklehrer, findet eine ausführliche Würdigung seiner Ausbildung unter dem Stichwort »Pädagogik«. Zum Verhältnis von Philosophie und Rhetorik sei hier jedoch noch ein bemerkenswertes Zitat angeführt: *philosophia simulari potest, eloquentia non potest* (»Die Philosophie vermag zu täuschen, die Redekunst nicht«, Quint. *inst.* 12, 3, 12). Somit wäre also die Philosophie die verfemte Scheinkunst, die Redekunst, richtig praktiziert, der Inbegriff der Authentizität! Man sieht, wie stark sich der auch von der moralischen Integrität der Rhetorik überzeugte Redelehrer gegen die verbreitete Diskreditierung der Rhetorik als Täuschungsmaschinerie stemmt. Dabei steht auch Quintilian unverkennbarerweise in der Tradition von Isokrates und Cicero; deren Bestreben, Rhetorik und Philosophie zu affiliieren – oder ineinander aufgehen zu lassen –, findet in der sogenannten Zweiten Sophistik eifrige Fortsetzer. Unter ihnen ragt Aelius Aristides hervor. Konsequent betont dieser die Nähe der Rhetorik zu den philosophischen Kardinaltugenden. Schließlich verbürgt er sich für die Wahrheit der Behauptung (»die Wahrheit ist auf unserer Seite durch unsere Argumentation, mehr aber noch durch die Schlussfolgerungen, die die Rede selbst bereitstellt, durch das Zeugnis der Tatsachen und der am meisten geschätzten Dichter und die Beweiskraft sprichwörtlicher Weisheit«, *or.* 2, 393). Permanent integriert er Leitbegriffe der philosophischen Diskussion in seine Untersuchung und funktioniert sie zum Argument für seine Sache um: Dem *logos* inhärieren die richtigen Argumente, durch die er an der Wahrheit teilhat; diese müssen nur freigelegt werden.

Der in seinem Kern auf Platon zurückgehende *alte Streit zwischen Philosophie und Rhetorik* hat den Grundstein für die spätere Ignoranz gegenüber der praktischen Relevanz und dem theoretischen Potential der Redekunst gelegt. Ungeachtet der zeitweiligen Hochschätzung der Rhetorik als sprachkünstlerischer Technik und ihrer Nutzung als »universaler Sprachtheorie«[22] hat sich das philosophische Ressentiment behauptet: »Rednerkunst (ars oratoria) ist, als Kunst sich der Schwächen der Menschen zu seinen Absichten zu bedienen (diese mögen immer so gut gemeint, oder auch wirklich gut sein, als sie wollen), gar keiner Achtung würdig.«[23] (Kant 1974: 184 f.)

Aus der großen Menge kritischer Urteile sei stellvertretend dieser vernichtende Befund Immanuel Kants aus der *Kritik der Urteilskraft* in Erinnerung gerufen, war er doch prägend für die

Neigung neuzeitlicher und zum Teil auch moderner Philosophie, der *angewandten* Redekunst, auch wo sie beste Ziele verfolgt, eine positive Wirkung abzusprechen. Das Verdikt Kants steht einerseits am Ende, andererseits am Beginn einer Tradition: Die Zahl der Kritiker der Rhetorik, die ihre Vorbehalte vor allem mit deren vermeintlicher Wahrheitsferne und Scheinhaftigkeit ethisch und erkenntnistheoretisch begründen, ist seit den Tagen Platons Legion. Schließlich erhält die Rhetorik zwei vermeintliche neue Gegenspielerinnen: Ästhetik und Hermeneutik.

Zunächst zur Ästhetik. Wo das Ästhetische in oder an der Rhetorik in den Blick rückt, steht das *genus demonstrativum* bzw. *genos epideiktikon* im Mittelpunkt, die Lob- und Tadelrede, die vom politischen und juristischen, überhaupt dem zeitgebundenen Tagesgeschehen am weitesten entrückt scheint. Diese Redeart hat von der Antike bis zur Gegenwart viele Erscheinungsformen von der Fest- bis zur Leichenrede. Einige wenige Beispiele sollen genügen. Aus der römischen Tradition sticht die *laudatio funebris* hervor, die Totenrede nach festen Regeln, für die es Basismuster gab. Sie bildete den Kern der Feierlichkeiten zu Ehren eines Verstorbenen (neben der Totenklage/*nenia* und dem Lob/*elogium*). Ursprünglich fand sie im engeren Familienkreis statt, doch weitete sich das *procedere* vor allem bei den führenden Familien rasch aus. Es gab einen Leichenzug auf dem Forum, wobei die *laudatio funebris* vom nächsten männlichen Verwandten auf den Rostra vorgetragen wurde. Sie zielte auf die Würdigung des Toten und seiner *gens*, deren Vorbildcharakter gerühmt wurde. Diese Tradition verlor ihren Sinn sukzessive im Prinzipat, da sie sich fast nur noch auf die kaiserliche Familie beschränkte, wobei der Senat die Festredner bestimmte, wo nicht der Kaiser selbst reden wollte. Allerdings setzten andere Familien ihre Traditionen im privaten Bereich fort und lagerten die Reden hernach in den Familienarchiven.

Doch spielen Fragen der Ästhetik natürlich auch in die anderen *genera dicendi*, überhaupt in die Rhetorik in allen ihren Erscheinungsformen in Theorie und Praxis hinein. Da das oft nicht berücksichtigt wurde, war der Boden bereitet für den späteren Konflikt zwischen der Rhetorik und der Genese der Ästhetik als eigenständiger Disziplin im 18. Jahrhundert. Dabei hätte schon die weiter oben zitierte Schrift *Über das Erhabene* zur Entschärfung des Konflikts bzw. seiner Anbahnung beitragen können, insoweit sie die prinzipielle wechselseitige Verwiesenheit von Rhetorik und Ästhetik lehrt (vgl. o. 44).

Im Zuge der aufkommenden philosophischen Ästhetik (die ihrerseits von der Wahrnehmungslehre zur Kunstphilosophie avanciert) wird Rhetorik jedoch zunächst weiter marginalisiert oder sogar völlig verdrängt, nicht zuletzt deshalb, weil man ihr mit der allmählichen Verlagerung des Interesses vom Allgemeinen zum Besonderen, Individuellen wenig abgewinnen zu können meinte: Neben die ethische Diskreditierung tritt nun noch die ästhetische. Aus der Perspektive philosophischer Ästhetik erhält die Rhetorik ihre eigentliche Berechtigung im Zusammenwirken mit der Dialektik – einer Dialektik allerdings, die, wie schon in der aristotelischen Philosophie, als ein Komplement der Rhetorik aufzufassen wäre: War die Analytik für das Aufspüren der Wahrheit zuständig, so die Dialektik für das Auffinden jener Plausibilitäten, die die Rhetorik im besten Sinne des Wortes zu vermitteln hatte. Mit der Abspaltung der Ästhetik von der Philosophie, die recht eigentlich mit dem Erscheinen von Alexander Gottlieb Baumgartens *Aesthetica* (1750–58) einsetzt, sinkt also auch der Stern der Rhetorik immer tiefer – keineswegs ist man geneigt, beide, Ästhetik und Rhetorik, zusammenzuführen und gemeinsam gegen die Philosophie in Position zu bringen. Bei Baumgarten, dem Cicero ein »besserer Ästhetikus als Philosoph« ist[24], muss das noch überraschen, weil er seine ästhetische Theorie an markanten Punkten aus der Rhetorik bezieht; seine rhetorikkritischen Einlassungen, die aus seinem ambivalenten (bald erkenntnis-, bald kunsttheoretischen) Zugriff resultieren, haben dieses Nahverhältnis jedoch erfolgreich verdeckt.

Weitere massive Konkurrenz erwächst der Redekunst aus der Hermeneutik – so jedenfalls eine verbreitete Sichtweise –, die es, nach Ansicht Glenn Mosts, als technische Disziplin der Textauslegung in der Antike nicht gegeben habe (sondern erst mit Anbruch der Neuzeit). Most benennt einige grundlegende Differenzen, die eine synchrone Existenz von Rhetorik und Hermeneutik unmöglich machten. Zum einen betrifft das »die Beziehung zwischen Autor und Rezipienten in Raum und Zeit: In der Rhetorik sind beide präsent, gleichzeitig und in einem begrenzten Raum; die Notwendigkeit einer Hermeneutik dagegen ergibt sich aus der Abwesenheit des Autors, aus einer zeitlichen Diskrepanz zwischen verstorbenem Autor und nachgeborenem Rezipienten, ohne Bezug auf irgendeine bestimmte Räumlichkeit.« (Most 1984: 70) So weit, so gut. Doch scheint mir hier die Dynamik der zeitlichen Gebundenheit ein wenig unterschätzt zu werden: In der Rede ist sie – im Vorfeld oder im Nachgang – zum Teil des Textes geworden, und sie macht Deutungsangebote, die ihre zeitliche Dependenz mitreflektieren. Davon scheint die Hermeneutik weitgehend frei zu sein, negativ gewendet: Sie verzichtet auf die Spannung zeitlicher Verstrickung und geht damit allzu rasch in die Falle gelassener Objektivität. Andererseits sind beide Disziplinen, wie alle anderen auch, mit ihrer eigenen Geschichtlich- und Vergänglichkeit konfrontiert, so dass die Unterschiede eher relativer denn sachlicher Natur zu sein scheinen. Daran ändert auch die *actio* nichts, auf die Most insbesondere abhebt, unter Verweis auf den pietistischen Hermeneutiker Johann Jakob Rambach: »Difficultas hujus negotii kommt meistenteils her ex defectu vivae vocis.«[25] (ebd.: 64)

Tatsächlich sind ja auch in der Hermeneutik – mitunter allzu autoritative – Deuterstimmen präsent, und sie sind Teil eines interaktiven Spiels zwischen Text, Autor, Leser, Deuter, so wie die Redner oder Redenschreiber mit den Texten bzw. Notizen (mag die Rede auch tatsächlich auswendig gelernt sein) mit ihrem Hör- und Lesepublikum interagieren. Die Frage der An- oder Abwesenheit des Autors ist also komplexer. In der Tradition der Textdeutung sind der Autor und seine vermeinte Intention stets – mehr oder weniger unmittelbar – mitgedacht worden, mit der Konsequenz, dass man die Stimme des Autors identifizieren zu können und für die eigene Deutung eines Textes als mehr oder weniger verbindliche Autorität heranziehen zu können meinte. Der Autor ist dann als Bezugsgröße zwar passiver als ein Redner, aber doch lange nicht absent. Im Gegenteil wirkt er durch den Schleier der konstruierten Abwesenheit bisweilen stärker auf eine Deutung ein als z.B. ein lebender Autor, den man nach seinen Absichten befragen könnte. Nicht erst seit der Postmoderne – ich verweise explizit auf Maurice Blanchot – ist allerdings klar, dass jeder Text in dem Moment, wo er seinen Autor »verlässt« – also fertiggestellt ist und zur Publikation (oder in die heimische Schublade) drängt – nicht mehr mit diesem zusammengehört. Das heißt für die Rhetorik umgekehrt, dass auch ein aktiver Redner von seinem Redetext distanziert ist – ob er diesen nun selbst verfasst hat, oder, da ist es noch eindeutiger, durch einen anderen hat verfassen lassen.

Schließlich sieht Most einen dritten gravierenden Unterschied im Ziel, ganz im Sinne der im letzten Kapitel angeführten Autotelie-Debatte: »Die Rhetorik erstrebt eine Überzeugung, die zu einer praktischen Handlung führen muss; die Hermeneutik zielt lediglich auf ein Verständnis, das ohne praktische Folgen bleiben darf.« (ebd.: 71) Auch das ist in dieser Zuspitzung nicht korrekt. Schließlich will auch eine Deutung im Allgemeinen überzeugen (oder sogar überreden) – oft sogar längerfristig als eine auf den Punkt hin konzipierte Rede. Den entscheidenden Unterschied macht Most dann zwischen der »produktiven Ästhetik« der Rhetorik und der »rezeptiven« der Hermeneutik aus. Noch einmal: Einspruch, Euer Ehren! Die Rhetorik nimmt in jedem ihrer Bereiche so explizit auf ihre Rezipienten – die Hörer nämlich, insbesondere die Richter und Entscheidungsinstanzen – Bezug, dass sie der Hermeneutik auch in dieser Hinsicht sehr nahekommt, ohne zwangsläufig mit ihr in eins zu fallen. Auch das vermag sie jedoch: An vielen Stellen erweist sich zumal die rhetorische Theoriebildung als implizite hermeneutische Lehre. Das gilt es mit Blick auf die – vormaligen und aktuellen – natur- und technikwissenschaftlichen Errungenschaften und Herausforderungen zu präzisieren. Beide Disziplinen haben sich, in verschiedenen Phasen und mit unterschiedlicher Intensität, im Spiegel der Naturwissenschaften insofern neu definiert, als sie sich auf Verfahren der empirischen Sicherung ihrer Ergebnisse eingelassen haben – oder auf diesen faulen Deal verpflichtet wurden (Messbarkeit von Reaktionen/Emotionen, Verallgemeinerbarkeit von »Verstehensregeln« u.v.m.). Bei der Hermeneutik lässt sich das vielleicht am deutlichsten am sogenannten hermeneutischen Zirkel als »Garant wahrhaftiger Ergebnisse, als Gegenstück zur Mathematisierung der Natur« (ebd.: 78) ablesen.

Es sollte noch eine Weile dauern, bis die Affinität sichtbar wurde und die Rhetorik auch als Komplementärstück der Hermeneutik auf breitere Akzeptanz stieß. Davon zeugt nicht zuletzt die (wenn auch bisweilen stark formalisierte) Nutzung der Rhetorik zugleich als Rede-Technik sowie als Instrument der Textanalyse. Zunächst überwogen die Spannungen. Und doch sollte es der kämpferischen Rhetorik nun immer häufiger gelingen, die Philosophie von verschiedenen Seiten in Bedrängnis zu bringen, vor allem dann, wenn beider Verhältnis zueinander in seiner sprachlichen Unhintergehbarkeit betrachtet wird: Hier ist die Philosophie immer wieder und in unterschiedlich ausgeprägter Radikalität mit ihrer sprachlichen Bedingtheit konfrontiert worden. Dabei ist es (in Anlehnung an Nietzsche und seine Rezeption der griechischen Sprachtheorie, vgl. o. 103 ff.) nicht selten zur Identifikation von Sprache und Rhetorik gekommen. Eine differenzierte Bewertung dieser Verankerung der Philosophie in ihrem rhetorischen Grunde lesen wir in Theodor W. Adornos *Negativer Dialektik*:

»Durch die sei's offenbare, sei's latente Gebundenheit an Texte gesteht die Philosophie ein, was sie unterm Ideal der Methode vergebens ableugnet, ihr sprachliches Wesen. In ihrer neueren Geschichte ist es, analog der Tradition, verfemt worden als Rhetorik. [...] Rhetorik vertritt in Philosophie, was anders als in der Sprache nicht gedacht werden kann. [...] Läuft das Bündnis der Philosophie mit der Wissenschaft virtuell auf die Abschaffung der Sprache hinaus, und damit der Philosophie selbst, so überlebt sie nicht ohne ihre sprachliche Anstrengung. [...] Verblendet opfert Philosophie mit der Sprache, worin sie zu ihrer Sache anders sich verhält als bloß signikativ; nur als Sprache vermag Ähnliches das Ähnliche zu erkennen. [...] Dialektik, dem Wortsinn nach Sprache als Organon des Denkens, wäre der Versuch, das rhetorische Moment kritisch zu erretten: Sache und Ausdruck bis zur Indifferenz einander anzunähern. Sie eignet, was geschichtlich als Makel des Denkens erschien, seinen durch nichts ganz zu zerbrechenden Zusammenhang mit der Sprache, der Kraft des Gedankens zu. [...] In der rhetorischen Qualität beseelt Kultur die Gesellschaft, Tradition den Gedanken; das blank Antirhetorische ist verbündet mit der Barbarei, in welcher das bürgerliche Denken endet. Die Diffamierung Ciceros, noch Hegels Antipathie gegen Diderot zeugen vom Ressentiment derer, denen Lebensnot die Freiheit, sich zu erheben, verschlägt, und denen der Leib der Sprache für sündhaft gilt. In der Dialektik ergreift das rhetorische Moment, entgegen der vulgären Ansicht, die Partei des Inhalts.« (Adorno 1966: 61–63)

Nietzsches rhetorischer Fundamentalismus ist von größtem Einfluss nicht nur auf die Dekonstruktion, sondern auf verschiedene geistige Strömungen des 20. Jahrhunderts. Es ist allerdings nicht nur Nietzsche zu verdanken, dass sich die Lage der Rhetorik so sehr verbessert hat. Auf lange Sicht nämlich konnte alle Kritik den – um eine Formulierung Renate Lachmanns zu variieren – »unaufhaltsamen Siegeszug der Rhetorik« (Lachmann 1981: 28) nicht verhindern.[26] Die moderne Rehabilitation der Rhetorik als Analyse- mehr denn als Herstellungsmethode scheint unantastbar, will man den Diagnosen wenigstens der Rhetoriker selbst oder doch solchen rhetorikaffiner Philosophen, Soziologen und vor allem Literaturwissenschaftler glauben. Für das Wiedererstarken der Rhetorik im (post-)modernen 20. Jahrhundert zeichnen verschiedene Entwicklungen verantwortlich: Neben das erfolgreiche Bemühen um (Wieder-)Annäherung von Philosophie (Hermeneutik) und Rhetorik, in wohl prominentester Gestalt von Hans-Georg Gadamer betrieben, treten nachhaltige Bestrebungen, der Rhetorik um ihrer selbst willen (historische) Gerechtigkeit widerfahren zu lassen und ihren großen Einfluss auf entscheidende Strömungen der Geistesgeschichte zu dokumentieren, »denn auf der Rhetorik und der Deutung ihrer Kategorien baut sich alle Poetik, aber auch alle Hermeneutik der Neuzeit auf. Ohne Kenntnis des Systems und der Hauptaussagen der Rhetorik in den Zeiten ihrer unangefochtenen Herrschaft lassen sich Neueinsätze, Wandlungen und Reifezustände in der Literarästhetik nicht begreifen, ja nicht einmal wahrnehmen und erkennen.«[27] (Dyck/List 1968: 125) Endlich wird die Rhetorik auch als Fundus theoretischer Prinzipien ernst genommen.

Die Wahrheit der Rhetorik kann nicht diejenige einer prinzipiengeleiteten Philosophie sein; von dieser kann sie sich allenfalls in den Dienst nehmen lassen. Rhetorik ist und bleibt einer

– durchaus praxisorientierten – Theorie der Wahrscheinlichkeit (und der Unwahrscheinlichkeit) verpflichtet. Die Rhetorizität der Philosophie wiederum und damit auch der von ihr behandelten Gegenstände haben freilich vor allem die Dekonstruktivisten betont und immer wieder auch mit Exkursen in die antike Rhetorik und deren theoretische Entwürfe belegt (s.o. 91 ff.).

Wie immer man das Verhältnis von Philosophie und Rhetorik in der Moderne und im Blick auf seine antike Präfiguration auffassen mag: Verlockend erscheint die Möglichkeit, mit Gonsalv K. Mainberger anzunehmen, dass die Rhetorik sich *in* der Philosophie befinde. Die Inklusion erweist sich auf den zweiten Blick als (vielleicht schon chronologischer) Vorteil der Rhetorik: »Rhetorik wäre, umgekehrt, die im Denken und Sagen bereits immer vorgegebene Grundfigur, ein Apriori also.« (Mainberger 1989: 321)

Auf der anderen Seite etabliert sich in breiteren Kreisen die Rhetorik – wiederum im Verbund mit philosophischer Hermeneutik und Dialektik – als Argumentationstheorie, wobei die Anknüpfung an Aristoteles stark ausgeprägt ist: Das lässt sich an dem regelrechten »Boom« ablesen, den die Argumentationstheorie von Perelman und Olbrechts-Tyteca (vgl. o. 37; u. 139) oder Kenneth Burke ausgelöst hat, welcher Rhetorik als symbolische Interaktion auffasst, in der sich ein Individuum ein Kollektiv zu gestalten versucht.

Darüber hinaus haben sich aus der Rhetorik in all ihren theoretischen Facetten zwischen Logik und Irrationalem, zwischen Theorie und Praxis, zwischen Hermeneutik und Ästhetik große Einflüsse auf die Theorie von Sprache und Literatur ergeben, wie ich sie weiter oben vorgestellt habe (genannt seien noch mal Barthes, de Man, Derrida oder die *New Critics*, vgl. o. 107 ff.). Da es mir wichtig ist, diese Kapazitäten der Rhetorik denkerisch vor allem ihr selbst als einer Wissenschaft der Texte, mithin Literatur, zuzuschlagen, wurden sie, trotz aller Berührungspunkte, nicht unter dem Lemma Philosophie verhandelt. Oder, um es an dieser Stelle abschließend mit dem Literaturwissenschaftler (!) Paul de Man zu sagen: »Alle Philosophie ist in dem Maße, wie sie von ›uneigentlicher‹ Sprache abhängt, verurteilt, literarisch zu sein, alle Literatur, als Depositorium genau dieses Problems, in gewissem Umfang philosophisch.« (de Man 1996: 437)

IV. Die Kunst der Rede: *officia oratoris*

1. *Inventio*: Die Auffindung des Stoffes

Während sich der Redner in den anderen vier Produktionsstadien der Rede mit dem Wortmaterial, den *verba*, befasst, ist die *inventio* ganz den »Sachen« bzw. Themen (*res*) gewidmet. Die gefundenen Themen werden dann, nach ihrer Strukturierung, in der *elocutio* von den *verba* geformt. In ein semiotisches Dreieck gefasst, stehen Ausdrucksseite, Inhaltsebene und Sache in einer engen, einander gegenseitig gewährleistenden Verbindung.

Die konkrete Arbeit der *inventio* konzentriert sich auf das Suchen und Finden von Argumenten und Materialien. Sie schließt das Auffinden von etwas bereits Vorhandenem ebenso ein wie Erfindung bzw. Neuschöpfung; so oszilliert sie also zwischen Kreativität und Rekreation, zwischen Dynamik und Statik, zwischen Originalität und Konservatismus.

Die Innovationsfrage in der *inventio* wird wesentlich mitbestimmt von dem Konflikt zwischen Regel und Freiheit, der für die antike Rhetorik gar nicht problematisch war; ihren Höhepunkt erreicht die Auseinandersetzung erst im Zusammenhang mit der Genese der Vorstellung vom (Original-)Genie in Klassizismus und Romantik. Zu den *inventio*-Kritikern gehört wiederum Kant: Der Philosoph beanstandet besonders die regelbedingte Enge des ersten *officium*. Noch in neuerer Linguistik steht die vermeintliche Regelhaftigkeit der *inventio* im Mittelpunkt theoretischer Debatten. In Noam Chomskys *Current Issues in Linguistic Theory* z.B. wird die *inventio* im Spannungsfeld von »regelgesteuerter« und »regelverändernder Kreativität« verortet: Chomsky betrachtet die ganze Problematik aus einer psycholinguistischen Perspektive, die die Grundlagen der Wahrnehmung eines sprachlichen Prozesses fokussiert, sei doch »each natural language [...] a simple and highly systematic realization of a complex and intricate underlying form with highly special and unique properties« (Chomsky 1964: 112). Gegen Chomskys kognitionswissenschaftlichen Ansatz gerichtete Kritik zeigt, wie stark das theoretische Potential der situativen und performativen Dimension der Rhetorik unterschätzt wird, ein Fehler, der sich auch schon bei Ferdinand de Saussure beobachten lässt: Performanz wurde wohl als »defektiv« (gegenüber »idealisierter Kompetenz«) empfunden (ebd.: 198). Chomsky jedenfalls psychologisiert die rhetorische Sprache, tatsächlich scheint er eher am mentalen Entstehungsprozess interessiert: Dies ist offenbar seiner biologistischen Sprach-, genauer: Syntax- und Grammatikauffassung, geschuldet.

Gelegentlich ist der *inventio* ein reflexiverer, dem ersten Anschein nach vernunftbezogenerer Teil vorgeschaltet, nämlich das Urteil (*iudicium*): Während einige Redetheoretiker dieses aus der *inventio* abziehen und ihr explizit voranstellen, ordnen andere die intellektuelle Erwägung der anstehenden Problematik allen produktionsästhetischen Schritten vor. So hätte diese Erwägung jedes Mal aufs Neue einzusetzen. In der Regel wird das zu fällende Urteil (und die Befähigung dazu) jedoch der *inventio* als Teil subsumiert oder gleichgeordnet.

Wenn das *iudicium* (*krisis* bzw. *phronesis*, in Kant'scher Terminologie eben »Urteilskraft«) dem ersten Stadium der Redeproduktion vor- oder beigeordnet wird, dann deshalb, weil der Redner, bevor er sich auf Argumentensuche begibt, die Situation gemäß seinem individuellen Talent theoretisch wie praktisch einschätzen muss, die der Rede (im *genus iudiciale*: dem Fall) zugrunde liegt. Im Prinzip ist es an das rednerische Ethos gebunden, insofern der Redner sein Urteilsvermögen auch als eine grundständige Eigenschaft präsentieren können muss. Auch figuriert das *iudicium* als geistige Voraussetzung eines jeden der fünf *officia*, nicht zuletzt deshalb, weil jede Klassifikation ein Urteil impliziert. Den Fundus, aus dem die *inventio*, genauer ihr Verwalter, schöpft und selegiert, bilden *materiae*: Diese ideellen Vorräte sind an kulturell determinierten Denk- und Wahrnehmungsmustern ausgerichtet und konstituieren eine umfängliche Stoffsammlung (*copia rerum*). Die Sinne stellen die Bedingungen der Möglichkeit ästhetischen und intellektuellen Urteilens dar. Diese Tradition wird sich in der Rhetoriktheorie und über sie hinaus fortsetzen, bis hinein in die rationalistische Erkenntnistheorie: Sogar Leibniz konzediert, um nur ein Beispiel zu nennen, die Möglichkeit von Gefühls- oder Geschmacksurteilen, wiewohl er am Primat der Diskursivität aller Urteile festhält. In der Philosophie Kants wird das Urteil immer mehr zu einer Aufgabe des Subjekts, das zwischen Einzelnem und Allgemeinem in ausschließlich verstandesmäßiger Weise vermitteln soll.

Angesichts ihrer intentionalen Referenz sind selektive Urteile kaum im »autotelischen« Sinne als frei zu bezeichnen; eher schon sind sie »frei« in der Weise, die Cicero in einer methodologischen Bemerkung der *Tusculanen* vorschwebt: *sunt enim iudicia libera* (4, 7; »es sind nämlich die Urteile frei«). Hier umfasst *iudicium* in Anlehnung an die stoische Tradition »die Fähigkeit zur kritischen Traditionsaneignung im weitesten Sinne, spezifischer aber auch die Fähigkeit zur Literaturkritik« (Wagner 1998: 668): Das *iudicium* erscheint als tragendes Medium der Eklektik nach den Maßgaben des *probabile*. In engerem Sinne gilt das auch für das konkrete *iudicium* der rhetorischen *inventio*. Unter dieser Voraussetzung steht die Zweckgebundenheit der Rede der Urteilsfreiheit schon an diesem frühen Punkt des produktionsästhetischen Prozesses nicht mehr entgegen. Innerhalb der gezogenen Grenzen gibt es also gewisse Spielräume bei Wahl und Urteil, die freie Entscheidungen im Kleinen nicht nur zulassen, sondern auch notwendig machen.

Mit Blick auf das Spannungsverhältnis von Schein und Wahrheit, das sich als konstitutiv erweist für die Subjektivität von Beobachtungen, lässt sich festhalten, dass die der *inventio* zugehörigen Prozesse nahezu ausschließlich von Wahrscheinlichkeitskriterien bestimmt werden. Zur rhetorisch konkretisierten Beziehung von Wahrheit und Wahrscheinlichkeit äußert sich Cicero gleich zu Beginn seiner frühen Abhandlung *De inventione*: »Beim ›Auffinden‹ handelt es sich um das Ersinnen wahrer oder wahrheitsähnlicher Gegebenheiten, die den Fall plausibel machen sollen.« (Cic. *inv.* 1, 9; vgl. *Rhet. Her.* 1, 3)

Wie beiläufig tritt der Schein neben die Wahrheit; von einer Unterordnung lässt sich kaum sprechen, will man die subordinierende Kraft des »oder« nicht überschätzen. Es kommt bei der *inventio* zunächst weder auf moralische Prinzipien noch auf den philosophischen Überbau an, sondern auf systematische Klarheit und Prägnanz. Genau darauf zielt auch das Repräsentationsproblem, das in der Formulierung aufscheint: Sie impliziert einen »aktiven Vollzug des Erkennenden« (Koch 2006: 50), und zwar den subjektiven Nachgang des erkennenden Richters, was auf einen erfolgreichen Akt der Selbstüberzeugung hinausläuft.

In diesem nüchtern-pragmatischen Sinne ist wohl auch der Vorgang des »Ersinnens« (*excogitatio*) zu verstehen: Auch in ihr ist weniger ein Akt kreativer Phantasie als vielmehr die Technik geschickten Strukturierens und richtigen, also zweckdienlichen Auswählens aus einem (ergänz- und erweiterbaren) Vorhandenen erfasst.

Diese Technik kann man am besten in der konkreten Arbeit mit den Beweisen, der *argumentatio*, erproben, die sich wiederum aus Für- und Gegenbeweis zusammensetzt (*confirmatio/refutatio*). Während diese in der Chronologie der rhetorischen Theorie gemeinhin den fünften Teil einnehmen, weist Cicero sie in seinem in der Regel als sechsteilig vorgestellten Redeschema als vierten Teil aus. In *De inventione* verwendet Cicero den Begriff *confirmatio* in übergeordnetem Sinne und verbindet damit eine bis weit in die Neuzeit gültige Definition: *Confirmatio est, per quam argumentando nostrae causae fidem et auctoritatem et firmamentum adiungit oratio* (Cic. *inv.* 1, 34: »Unter Bekräftigung verstehen wir etwas, mit dessen Hilfe die Rede unserer Sache durch Beweisführung Zuverlässigkeit, Würde und Solidität hinzufügt.« Vgl. auch Cic. *inv.* 1, 24). Unter dem Stichwort *confirmatio* werden jeweils ein oder mehrere Beweise versammelt; die Anordnung richtet sich nach den Prinzipien »Überzeugung«/»Überredung« (*persuasio*) und »Nutzen« (*utilitas*). Nicht selten wurden Partien der der *argumentatio* vorausgehenden Darstellung des Hergangs (*narratio*, vgl. dazu u. 148–150) in die Beweisführung aufgenommen, um Langeweile vorzubeugen. Eine nicht zu verachtende Bedeutung kommt ferner der Nennung von Autoritäten zu, die meistens von einer gewissen Prominenz sind. Sie stärken die Vertrauensbasis, welche u.a. von Cicero als »feste Meinung« aufgefasst wird (*fides = firma opinio*).

Topik und Statuslehre machen den Kernbereich der inventorischen Produktion aus. Zunächst zur Lehre von den *status* bzw. *constitutiones* (gr. *staseis*). Sie ist vorrangig mit der Klassifikation möglicher Streitfälle vor Gericht befasst. Hierbei handelt es sich vor allem um Such- und Beweisformeln für gleichgeartete Sachlagen, die ähnliche Aussagen oder Beweise ermöglichen. In der Moderne spielt die Statuslehre kaum eine Rolle; die wenigen interessanten Ansätze argumentieren von der Sprechakttheorie her (bzw., in soziologischer Wendung, auf der Basis der von Jürgen Habermas avisierten »Verständigungstheorie«)[28]: Die Statuslehre wird in moderner Sprachpragmatik vergleichend herangezogen, um Ausgangssituationen zu bestimmen, an denen sich der Sprecher orientiert und auf deren Grundlage er die Umsetzung seines Sprachhandelns mit den erwünschten Konsequenzen auch für den oder die Angesprochenen erproben kann. Die Einordnung der Sprechsituationen bildet den Anfang eines jeden Verständigungsprozesses und seiner theoretischen Erörterung.

Stets bildet ein Streitpunkt die Grundlage eines *status*. Die *Status* befassen sich mit juristischen Fragestellungen wie der grundsätzlichen Klärung der Zuständigkeiten, des Tatbestandes u.ä.; hier ergeben sich wichtige Präjudizien für die Festlegung der Intention einer Rede. Beim *genus iudiciale* wird der Fall zumeist nach der Rechtsfrage bemessen: Sie verkörpert den eigentlichen *status*. Die Klärung dieser Frage wird in der Regel der *argumentatio* zugeordnet. Im Anschluss an Quintilian hat sich die Auffassung verbreitet, dass *status* bzw. *stasis* metaphorisch oder sogar etymologisch auf die Ausgangshaltung zweier Kontrahenten im Ringkampf verweise: Beide befinden sich sozusagen in Lauerstellung, also in körperlicher und geistiger Anspannung. Otto Dieter etabliert im Anschluss an die Aristotelische *Physik* und gegen die *communis opinio* die Auffassung, wir hätten es hier im Gegenteil mit dem Ruhepunkt zwischen zwei konträren Bewegungen zu tun (Dieter 1950: 345 f.). Theoretisch avancierte Gestalt nimmt die Statuslehre später vor allem in den Kontroversien der Deklamationsschulen an, bevor sie – im Zuge der Marginalisierung der Heuristik zugunsten der reinen Beredsamkeit (*elocutio*) – an Bedeutung einbüßt.

Hinsichtlich der *constitutiones*-Topik schließt Cicero, nicht ohne kritische Einwände zu formulieren, an Hermagoras von Temnos an; zu den in Abhängigkeit von diesem und Aristoteles bzw. der *Alexanderrhetorik* formulierten *status* bzw. *constitutiones* zählen bei Cicero folgende vier Klassen:

status coniecturae/ constitutio coniecturalis	»auf einer Vermutung beruhende Begründungsform«: personenbezogene oder kausale *loci*, s.u. 136–138
status finitionis/ constitutio definitiva	»auf einer Begriffsbestimmung beruhende Begründungsform«: definitorische *loci*
status qualitatis/ constitutio generalis	»gattungsbezogene Begründungsform«: *loci* der Gerechtigkeit
status translationis/ constitutio translativa	»übertragende Begründungsform«: *loci* der Rechtsordnung (Cic. *inv.* 1, 10–16)

In enger Abhängigkeit von der Urteilsfähigkeit umfasst die Topik (*loci communes*) die jeweilige Suche nach dem Ort eines Arguments und die Argumente selbst. Der Redner hat dabei Kontexte, Verhältnismäßigkeiten und persönliche Verwicklungen zu bedenken.

Wiewohl *loci* ihren Platz in der Rede vor allem in der *inventio* (und da innerhalb der *argumentatio*) finden, bleibt ihre Zusammenstellung nicht ohne Auswirkung auf die *elocutio*. Nicht von ungefähr erscheinen *loci communes* als »Umschlagsort eines zweifachen qualitativen Sprungs: [...] von der copia als Qualität [...] in die copia als Quantität und umgekehrt.« (Bornscheuer 1976: 87) Hier liegt der eigentliche energetische Grund der *inventio*, der sie der *elocutio* nahebringt – sie generiert die *copia rerum et verborum* (»Menge an Argumenten und Wörtern«).

Die umfänglichen *loci*-Kataloge vor allem sind es, die der Redelehre schon am Beginn schematischen Charakter verleihen. Die Such- oder Beweisformeln geben *endoxa* wieder, konsensfähige, populäre Meinungen, die den Status eines »gemeinsamen Urteils kommunizierender Subjekte« innehaben (Kopperschmidt 1991: 348). Aus deren Menge wählt man das aus, was man als zutreffend bzw. als wahrscheinlich beurteilt. Das topische System funktioniert über einen in seinen formelhaften Inhalten kommunizierbaren Wissensvorrat; darin offenbart sich die soziale Relevanz der Topik. Besonders in der Topik spiegeln sich die kreativen Beschränkungen der *inventio*; ihr Überschaubarkeit suggerierendes Arsenal scheint auf eine stärkere Objektivierung der topischen Techniken hinauszulaufen. Doch werden wir hier einer systematischen Paradoxie der *inventio* gewahr, will sie doch »einerseits eine kompetente Hermeneutik des geltenden sprachlich-gesellschaftlichen Normensystems [...] leisten, andererseits jede abstrakt-leere Allgemeingültigkeit und situationsunabhängige Normativität von Grund auf [...] leugnen und sämtliche Argumentationsgesichtspunkte von einigermaßen allgemeinem Rang in jedem Einzelfall stets neu und ›in utramque partem‹ zur Diskussion [...] stellen« (Bornscheuer 1976: 77 f.). Soziabilität und Kommunizierbarkeit der Topik sind also nur bis zu einem gewissen Grade gewährleistet; auch in der topischen Praxis will sich die Redetheorie ihrer Freiräume nicht selbst berauben.

Die Topik folgt immer auch referentiellen Prinzipien: Nicht nur Wörter, sondern auch *loci* verweisen nie auf ein absolutes

Sein oder eine in unmittelbarer Begegnung erfahrbare Sache, sondern ausschließlich auf andere Sprachzeichen. Unter dieser Voraussetzung wird Topik im doppelten Sinne zu einem investigativen Verfahren: In ihrer Aufgabe, den Redner bei der Suche von Argumenten zu unterstützen, spürt sie den Spuren ihrer eigenen Sprachlichkeit nach. Sie sieht sich mit sich selbst konfrontiert: »Die Operation des Definierens wird in ihrer Operationalität ausgestellt und auf ihre eigene Wörtlichkeit befragt.« (ebd.: 54) Diese Problematik weist nicht nur über die Topik hinaus auf die Rhetorik im Ganzen; sie ist auch überzeitlich und scheint thematische Kontinuität zwischen antiker Rhetorik und der Dekonstruktion zu stiften.

Das erste systematische topische Lehrwerk überhaupt stammt von Aristoteles. Die *Topik* macht einen Teil seines Logik-*Organon* aus, in welchem die Terminologie rhetorisch-dialektischen Disputierens erläutert wird. Aristoteles' *Topik* unterteilt ihren Gegenstand nach vier sogenannten *Prädikationsproblemen* (*horos*: »Definition«; *idion*: »individuelles Charakteristikum«; *genos*: »Gattung«; *symbebekos*: »Akzidenz«). Aristoteles versammelt hier über dreihundert Topoi, wohingegen er in der *Rhetorik* nur 28 aufzählt. In der römischen Rhetorik etabliert sich über Cicero hinaus die Tendenz zu bündigen Katalogen von zwanzig bis dreißig *loci*. Von Cicero werden die *loci* als »Sitz der Argumente« (*sedes argumentorum*) bezeichnet, nicht spezifisch als Enthymeme im Sinne der von Aristoteles inaugurierten Beweistheorie. An Ciceros Handhabung der Topik zeigt sich, wie er immer wieder die von Aristoteles gezogenen Grenzen verwischt, so besonders die zwischen Rhetorik und Dialektik (beides ist bei Aristoteles mit der Frage von Erkenntnisgewinn verknüpft, die Dialektik macht grundsätzlich – wie in späteren *Trivium*-Konzeptionen der *artes liberales* – einen wichtigen Teil der Wahrheitssuche aus) und die zwischen *res* und *verbum* – mit den entsprechenden Folgen für die Trennlinie zwischen *inventio* und *elocutio*, zwischen Einzelfall und Gattungsfrage. Cicero ist der Auffassung, dass alle Streitfälle am besten nach ihrer Sachnatur, d.h.: allgemein zu behandeln seien, also gemäß ihrer *natura causae* bzw. ihrem *genus universum*.

Ein l*ocus communis* konstituiert einen hermeneutischen Vorgang, nämlich eine »Vermutung«. In diesem produktiven Sinne ist auch die Bestimmung des *locus* als *amplificatio quaedam* aufzufassen, als eine Steigerung also, die der argumentativen Dramaturgie dienen soll. Zu den denkbar günstigen Voraussetzungen des Einsatzes amplifikatorischer Strategien gehören die thematische Weite und Allgemeinheit, die als Regulativ auch für konkrete Sachlagen fungieren.

Nicht nur der Ort, sondern auch die Zeit stellt einen dominanten Faktor inventorischer Topik dar: So wird auch mit Bezug auf den Verlauf des Falles deutlich zwischen drei Zeitstufen unterschieden: *ante rem* (Vorbereitungen), *cum re* (Geräusche, Schatten etc.) und *post rem* (Blässe, Schamröte, Unsicherheit, etc.). Außerdem sind die *loci* oft schon in der *inventio* nach den Maßgaben der *dispositio* gegliedert.

Cicero zählt zu den Verfechtern der situativen Bedingtheit von *loci* und empfiehlt dem Redner größere Flexibilität gegenüber den jeweiligen Kondizionen. Beispielhaft seien hier seine Klassifikationen zusammenfassend dargestellt. Zu den personenbezogenen *loci* gehören (Cic. *inv.* 1, 34ff.):

nomen (»Name«)	*natura* (»Natur«)	*victus* (»Lebensweise«)	*fortuna* (»Schicksal«)
habitus (»Haltung«)	*adfectio* (»Stimmung«)	*studium* (»Interesse«)	*consilium* (»Absicht«)
facta (»Taten«)	*casus* (»Zufälle«)	*orationes* (»Reden«)	

Unter die sachbezogenen *loci* werden neben dem *locus* als solchem folgende gerechnet:

tempus (»Zeit«)	*occasio* (»Gelegenheit«)	*modus* (»Art und Weise«)	*facultas* (»Mittel«)	*adiunctum* [*sc.*: *negotio*; »mit dem Geschäft Verbundenes«]

maius (»größer«)	*minus* (»kleiner«)	*aeque magnum* (»gleich groß«)	*simile* (»ähnlich«)
contrarium (»gegensätzlich«)	*genus* (»Gattung«)	*pars* (»Art«)	*eventus* (»Ergebnis«)

Großer Beliebtheit erfreute sich der *loci*-Katalog aus Ciceros *Topica*, wo zwischen extrinsischen (*auctoritas*) und sachimmanenten *loci* differenziert wird (Cic. *top.* 10–23).

definitio (»Definition«)	*partium enumeratio* (»Aufzählung der Teile«)	*notatio* (»[etymologische] Kennzeichnung«)	*coniugata* (»verwandte Bezeichnungen«)
genera (»Gattungen«)	*formae* (»Arten«)	*similitudo* (»Ähnlichkeit«)	*differentia* (»Verschiedenheit«)
contrarium (»Gegensatz«)	*adiuncta* (»Analogie«)	*antecedentia* (»Voraussetzungen«)	*consequentia* (»Folgen«)
repugnantia (»Widersprüche«)	*efficientes causae* (»Ursachen«)	*effecta* (»Wirkungen«)	*comparatio maiorum/minorum/parium* (»Vergleiche [größer/kleiner/gleich]«)

Auch nennt Cicero vier *loci*, mit denen sich *benevolentia* erzielen lässt; sie sollten ihren Platz im *exordium* haben:

loci ab nostra persona	= integres Auftreten des Redners
loci ab adversariorum persona	= Akzentuierung negativer Eigenschaften des Gegner
loci ab iudicum persona	= Umschmeicheln der Richter
loci a causa	= Aufwertung der eigenen Sache

Auch die *Reihenfolge* der Topoi ist von Belang: Cicero führt in *De oratore* (3, 106) einige Standardthemen an, deren Position am Redenende die Ruchlosigkeit der Tat, über die verhandelt wird, besonders eindringlich vor Augen führt; hier hat der Redner wieder besonderes Augenmerk auf die emotionale Grundstimmung der Richter zu legen: Mithilfe bestimmter, bewährter *loci communes* kann deren Empörung oder Ergriffenheit geradezu erzwungen werden. Besondere Funktion eignet den Topoi in den Rede-*Einleitungen*. Empfohlen wird gemeinhin jedoch ein moderater Gebrauch von *loci communes*.

Theorie und Praxis der Topik reichen über die spezifischeren Grenzen der Rhetorik weit in die gesellschaftliche Wirklichkeit hinein. In *Sein und Zeit* stellt Martin Heidegger die Hypothese auf, dass »das Subjekt des Geredes [...] das ›Man‹ [ist], das sich von Gemeinplätzen nährt. [...]. Die Verfallenheit an das Man kennzeichnet den Seinsmodus der ›Uneigentlichkeit‹.« (Coenen 2001: 410). Diese Überlegungen führen uns zum Ausgangsproblem der Ambivalenz der Topik zurück: Es besteht in der widersprüchlichen Aufgabe der *loci*, zugleich Vermittler und Verhinderer intersubjektiver Gegenstände (*materiae*) zu sein. Sie sollen *materiae* vermitteln, die alle verstehen können *und doch nicht* können: Allgemeines ist nicht in letzter Konsequenz allgemein vermittelbar. Die Orientierung an Gemeinplätzen impliziert, wie der Name schon sagt, Alterität, die Zuwendung zu einem anderen, einem Außen (das die Koordinaten des topischen Systems und die Menschen, auf die sie bezogen werden, einschließt). In ihrer Eingebundenheit in Tradition und Autorität, ihrer Entpersönlichung auf der Schwelle zur Uneigentlichkeit bedient die Topik das Sicherheitsbedürfnis des Redners und der hörenden Menge. Auf der anderen Seite stellt sie in ihrem Anspruch auf *Besonderheit* auch spezifische Herausforderungen an die Kunstfertigkeit des Redners.

Der Bereich der Topik hat sich auch in Zeiten, in denen es die Redekunst und insbesondere die *inventio* schwer hatten, am besten weiterentwickelt – als Denkform, aber auch in den Details. Eine lange Hochphase reicht von Aristoteles über Cicero und Boethius bis in die mittelalterliche Scholastik. Boethius unterscheidet in seiner Schrift *De topicis differentiis* den eigentlichen Findungsprozess (*disserere*) vom wählenden Urteil (*iudicium*). Hier setzen sich vor allem argumentative *loci* durch, die den Charakter regelrechter Maximen bzw. Schlussregeln annehmen. Boethius formuliert, ausgehend von zwanzig *loci*-Klassen, 26 Maximen mit hohem Evidenzgrad. Sie haben einen gewissen Einfluss auf die sogenannten Findungslehren (z.B. bei Raimundus Lullus) oder die kombinatorischen Verfahren der jüdischen Mystik in der Kabbala. Daneben wurden bei spätantiken (und nachfolgenden) Autoren wie Iulius Victor, Martianus Capella, Isidor oder Alkuin *loci* der Reproduktion besonders populär – kein Wunder, wo die Restauration des *status classicus* oberstes Ziel war. Der Trend geht weiter zu dialektischen *loci*, die von genuin rhetorischen nochmal unterschieden werden. Auch in der Argumentationsrhetorik von Perelman/Olbrechts-Tyteca kommt der Topik eine bedeutende Rolle zu: Ihre »schèmes de liaison« sind an den klassischen *loci*-Katalogen orientiert. Andererseits wollen sie brutalen Schematismus vermeiden und die

Topik auch für andere Themen (über Politik, Recht und Lobrede hinaus) sowie weniger formalisierte Gebiete nutzbar machen, z.B. für die Ethik. Dabei greifen auch sie auf Kontextgebundenheit und Wahrscheinlichkeit als pragmatische Kategorien zurück. Daneben erstarken Topoi in einem ganz anderen Sinne, nämlich dem des literarischen Motivs, vor allem in Heinrich Lausbergs einflussreichem *Handbuch der literarischen Rhetorik*.

Aus der jüngeren historischen Praxis ließen sich ebenfalls reichlich Beispiele anführen, besonders aus der Politik. Einige Topoi sind in die Annalen eingegangen: Zu erinnern wäre an den »Herkunfts«-Topos, den CDU-Kandidat Konrad Adenauer im Wahlkampf des Jahres 1961 anführte, um seinen sozialdemokratischen Kontrahenten Willy Brandt zu diskreditieren, indem er nämlich dessen uneheliche Geburt instrumentalisierte. In vergleichbarer Weise hatte Donald Trump im US-amerikanischen Wahlkampf des Jahres 2011 die Staatsbürgerschaft Obamas in Zweifel gezogen, woraufhin dieser den Gegenbeweis *qua* Veröffentlichung seiner Geburtsurkunde antrat. Es gibt auch die synkritische Variante: Der Journalist Gabor Steingart etwa hielt den abiturlosen Martin Schulz für keinen würdigen Gegner der promovierten Physikerin Angela Merkel.[29]

Was die Inventionskunst im Ganzen angeht, so hat sie im Mittelalter vor allem auf die Predigt(-theorie) eingewirkt. Nach einer Hochphase innerhalb der aristotelischen Scholastik wendet man sich im Ausgang des Mittelalters langsam von der Auseinandersetzung mit der *inventio* ab – wenn überhaupt, greift man (etwa Agricola) auf den ciceronischen Bestand zurück (und begnügt sich damit). Doch die Kritik am Schematismus der *inventio* wächst beständig, etwa bei Humanisten wie Lorenzo Valla oder Angelo Poliziani. Man orientiert sich an einer minimalen Zahl von Grundbegriffen, um daraus die maximale Zahl an Schlussfolgerungen abzuleiten. Andere wie Melanchthon spezifizieren das inventorische Schema insofern, als er, der in seinen *Elementa rhetorices* stark an Cicero und Quintilian anschließt, mit dem *genus didascalicum* noch eine weitere Redegattung hinzufügt, mit den entsprechenden Auswirkungen auf die *inventio*. Bisweilen findet die *inventio* kreative(re) Aufnahme in benachbarten Disziplinen: Im Barock wird sie mit der *cortesia* enggeführt. Als gezielte Argumentationstechnik kommt sie allerdings erst im 20. Jahrhundert wieder so richtig zur Geltung, in der bereits mehrfach zitierten »nouvelle rhétorique« von Perelman/Olbrechts-Tyteca, sowie in der Rechtslehre Theodor Viehwegs. Heute lässt sie sich am ehesten mit den *stock issues* der Debattenkultur (*academic debates* mit ihren Turnierregeln) vergleichen oder überhaupt mit gezielten Formen des *brainstormings* sowie allen möglichen »Kreativitätstechniken«, darunter sehr anschaulich den sogenannten »Problemlösungsbäumen«; man könnte auch die klassischen W-Fragen vergleichend heranziehen.

2. *Dispositio*: Die Gliederung der Rede

»Die klassische *dispositio*-Lehre ist zu wenig komplex, um einer literarischen Strukturalistik als Vorbild zu dienen.« (Plett 2000: 256) Diese Diagnose theoretischer Fruchtlosigkeit mag als ein Grund dafür angesehen werden, dass die *dispositio* auch in rhetorischen Darstellungen gegenüber der *inventio* und vor allem der *elocutio* viel zu kurz kommt: In Heinrich Lausbergs *Handwörterbuch* etwa umfasst ihre Präsentation gegenüber der umfänglichen der *inventio* (fast hundert Seiten) nur knapp sechs Seiten. Blickt man auf die historische Entwicklung, so lässt sich eine Analogie zwischen dem Verfall der Redekunst und der Bedeutungslosigkeit der *dispositio* feststellen. Das musste letzterer besonders zusetzen, insofern sie ohnehin eine eher marginale Existenz führt, zumal innerhalb der Rhetorik selbst (darüber hinaus hat sie, wie alle *officia* und überhaupt alle Bereiche der Redekunst, in Literatur, Poetik und andere Disziplinen hineingewirkt). Zwar gibt es vereinzelte Stationen intensiverer Auseinandersetzung mit der *dispositio* als solcher, z.B. bei Sulpicius Victor, Cassiodor oder Isidor von Sevilla, welche sämtlich eng an Ciceros Abhandlung *De inventione* und die *Herennius-Rhetorik* anschließen. Eine herausragende Rolle spielt die *dispositio* im Rahmen der mittelalterlichen *ars dictaminis* (vgl. o. 63). In der Predigtkunst steht sie insofern im Fokus, als das *exordium* (»Einleitung«) und die diesem vorgeschaltete *propositio* (»Thema«) besonders intensive Anrufungen des Heiligen Geistes ermöglichten, mithin der Nähe zum Göttlichen eine sprachliche Struktur boten. Die mittelalterlichen *artes poetriae* halten an traditionellen *inventio*-Techniken fest, ebenso wie die Stofffindungsverfahren in der Renaissance, etwa bei Julius Caesar Scaliger.

Doch zeigten sich darüber hinaus jene zum Teil drastischen Auflösungserscheinungen: Bei einigen Gelehrten – z.B. des Hochmittelalters – koinzidiert die *dispositio* mit der eigentlich der Stilistik zugehörigen Kompositionstechnik. Andere behandeln sie überhaupt nicht mehr im Rahmen der Rhetorik, sondern schlagen sie der Logik zu, wie Petrus Ramus. Bei einigen bleibt sie in der Schwebe zwischen Logik und Rhetorik, so etwa beim Franzosen Bernard Lamy, der sein Augenmerk ohnehin eher auf die Figurenlehre richtet. In der *Logik von Port-Royal*, die auf die Akademiker Antoine Arnauld und Pierre Nicole zurückgeht und in der die Rhetorik gänzlich der philosophisch konfigurierten Logik des selbstbewussten Subjekts unterworfen wird, findet sich denn auch weder für *inventio* noch für *dispositio* ein Platz. Gegen sie werden »Sachkenntnis« oder »gesunder Menschenverstand« ins Feld geführt, ein allerdings fragwürdiger Anspruch, der auch Einzug in die Poetik Gottscheds hält.

Wieder andere wie Rudolf Agricola siedeln die beiden ersten *officia* im Zwischenraum zwischen Rhetorik und Dialektik an, was sowohl die makro- als auch die mikrostrukturelle Ebene betrifft. Ganz finster wird es wieder in der Romantik, die sich komplett von Vorgaben zu emanzipieren sucht, dezidierte Unordnung, das Chaos und das Fragmentarische, an die Stelle sämtlicher Ordnungsregeln setzt und von einer regellosen Phantasie träumt.

Wird die Bedeutung der Dispositionskunst verkannt? Diese Frage hat schon Giambattista Vico beschäftigt; in seinen *Institutiones Oratoriae* kommt er zu dem Schluss, dass die begrenzten Möglichkeiten, die Verfahren der *dispositio* zu kommunizieren, ihrer mangelnden Erlernbarkeit geschuldet seien. Vico rechnet das Disponieren unter die natürlichen Fähigkeiten des Menschen: Die *dispositio* erscheint hier als große Kunst, deren Geheimnisse sich nur bedingt ergründen lassen.[30] Auch Vico hat die operationelle Basis der *dispositio*, die *inventio*, kritisch mit in den Blick genommen: In der Einfallslosigkeit einer allzu regelgeleiteten *inventio* sieht er die hauptsächlichen Gründe für die Vernachlässigung der *dispositio*; dafür macht er die Aufklärungsphilosophen, allen voran Descartes, verantwortlich, da sie die freie Entfaltung der Phantasie in den Künsten verhindert hätten. Auch die Geschichte der rhetorischen Dispositionskunst ist also gekennzeichnet von der Spannung zwischen Regel und Genie. So erklärt sich die spätere Rezeption der *dispositio* vor allem in poetologischen Darstellungen, besonders dort, wo Poetik und Rhetorik ineinander übergehen und die Regelpoetik floriert; diese Tradition knüpft an antike Wurzeln an, war das Verhältnis von Redner und Dichter doch von jeher richtungsweisend für die Rhetorik (in *allen* ihren Teilen) schon deshalb, weil die Genese der Kunstprosa ganz im Zeichen der bereits etablierten Dichtung stehen musste.

Die *dispositio* beschäftigt sich mit Fragen der Anordnung; in strukturalistischer Terminologie figuriert sie als syntagmatischer Pol (gegenüber der *elocutio* als paradigmatischem Pol: Die *dispositio* kombiniert die vorhandenen Ein- und Einzelheiten, während jene aus dem virtuellen Vorrat der stilistischen Möglichkeiten das jeweils Passende auswählt und abruft).

Auch die verschiedenen Redeanlässe haben ihren Einfluss auf die *dispositio*: So ergeben sich selbstverständlich Abweichungen, je nachdem ob die Rede dem *genus iudiciale*, dem *genus deliberativum* oder dem *genus demonstrativum* zuzuordnen ist. Den Differenzen im Anlass korrespondiert die Heterogenität der Hörerschaft: Nicht nur Cicero empfiehlt dem Redner immer wieder, die intellektuellen Voraussetzungen des jeweiligen Auditoriums im Vorhinein zu überprüfen und sich an diese so gut als möglich anzupassen. Leitendes rezeptionsästhetisches Prinzip aller architektonischen Tätigkeit ist stets der Nutzen (*utilitas*), der darin besteht, den Hörer (möglichst früh) gewogen (*benivolum*), aufmerksam (*attentum*) und gelehrig (*docilem*) zu stimmen.

In der *Herennius-Rhetorik* lesen wir folgende exemplarische Definition der *dispositio* (3, 16): *quoniam dispositio est per quam illa, quae invenimus, in ordinem redigimus, ut certo quidquid loco pronuntietur* – »da wir ja mit Hilfe der Anordnung die Argumente, die wir gefunden haben, in eine Reihenfolge bringen, so dass jedes einzelne an seinem festen Platz verkündet werden kann«. Das deckt sich mit der Vorstellung Ciceros, wie er sie schon in *De inventione* formuliert (1, 9): *Dispositio est rerum inventarum in ordinem distributio* – »Bei der Anordnung handelt es sich um die Verteilung der aufgefundenen Argumente zu (oder nach) einer bestimmten Reihenfolge.«

Die *dispositio* wird bisweilen auch als drittes *officium* nach *inventio* und *elocutio* angeführt (z.B. bei Aristoteles) – zu beiden steht sie in einem fruchtbaren Nahverhältnis, insoweit sie für die

Ordnung der in der *inventio* ersonnenen Argumente und der in der *elocutio* gewählten *verba* zuständig ist. Cicero formuliert daher im *Orator* (43) die bündige Trias: *quid, quo loco, quo modo* (»was, wo, wie«). Die *dispositio* wird so zu einer gewichtigen Instanz der Vermittlung zwischen den *res* und den *verba* und verweist in dieser Funktion auf die spezifische mediale Konfiguration der Rhetorik. Cicero empfiehlt dem Redenschreiber in *De inventione* (1, 31) darüber hinaus, sich im Rahmen der *dispositio* schon in der Einleitung feste Punkte zu suchen, von denen aus die Lenkung des Zuhörers gleichsam »zentralistisch« organisiert werden kann.

Ordnungsprinzipien

Der Begriff *dispositio* findet hauptsächlich Verwendung, um die Gliederung der konkreten Redeteile (*partes orationis*) zu bezeichnen, ihre Aufteilung also in *exordium/principium* (Einleitung), *narratio* (Erzählung des Hergangs), *argumentatio* (Präzisierung des Sachverhalts mit positiven [*confirmatio*] und negativen Beweisen [*reprehensio*]) und *epilogus/conclusio/peroratio* (Schluss). Dabei wird noch differenziert zwischen einer eigentlichen, unter sachlogischen Gesichtspunkten als »natürlich« gedachten Gliederung, die sich an Vorgaben hält, und der Instanz des rednerischen Urteils, dessen individueller Redaktionsfähigkeit und dessen Gespür für Proportionen alle Abweichungen obliegen. Grundsätzlich werden zwei Arten von Ordnung unterschieden: Während der sogenannte *ordo naturalis* sich an die vorgesehene, mithin *kunstgerechte* Reihung der Teile hält, weicht der *ordo artificialis* davon ab. Der Terminus *ordo artificialis* oder *artificiosus* wird zwar regelmäßig für die Abkehr von der vorgegebenen, an der Sachlage orientierten Reihenfolge gebraucht; gelegentlich wird er aber auch auf den *per se* künstlichen *ordo naturalis* bezogen. In diesem uneinheitlichen Gebrauch manifestiert sich das Wissen der antiken Rhetorik um die Artifizialität des Natürlichen, genauer um die Voraussetzung, dass »das Künstliche dem Natürlichen der Sprache immer schon zugrunde liegt« (Groddeck 1995: 9) – dies die Formulierung Wolfram Groddecks in Auseinandersetzung mit Nietzsches Befund der Unmöglichkeit einer »unrhetorischen ›Natürlichkeit‹ der Sprache« (Nietzsche 1995: II.4, 425). In der Theorie der *dispositio* kommt die Natur-Kultur-Synthese in ihrer paradoxalen Grundstruktur voll zum Tragen. In narratologischen Begriffen formuliert, könnte auch der dem *ordo naturalis* folgende Redner von der Chronologie zugunsten einer anachronistischen Gestaltung abweichen. Auch in genuin juristischen Zusammenhängen ergibt sich unter Umständen ein Konflikt zwischen Erzählzeit und Zeit der Geschichte, etwa in Form von (in Genette'scher Terminologie) Pro- oder Analepsen sowie Ellipsen. Im Laufe der Zeit erfolgen immer wieder (meist leichte) Modifikationen der Reihenfolge. Bisweilen werden dafür weitere Kategorien eingezogen, so etwa *decor* (»Schicklichkeit«) und *necessitas* (»Notwendigkeit«) bei Iulius Victor. Spezifizierungen werden noch bei spätantiken Autoren wie Sulpicius Victor, Martianus Capella oder Fortunatianus vorgenommen. Einige wie Hermagoras halten die Einleitung in gewissen Genera für überflüssig (z.B. im *genus honestum*, dem »Ehrenhandel«). Im Rahmen der *ars dictaminis* wird das *exordium* aufgespalten in eine *salutatio* zum Gruße und eine *captatio benevolentiae* zwecks Vereinnahmung. Zunehmend finden sich Anhänger des *ordo naturalis*: Notker Labeo verabscheut die künstliche Reihenfolge; als ein prominentes Beispiel für einen missratenen Beginn *a medio*, in der Mitte des Geschehens, führt er mit Vergils *Aeneis* allerdings ein nicht-rhetorisches Werk an. Andere sind flexibler, wie Konrad von Mure, der ein kunstmäßiges Durchbrechen des *ordo naturalis* bisweilen durchaus für geboten hält.

Die Reihenfolge gestattet nicht zuletzt deshalb ein gewisses Maß an Flexibilität, weil sie auch von den divergierenden Interessen der Parteien und Perspektiven abhängt: So sollte zum Beispiel der Kläger zunächst seine eigenen Argumente bestätigen (*confirmatio*), der Beklagte hingegen mit der Vernichtung der Gegenargumente (*reprehensio*) beginnen. Tendenziell sollte der Kläger die Argumente eher gruppieren, der Verteidiger eher separieren.

Vom exordium zum epilogus

Wenig überraschend betonen viele Redelehrer an zahlreichen Stellen die besondere Bedeutung der Einleitung (und des Schlusses). Die Einleitung muss nicht nur die eben geweckte Aufmerksamkeit fesseln können, sondern den Hörer noch vor der eigentlichen Sachverhaltsschilderung *benivolus* (»wohlwollend«), *attentus* (»aufmerksam«) und *docilis* (»gelehrig«) stimmen. Bedeutung und Gestalt der Einleitung hebt bereits Aristoteles hervor, z.B. in der *Rhetorik* (Aristot. *rhet.* 1414 b25 f.) mit konkretem Bezug auf die epideiktische Rede. Aristoteles zufolge soll man am Anfang »etwas Beliebiges« sagen, um sogleich zur Einleitung überzugehen, die als »Wegbereiterin« fürs Folgende fungiere (als gelungenes Beispiel führt Aristoteles Isokrates' *Helena*-Rede an). In der Einleitung hat besonders die *captatio benevolentiae* eine hodegetische Funktion inne. Cicero bemerkt dazu: »Wohlwollen lässt sich von vier Seiten her erzeugen: von unserer, von der der Gegner, von der Person der Richter, vom Fall.« (Cic. *inv.* 1, 22) Spricht das Thema bzw. der Fall für sich, genügt die bloße Andeutung einer *captatio*; ist der Fall weniger interessant, leistet die an Personen geknüpfte *captatio* nützliche Dienste.

Einen vergleichbar unmittelbaren Effekt verzeichnet die an den Redebeginn gesetzte Verstellung (*simulatio*), z.B. in Form der

Ironie, die wiederum mit den Tropen der Metapher und der Allegorie operieren kann und in der Regel eine »positive Vortäuschung einer eigenen, mit einer Meinung der Gegenpartei übereinstimmenden Meinung« beabsichtigt (Lausberg 1990: 447 [(§ 902]; nach Quint. *inst.* 6, 3, 85). Daneben dient die Ironie auch auf dieser frühen Stufe schon der Prätention von Affekten (zum Beispiel in Form eines Ausrufs [*exclamatio*]). Es handelt sich hier primär um solche Figuren, die das Natürliche im Künstlichen hervortreten lassen wollen und dazu angetan sind, die gemeinhin kaum einmal kritisch hinterfragte Assoziation von Form und Affekt in ein problematisches Licht zu setzen.

Auf die Affekte der Hörer sollte der Redner hauptsächlich in Einleitung und Schluss setzen: In den beiden rahmenden Teilen gelingt es besonders durch die Evokation von Affekten und steigernde oder intensivierende Spezialeffekte, die Hörer wohlwollend und interessiert zu stimmen und sie auf die zur Verhandlung stehende Sache aufmerksam zu machen. Auch in den anderen Redeteilen freilich sollte der Redner die Affekte im Blick haben: Sofern er Ankläger ist, sollte er etwa auch in der *confirmatio* auf Emotionen setzen (als Verteidiger wird er allerdings eher auf Beruhigung abzielen). Neben dem *exordium* ist es vor allem der *epilogus*, in dem sich Pathos entfalten lässt, »weil es [dort] am unmittelbarsten auf den Willen der Zuhörer wirkt« (Dachselt 2003, 84).

Hinsichtlich der *dispositio* können sich auch Umstände ergeben, die es ratsam erscheinen lassen, ganz auf die Einleitung und womöglich auch auf den Schluss zu verzichten. Zeichnen sich etwa zeitliche Engpässe ab, sind die Zuhörer in Eile oder die beteiligten Richter abgelenkt, bleibt keine Gelegenheit für die Entwicklung geballter pathetischer Anfangs- und Schlusspartien. In solchen Fällen kann auch die Darlegung des Hergangs (*narratio*) unterbrochen oder (teil-)fragmentiert werden (am seltensten ist dies allerdings im *genus iudiciale* der Fall). Die Entscheidung darüber, ob und was reduziert werden soll, obliegt der Einschätzung des Redners.

Durch Häufungen, Verdichtungen und Entzerrungen kann der Redner auch mithilfe der *dispositio* als-ob-Beziehungen herstellen, die in der *elocutio* durch distanzierendes *quasi* versprachlicht werden: Etwas steht an einer bestimmten Stelle, *als ob* es das Wichtigste wäre, etc. Die Anordnung suggeriert Strukturen und Hierarchien, sie schafft Scheinsicherheiten, in die sich die Hörer flüchten sollen. Solche *quasi*-Beziehungen, die lediglich Verschiebungen darstellen, treten allerdings an die Stelle des reinen Scheins, der der Rhetorik besonders aus der Perspektive fundamental-ontologischer Philosophie zum Vorwurf gemacht worden ist.

Wiederholungen und Brüche

Kommen wir von der Grobgliederung zu den Feinschnitten, die im Rahmen der *dispositio* entwickelt werden; vor allem diese fallen in den Bereich des *ordo artificialis.*

Häufungen, Wiederholungen und Ähnlichkeiten zwischen den verhandelten Fällen (*similitudines*) steigern den Wiedererkennungswert und befriedigen das Sicherheitsbedürfnis des Hörers. Wiederholungen weisen insbesondere dadurch stabilisierende Funktion auf, dass sie die Aufmerksamkeit auf vertraute Elemente lenken; sie kommen in allen Redeteilen, bevorzugt (und gehäuft) aber im Epilog zum Einsatz, innerhalb dessen auch die Reihenfolge eingehalten werden sollte. Wiederholungsdichte und Reihenfolge stehen im Dienste der Auffrischung der Hörererinnerung (ähnlich wie die *Figuren* der Wortwiederholung, z.B. Epanalepse, Anadiplose, Anapher und Epipher).

Im Gegensatz zur eher kognitiven Wirkung der Wiederholung rütteln Kontraste (*contraria, dissimilia*) auf und intensivieren die sinnliche Wahrnehmung; sie sind besonders für die Einteilung (*divisio/partitio*) vorgesehen und appellieren nachhaltig an die Höreremotionen, z.B. in Form von Antithesen in der pathetischen Rede. In einer kontrastiven Klimax sollte das letzte Glied am stärksten sein, da es den unmittelbarsten Effekt auf das Gemüt der Zuhörer verzeichnet. Für den Einsatz von vertrauenskonsolidierenden Mitteln ist besonders innerhalb der *narratio* und im Rahmen der *confutatio* Platz. Auch die gelegentliche Ablenkung der Hörer vom eigentlichen Thema, etwa durch – in der *inventio* bereitgestellte, in der *dispositio* geschickt platzierte und in der *actio* kairotisch abrufbare – komische oder aggressive Elemente, trägt zur Stärkung von Sicherheit und Vertrauen bei. Die *narratio* eignet sich andererseits vorzüglich für die Durchbrechung von Erwartungen.

Harmlos erscheinen gelegentliche ekphrastische Entfernungen vom eigentlichen Thema wie Lobeshymnen und Schmähungen, die zur Erheiterung der Hörer beitragen können; beides obliegt indes auch dem performativen Bereich von *elocutio* und *actio*. Auf inhaltlicher Ebene kann die Abschweifung einen Verdacht entweder von etwas ablenken oder im Gegenteil erregen. Augenfällig auch die schmückend-ästhetische Funktion von Digressionen in ihrer allseitigen Verwendbarkeit. Den weitaus größten Effekt außerhalb der eben genannten Position dürfte die Digression innerhalb der *argumentatio*, zwischen *narratio* und Beweisführung, erzielen; auch im *exordium* erweist sie sich als vorteilhaft. In der *elocutio* wird dieses *dispositio*-Verfahren durch das Vokabular der Auslassung (*praeteritio*) hinreichend unterstützt. Wie die Überraschungen hinsichtlich der Reihenfolge etc. tragen auch Digressionen zum Effekt plötzlicher Überwältigung bei.

Auch Digressionen und Pausen haben ihre Auswirkungen. Als eine besondere Form der Pause kann die sogenannte »Vorperiode« gelten: Sie bezeichnet die Zeit zwischen dem Beginn eines

Satzes und dem Erscheinen des erwarteten Phonems; die auf diese Weise erzeugte Aufmerksamkeit ist durch zeitliche Dauer – etwa durch den Einsatz entsprechender narrativer Mittel – intensivierbar. Auf einen größeren Zusammenhang übertragen, müsste das Verhältnis von Erzähltem und Erzählzeit divergieren, ein Postulat, das sich im Hinblick auf die Rede vor Gericht zweifelsohne einfach umsetzen lässt. Von allzu kühnen Ab- oder Ausschweifungen ist abzuraten: Quintilian z.B. empfiehlt »einen nicht zu lange aufgeschobenen Redeschluss, und es soll weder etwas fehlen noch etwas überflüssig sein« (Quint. *inst.* 8, 2, 22). Hier ließen sich die Mittel der – modern gesprochen – (narrativen) Frequenz als Regulative einsetzen: In *singulativer Frequenz* wird ein einmaliges Ereignis auch nur einmal erwähnt, in *repetitiver* ein einmaliges mehrmals und in *iterativer* einmalig ein mehrmals bzw. regelmäßig vorkommendes Ereignis.

Bei der Entwicklung der *dispositio* muss der Redner hinsichtlich all der eben vorgestellten Mittel ein Gespür entwickeln für den richtigen Moment ihres Einsatzes, ist er doch auch ein Künstler des Augenblicks. Hier ist der Redner den Hörern immer einen kleinen Schritt voraus. Die Interdependenz dieser aktiven und reaktiven Phänomene wird jeweils zu einer Frage des *timings*, der kalkulierten (Un-)Ruhe, mithin der *dispositio*: Sie muss das *Cool Down* gezielt einsetzen, Ruhe- wie Erregungsphasen bestimmen und ermöglichen. Die Gestaltung der Zeit, das Tempo der Redeteile und der Argumentation im Einzelnen nehmen hier ganz entscheidenden Einfluss auf den Erfolg der Rede. Gedrängte Argumentation kann zu konstruktiver wie destruktiver – oder subversiver – »Pression« der Beteiligten führen, deren Bedrängnis sich unter Umständen im Redner selbst spiegelt.

Die *dispositio* ist ein zentraler Bestandteil der Redekunst und ihrer Lehren. Sie zeichnet sich sowohl in ihrer »natürlichen«, also maßgabengerechten (*ordo naturalis*), wie auch in ihrer »künstlichen«, also veränderten, Gestalt (*ordo artificiosus*) durch hohe Artifizialität aus: Ihr ist es zu einem wesentlichen Anteil vorbehalten, den Zufall, die *Tyche*, zu eliminieren oder performativ ins »Steuerungssystem« zu integrieren. Der Zufall, der sich als Gegner eines jeden systematischen Zugriffs erweist, muss von der *dispositio* entanonymisiert werden. Mit dieser Aufgabe betraut, stellt die *dispositio* eine Art »Gehirn« des rhetorischen Prozesses dar, will man dieses in Wolf Singers neurobiologischer Terminologie als »distributiv organisiertes, hochdynamisches System« bewerten[31] (Singer 2002, 143) – dynamisch freilich im Sinne der bis hierher formulierten Einschränkungen. Wie die *dispositio* das *quo loco* ist, das zwischen *res* und *verba* vermittelt, so ist der Architekt der Rede das Wie, das im konstruktiven Akt zwischen das Wer (Hörer) und das Was (Sache), zwischen Subjekt(e) und Objekt tritt. Dieser Befund lässt sich abschließend vielleicht mit einem Blick auf die eingangs bereits angerissene moderne Situation der Dispositionskunst erhärten. Sie ist faktisch weniger in die Strukturalistik als vielmehr in die *deskriptive* (Text-)Linguistik eingeflossen: Maßgeblich sind die von Eugenio Coseriu betriebenen *dispositio*-Studien, in denen die antike Rhetorik ausschließlich als »normative Texttheorie« verstanden wird; auf dieser Basis diagnostiziert Coseriu »ein Kontinuitätsbewußtsein«, »das in der literarischen Stilistik und über sie hinaus in der Rhetorik die Ursprünge der Textlinguistik erkennt«[32] (Coseriu 1980: 15). Die hier versammelten Ausführungen zur prinzipiellen Un(ter)bestimmtheit aller Strukturmerkmale sollten gezeigt haben, dass das Vorurteil bezüglich der reinen Normativität der *dispositio* einer Revision bedarf.

3. *Elocutio*: Der Stil der Rede

Neben der *inventio* stand im Verlaufe der Rhetorikgeschichte auch die *elocutio* im Mittelpunkt des Interesses. Immer wieder – u.a. in einigen Phasen des Mittelalters – kam es sogar zur Koinzidenz von *elocutio* als Stillehre und Rhetorik (dass dieser Effekt bis heute nachhallt, kann man daran ablesen, dass die Bezeichnung »rhetorische Figuren« oder »Stilfiguren« im allgemeinen Sprachgebrauch kaum je unterschieden wird). Auch Nietzsche bekennt sich einmal zu einer rein stilistischen Rhetorik, zumal in dem häufig zitierten Befund: »Eigentlich ist alles Figuration, was man gewöhnlich Rede nennt.« (Nietzsche 1995: II.4, 427)

So konnte es dazu kommen, dass die *elocutio* ihren Geltungsbereich im Lauf der Jahrhunderte immer weiter ausgedehnt hat: Zumal vorübergehend hat sie sich mehr oder weniger alle Bereiche der Texttheorie und -praxis angeeignet, neben Stilistik Poetik, Grammatik, Linguistik und Textwissenschaft, dazu noch Kontext- und Diskurstheorie. Die Grammatik ist von Beginn an eine besonders enge Verwandte, und so wurden *elocutio*-Fragen bisweilen auch in einschlägigen Schriften verhandelt, wie z.B. in der einflussreichen *Ars grammatica* des Aelius Donatus. In Rhetoriken blieb sie von der Spätantike bis ins Mittelalter ein Kerngegenstand, von Martianus Capella bis Notker Labeo. Auch wurde sie in der enzyklopädischen Tradition weitergegeben; hinzu kamen einige separate Traktate, die ausschließlich dem Thema *elocutio* gewidmet waren. Mit der Wiederentdeckung der gesamten *Institutio oratoria* durch Poggio Bracciolini im Jahre 1416 etabliert sich Quintilians Stillehre als verbindlich. Im Humanismus werden die Fachschriften zum Stil auch für die Praxis der *elegantiae*, gelehrter Schülergespräche, herangezogen.

Wie schon bei der *inventio*, so wird auch – und noch nachdrücklicher – im Rahmen der *elocutio* von jeher das zentrale Problem aller Kunst- und Literaturtheorie, der Konflikt um Regelhaftigkeit und kreative Freiheit, verhandelt. In Spätantike, Mittelalter und Renaissancehumanismus stört man sich nicht allzu sehr an engen Regelwerken, wofür auf die ausgefeilten *Tabulae*-Sammlungen verwiesen werden kann. Erinnert sei in diesem Zusammenhang auch an die berühmte *Rota Vergilii* mit der Auffächerung der drei Stilarten (s. dazu u. 160). Auch ist die Grenze zur Poetik besonders durchlässig: Vossius befördert die Integration von Dichterzitaten in die Stillehre. Das X. Kapitel »Von den Figuren der Poesie« in Bernard Lamys *L'art de parler* von 1675 hat international großen Einfluss auf diverse Poetiken ausgeübt, u.a. auf Gottscheds *Critische Dichtkunst*, aber auch auf Karl Philipp Moritz, der seine Überlegung auf eine *res-verbum*-Analogie gründet. Dabei setzt Lamy auf eine Engführung von Rhetorik und Sprache, indem er die Tropen zum sprachlichen Träger der Affekte erklärt. Der *elocutio* eignet damit insgesamt weniger eine Künstlich-, als vielmehr eine (sprachliche) Natürlichkeit.

Die Uneinheitlichkeit der *elocutio* hinsichtlich der Verbindlichkeit von Regeln hat die zeitweilige Verselbständigung von Teilbereichen der Rhetorik mitbedingt: Dazu gehört die Grammatik mit eher strengen und die Stilistik mit vergleichsweise lockeren Regeln. Die Abgrenzung der Grammatik von der Rhetorik überdauert immerhin die Zeit der *artes liberales*, und in der modernen Linguistik, hier: der generativen Grammatik, konkurriert eine »generative Stilistik« mit einer »generativen Rhetorik« – beide setzen immerhin voraus, dass das Regelsystem der Sprache von erblichen kognitiven Fähigkeiten gesteuert wird, und bestätigen darin den statischen Zug grammatisch strukturierten Denkens. Paul de Man indes beschreibt die *Septem artes liberales* mit Blick auf die Beziehung von Rhetorik und Literaturtheorie zu Sprache und Wissen als »Ansammlung von ungelösten Spannungen«[33] (de Man 1987: 95).

Mit Blick auf die jüngere Geschichte kann man seit dem allmählichen Wiedererstarken der Rhetorik im späten 19. Jahrhundert auch eine zunehmende Produktion von für den Schulgebrauch aufbereiteten Stilkunden feststellen. Immer wieder korrespondieren diesem Trend Appelle zu größtmöglicher Transparenz, die bis heute nachhallen: Ein aktuelles Beispiel bietet der von der Klaus Tschira Stiftung ausgeschriebene Preis für verständliche Wissenschaft (»KlarText. Preis für Wissenschaftskommunikation«). Als ob das so einfach wäre – man denke bloß an die Kapriolen, die die Hermeneutik in ihrem Verhältnis zur Rhetorik geschlagen hat (s.o. 120 f.). Und dann stellt sich die Frage, ob man das unbedingt wollen muss – verständlich sein. Auch diese Frage begleitet die Stilistik im Spannungsfeld von *perspicuitas* und *obscuritas* (s.u. 161).

Hinzu kommt die enge Kopplung von Stil und Charakter (vgl. o. 28 ff.), die in Buffons bündigem Diktum »le style c'est l'homme même« kulminiert. Der *Discours sur le style* gilt als einer der epochemachenden Aufsätze zum Stil-Thema, die das 18. Jahrhundert hervorgebracht hat. Buffon wendet sich darin gegen die Dichotomie von Inhalt und Form. Stil ist ihm die Ordnung oder Bewegung, die man in die Ideen hineinlegt; er beschreibt somit die Fähigkeit, Einsicht in die Ideen zu haben, und einem guten Stilisten gelingt es, diese Ideen in eine passende Form zu bringen. Die Harmonie von Inhalt und Form evoziert Erhabenheit (*sublimitas*). Schreiben ist Buffon Nachahmung der vollkommenen Natur. In diesem Kontext siedelt er den Gedanken von der Analogie zwischen Mensch und Stil an: Wenn Stil das allgemeine Vermögen einer Person ist, Einsicht in die Ideen zu haben und diesen formale Dynamik zu verleihen, dann handelt es sich nicht um eine erlernbare Größe. Der Stil inhäriert dem

Menschen, er ist unveränderbar, und insofern ist der Stil der Mensch selbst. Es geht Buffon mithin um eine statische Grundgegebenheit. Allerdings hat schon Hans Ulrich Gumbrecht darauf aufmerksam gemacht, dass Buffon zu Unrecht von der Ästhetik der Expressivität und der Stilphysiognomie vereinnahmt wurde.[34] Unter Stil versteht Buffon nämlich eine auf der Sinnebene lokalisierte, kognitive Fähigkeit: die des Beobachtens. Stets bleibt die Stilistik auf Tuchfühlung zur Rhetorik. Rüdiger Campe spricht hier treffend von einer »taxonomischen« Dimension des Stils (Campe 2022: 16). Aufs Ganze besehen, überwiegen die Schnittmengen zwischen Rhetorik, Stil und Sprache, vor allem hinsichtlich des gespannten Verhältnisses zur Wahrheit, und dieses wird ganz wesentlich von dem skizzierten ethologischen Trend befruchtet.

Auch die damit in einem losen Zusammenhang stehenden individuellen Freiheiten des Stils werden im Vergleich der Kategorien Nachahmung (*imitatio*) und Überbietung (*aemulatio*) diskutiert, besonders eindrücklich von Erasmus und Montaigne. In der Romantik geht der Trend auch hier eher in Richtung radikaler Freiheit. Zunächst werden die Folgen für die *elocutio* insofern konkret, als man sie auf den mündlichen Redegebrauch beschränkt wissen will. Bei Hegel bleibt als Rhetorik ein eher kläglicher Figuren-Rest, der stark vom romantischen Individualstil geprägt ist. Auf der anderen Seite entwickeln sich die größeren Einheiten von Provinz- oder Nationalstil.

Diesen Wechselgefällen korrespondiert die Spannung zwischen präskriptiven und deskriptiven Ansprüchen an den Stil: Sie äußern sich in dem changierenden Bedürfnis, Anpassungen an die Norm oder Abweichungen von ihr mit dem Etikett »Stil« zu bezeichnen.[35] Unter dieser Voraussetzung schafft »genau wie eine Kultur oder eine Weltanschauung [...] auch ein Stil ein System von Erwartungen, eine Einstellung, die gegenüber Abweichungen und

Modifikationen geradezu übertrieben empfindlich ist« (Gombrich 1977: 82).

Die Entwicklung innerhalb der Stilgeschichte ist von einigen Schwankungen geprägt, doch weist sie einen eindeutigen Schwerpunkt auf der präskriptiven Seite auf; dagegen ist das Interesse der Text- und Soziolinguistik heute eher deskriptiv. Der *linguistic turn* inkludiert auch die Wende von der *prä-* zur deskriptiven Stilistik, wobei die (Text-)Linguistik hier unterschiedliche Gebiete umfasst, nämlich: Graphemik, Phonologie, Lexikologie, Morphologie, Syntax und Semantik. Obgleich also »dem Wort ›Stil‹ [...] in unseren modernen Sprachen wohl kaum eine denotative, feste Bedeutung« eignet, es hingegen »konnotativ auf den Diskurs, in dem es vorkommt«, verweist (Zumthor 1986: 483), lassen sich bei allen signifikanten Unterschieden der Definitionsversuche doch gemeinsame Grundlagen feststellen, von denen zwei naheliegend sind: Stil ist ein Merkmal von Texten, und er basiert auf einzelnen sprachlichen Elementen. Außerdem versuchen fast alle Definitionen, den Begriff mithilfe historischer, funktionaler und/oder individueller Faktoren zu bestimmen. Denn Stil ist ein relationaler Begriff, der auf ein – sei es sprachimmanentes, sei es Außersprachliches einbeziehendes – System verweist.

Die neuere Literaturwissenschaft fordert ein Stilkonzept, das dem Modell der literarischen Kommunikation entspricht, also alle drei zentralen Instanzen – Autor, Leser und Text – berücksichtigt, da sich einzelne Stiltugenden wie Klarheit, Angemessenheit usw. erst im Wechselspiel dieser drei Größen am Text realisieren ließen. Besonders sei ein dynamisches Stilkonzept erforderlich, da Stil selbst historischen Modifikationen unterworfen sei. Dieses Postulat stellt eine Reaktion auf die soeben umrissene konventionell-dominante, produktionsästhetische Konstante in der Stilforschung dar, die Stil als *Individual-* oder *Personalstil* begreift. Hier wird Stil im Hinblick auf seine Hervorbringung im individuell-künstlerischen Schaffensprozess, also als charakteristische Schreibart eines Autors definiert. Auf solchen Überlegungen fußen die meist differenzierteren Ansätze, die Stil als Auswahl aus mehreren sprachlichen Möglichkeiten nach Stilintentionen begreifen. Die Auffassung von Stilistik als Wissenschaft der eigentümlichen Sprechweise hat auch auf die Arbeiten der berühmten romanistischen Stilforscher Karl Vossler und Leo Spitzer abgefärbt: Ihnen dient die Analyse des Stils als Methode, aus textuellen Besonderheiten innere Zusammenhänge zu erschließen, die auch die Seele des Autors, die Spezifizität der Epoche, der Nation usw. umfassen. Stil dient hier immer auch zur hermeneutischen Erfassung der individuellen Form. Das bei Spitzer zentrale Abweichungsmoment weist wiederum auf die Konzepte des gegen den amerikanischen Strukturalismus und Behaviorismus gerichteten Mentalstils (»mind style«), wo der – bewusst oder unbewusst – geformte Sprachstil auf Werthaltungen, psychische Befindlichkeiten etc. der individuellen Sprachträger zurückführt, indem er sich vor allem in grammatischen und lexikalischen Sprachformen manifestiert.

Einen gewaltigen Aufschwung erlebt die *elocutio* im Strukturalismus: Man denke etwa an Michael Riffaterres »faites stylistiques«, Stil-Analysekategorien in Form von Kontext, *pattern*, Markierung und Kontrast. Die Lütticher *Groupe* μ hat sich bemüht, linguistische Prinzipien mit rhetorischen Figuren in einen Begründungszusammenhang zu stellen.

Ähnlich den zur *inventio* gehörigen kognitiven Verfahren stehen auch die der *elocutio* im Zeichen der Entscheidungsfähigkeit des Redners: Nach einer geläufigen Definition wird Stil geradezu als Selektion bestimmt[36] (zur Wahl stehen dabei mehrere, von divergierenden Stilintentionen geleitete Ausdrucksmöglichkeiten). Welchem Stilkonzept auch immer man den Vorzug geben will:

Stets beschreibt der Prozess der *elocutio* eine kulturell determinierte Wahl (*electus*) aus der *copia verborum.*

Zum für den Stil zentralen Terminus der *copia*: Er steht für Vielfalt und Dynamik, auch wohl für die Möglichkeit, aus wenig viel zu schaffen (ähnlich wie *vis*). In diesem Begriff scheinen Manifestationsformen von Macht auf – Macht über die Sprache wie Macht über das ästhetische Empfinden von Hörern. Die *copia* umfasst auch den Wortschatz als die Gesamtheit der sprachlichen Segmente: Die *elocutio* »verwaltet [diesen] Wortschatz, steuert und lenkt die brüchigen Wörter auf Sätze hin, die Unverbrüchlichkeit erzeugen« (Mainberger 1991: 419), also Verbindlichkeiten in Aussicht stellen. Darin kommt auch sie dem Sicherheitsbedürfnis des der öffentlichen Situation ästhetischer Überwältigung ausgesetzten Hörers entgegen.

Bevor wir uns diesem verführerischen Sprachmaterial genauer widmen, sollen jedoch noch einige Informationen zur Stellung der *elocutio* innerhalb der *officia oratoris* und zur Zusammensetzung ihrer Bestandteile gegeben werden. Einen eigenen Ort erhält die *elocutio* (als *lexis* oder *phrasis*) erstmals bei Aristoteles, aber nicht als drittes, sondern als zweites *officium* zwischen *inventio* und *dispositio.* In Übereinstimmung mit Ciceros *De inventione* befindet sich der *Auctor ad Herennium*, wenn er unter *elocutio* die »Anpassung geeigneter Wörter [und Sentenzen] an den aufgefundenen Stoff« versteht (*idoneorum verborum [et sententiarum] ad inventionem accommodatio*). Später wird Cicero im Hinblick auf die *elocutio* von »Gewandung« und »Schmuck« sprechen: *ea [sc.: inventa] vestire atque ornare oratione* (»das Aufgefundene durch die Wortwahl einzukleiden und auszuschmücken«, Cic. *de orat.* 1, 142) – das greift der spezifischeren Definition Quintilians vor, der der *elocutio* (hier *eloqui*) die Aufgabe zuweist, *omnia quae mente conceperis promere atque ad audientis perferre* (»allem, was man im Geiste ersonnen hat, Ausdruck zu verleihen und den Hörern zu übermitteln«, Quint. *inst.* 8, *prooem.* 15). Verkleidung bedeutet Verhüllung nicht nur – mit Blick auf die sprachphilosophische Problematik – der Gegenstände, sondern auch der Wahrnehmung: Sie richtet sich zunächst auf die Hülle, nicht auf den in ihr verborgenen gedanklichen Kern.

Zur *elocutio* rechnen nach herkömmlicher Auffassung sowohl Regeln des Sprachgebrauchs als auch die den Einsatz von Figuren und Kompositionsmustern betreffenden Anweisungen; in späterer Zeit kommen schließlich beinahe alle Bereiche der »Vertextung« hinzu. Die einflussreiche Einteilung nach Heinrich Lausbergs *Handbuch* sieht folgende Zweiteilung vor: a) *in verbis singulis* und b) *in verbis coniunctis* (Rubrik b wird wiederum in α) *figurae* und β) *compositio* subdividiert). In jüngerer Zeit hat der Tübinger Rhetoriklehrer Joachim Knape aus den antiken Entwürfen ein (in seiner Systematik ebenfalls unverbindliches) Modell dreier Teilbereiche bezogen: »allgemeine Regeln des Sprachgebrauchs« (I), »Sprachliche Strukturen« (II) und »Stilartenlehre« (III).

Zu den »Stiltugenden« (*virtutes dicendi*) rechnen *aptum* (»Angemessenheit«), *latinitas* (»Sprachrichtigkeit«), *brevitas* (»Kürze«), *perspicuitas* (»Deutlichkeit«) und *ornatus* (»Schmuck«). Die Stilarten (»niederer Stil«: *genus humile/tenue/subtile*, »mittlerer Stil«: *genus medium/mixtum/floridum*, »hoher Stil« *genus grande/vehemens/sublime/grandiloquum*) orientieren sich wesentlich an der Kategorie des *aptum*; wiewohl diese als Wirkprinzip aller *officia* anzusehen ist, gehört sie im engeren Sinne zur *elocutio*. Es wird zwischen einem inneren und einem äußeren *aptum* differenziert; die anzulegenden Bewertungskriterien können ethisch oder ästhetisch sein.

Die Stilkategorien operieren auf der Grundlage binärer Oppositionen, d.h., die Tugenden (*virtutes*) gewinnen ihre Kontur erst im Hinblick auf die ihnen konträren (und gemeinhin zu vermeidenden) Fehler (*vitia*). Unter solche *vitia* werden Barbarismus und Solözismus rubriziert, unidiomatische Verfremdungen und syntaktische Fehlleistungen: Wegen ihrer Auffälligkeit lassen sich aber gerade sie trefflich instrumentalisieren, etwa in Redepartien, die mit eher schwachen Argumenten besetzt sind.

Hier muss besonders die *obscuritas* (»Dunkelheit«) interessieren, die negative Entsprechung der *perspicuitas*; sie kann sich bei philosophisch motivierten Fragestellungen äußerst unvorteilhaft auswirken. Auch in anderen Zusammenhängen lassen sich vor allem mithilfe von *obscuritas* Zuhörer verwirren, absichtlich oder unabsichtlich: Dieses *vitium* hat ebenso Auswirkungen auf alle anderen den Stiltugenden zugehörigen Bereiche. Sie ist auch im Laufe der Rezeption immer wieder zu einer Art *agent provocateur* geworden, so z.B. bei Konrad von Würzburg.

Besonders hohe Verdunkelungstendenz weisen Zwei- oder Mehrdeutigkeiten auf (*ambiguitas*), insofern sie einen anspruchsvolleren hermeneutischen Prozess erforderlich machen. Neben die Zwei- oder Mehrdeutigkeit treten noch mindestens der Widerspruch und die Diskrepanz zwischen dem geschriebenen Wort und dem Willen des Verfassers; beides kann einander sogar entgegengesetzt sein, ein Umstand, der Platons tiefgreifende Vorbehalte gegen die Schrift hervorgerufen hatte. Cicero erörtert solche Deutungsprobleme im Rahmen der Lehre von den Streitfragen (*controversiae* oder *quaestiones*). Hier orientiert ein Blick auf *De inventione*, wo fünf *controversiae scripti* unterschieden werden:

ex ambiguo	»aus Uneindeutigkeit«
ex scripto et sententia	»aus Widersprüchen zwischen Wortlaut und Sinn«
ex contrariis legibus	»aus widersprüchlichen Gesetzen«
ex ratiocinatione	»aus übertragenen Schlussfolgerungen«
ex definitione	»aus Bestimmungsproblemen«

Die *controversia* beruht in der Regel auf Widersprüchen in den Fakten und Gesetzestexten (respektive divergenten Meinungen und Interpretationen). Alle fünf kontroversen Fälle, besonders aber der zweite, können zum Spielball konfligierender Interessen der Streitparteien werden, wobei bald die Kläger-, bald die Angeklagtenseite auf einen Literalsinn pocht oder ihn im Gegenteil in die Schranken weist. Wo Eindeutigkeiten oder feste Sinnzuschreibungen postuliert werden, kann vor allem die schriftlich fixierte Sprache dem Recht Gewalt antun, indem sie es starren Strukturen unterwirft – wie vage deren Ursprung auch sein mag. »Vage« ist zumal der erste kodifizierte Urgrund des Rechts selbst, die legendären römischen Zwölftafelgesetze, deren fragmentarisch-oralen, mithin virtuellen Charakter Marie-Theres Fögen in ihren *Römischen Rechtsgeschichten* offengelegt hat:[37] Schon diese Zwölftafelgesetze verkörpern die eigentümliche Dialektik von Einheit und Differenz, insoweit »Rechtstexte, die in der Regel zwecks Klarheit, Bestimmtheit und ›Rechtssicherheit‹ verschriftlicht wurden, [...] in sich [...] das Gegenteil [bergen]: Sie provozieren unvermeidlich eine Differenz von Text und Interpretation.« Ausdruck dieses Paradoxes ist bei den Römern das »Medium der Quelle selbst« – »die auf Tafeln gebannte, ins Gedächtnis gebrannte Schrift« (Fögen 2002: 82 ff.).

Das Problem der Uneindeutigkeit weist über die juristischen Zusammenhänge hinaus auf eine unumstößliche Bedingung nicht nur des Geschriebenen, sondern überhaupt jeden Sprechens, insofern »wirkliche Eindeutigkeit [...] nur dann gegeben [wäre], wenn jede Res [...] ein eigenes nur für sie bestimmtes Verbum hätte« (Groddeck 1995: 104). Jede Form von Ambiguität zeugt vom Wissen um diesen »unbehebbaren Defekt von Sprache« (ebd.), den jeder »ungebetene Nebensinn« noch verstärken muss: Ambiguität lässt immer »die Wahl zwischen zwei Sinnen«, etwa einem vorder- und einem hintergründigen Sinn. In dieser Offenheit liegt aber auch die Möglichkeit der spontanen Evidenz obskurer Sachverhalte (ebd.: 144): Die Figuren der Verdunkelung tragen paradoxerweise die Möglichkeiten zu ihrer eigenen *Klärung* in sich, sie sind auto-logisch allein durch das ihnen innewohnende Potential zur Entdeckung.

ornatus: Tropen und Figuren

Die ästhetische und intellektuelle Leistung der Wortwahl fokussiert sich vornehmlich auf Figurentaxonomien, genauer gesagt auf die Auswahl und Kombination von Tropen und Figuren. Als je besondere Konfigurationen des Redeschmucks sollten Tropen und Figuren ökonomisch eingearbeitet werden, um Glanzlichter im sprachlich-gedanklichen Dickicht zu setzen, nicht aber die Hörer durch Unmäßigkeiten zu überfordern oder gar zu langweilen.

In einfacher Unterscheidung werden Tropen als übertragene Einzelwörter, Figuren hingegen als Wortgruppen bestimmt. Auf das Problem ihrer Zuordnung möchte ich nur kurz hinweisen: Bekanntlich können Tropen nicht immer deutlich von Figuren abgesetzt werden, auch sind Wort- und Gedanken- bzw. Sinnfiguren oft nicht eindeutig voneinander zu unterscheiden.

Zu diesen Anordnungs- und Abgrenzungsproblemen kommt eine entscheidende hermeneutische Bedingung hinzu: »Der Ornatus mit seinen Figuren und Tropen ist im Text [...] nicht einfach gegeben, sondern entfaltet sich erst im imaginären Raum zwischen Text und Lektüre.« (Groddeck 1995: 15) Demnach würden Figuren und Tropen erst beim Vollzug der Lektüre er- bzw. gefunden: Dieser Vorgang beschriebe eine Art »Lese-Allegorie« im Sinne Paul de Mans. Wolfram Groddeck beobachtet ein vergleichbares allegorisches Modell schon in der *Herennius-Rhetorik*, vorausgesetzt, »Text« und »Lektüre« werden in diesem Verfahren durch *elocutio* (bzw. *inventio*) und *memoria* ersetzt (ebd. 112): »Die Lektüre selektiert, erweitert, verschiebt und ersetzt die Bedeutungen der gelesenen Texte, sie entstellt den Sinn, den sie im Text voraussetzt.« (ebd.: 16) In der rhetorischen Variante »verschiebt und ersetzt« die *memoria* die Bedeutung der textuell entfalteten Stilfiguren. Schon im bloßen »Versuch, über Rhetorik zu reden, [entsteht] unversehens auch eine Reflexion des Lesens«: Jeder Entwurf einer Produktionsästhetik, jede Definition der *officia oratoris* enthält demnach eine implizite Theorie des Lesens, mithin ein allegorisches Deutungsmodell. Nicht nur die *Herennius-Rhetorik*, auch die in anderen rhetorischen Schriften verhandelte *elocutio* darf als eine solche implizite Lesetheorie gelten.

Sprache und Handlung fallen in der *elocutio* in eins, wenn sie aus dem Blickwinkel der Sprechakttheorie betrachtet werden. Das hat sich nicht immer zum Vorteil der Stilistik ausgewirkt: Bisweilen war zu beobachten, wie sie gegenüber der als »Rhetorik der Argumente« gefassten Sprechakttheorie und der »persuasiven Kommunikation« an Bedeutung verlor (Plett 2000: 18). Die Handlungsdimension von Sprache wurde bekanntlich vor allem von John L. Austin ins Spiel gebracht.[38] Sprache ist demzufolge grundsätzlich als Handlung bzw. Tätigkeit definiert, und alle über bloße Feststellungen hinausweisenden Äußerungen gelten als »Sprechakte«. Erst recht wird die einer Äußerung zugrunde liegende Absicht als Verhaltenskategorie eingestuft. In Austins Theorie kann Sprache schon wegen ihrer Handlungsperspektive nicht autonom funktionieren.

Problematisch wird es immer dann, wenn die Sprechakttheorie sich an allzu optimistische Subjektvorstellungen klammert: Hier gerät rasch auch die Intention in Verdacht, zumal wenn sie zu eng an das Subjekt gebunden wird – auch das Urteil darüber, ob ein Sprechakt glücke oder misslinge, wird nicht selten der

Perspektive eines starken (und darin verallgemeinerbaren) Subjekts anheimgestellt. Diese Bewertungskategorien sind ebenso fragwürdig wie die den konstativen Äußerungen zugewiesenen »wahr-falsch«-Kriterien. Die hier versammelten Kritikpunkte hat mit großem Nachdruck Jacques Derrida in *Limited Inc* angebracht; er konterkariert in diesem Zusammenhang auch ganz allgemein den Repräsentationscharakter von Sprache, der von der Sprechakttheorie in weiten Teilen unhinterfragt vorausgesetzt wird.

Die systematische Darstellung der Tropen musste großangelegter Stilkunde von jeher zum Problem werden. Wie im Bereich der *inventio* die Topik, repräsentiert hier die Tropik den Mikrokosmos jedes *in nuce* zum Scheitern verurteilten Ordnungsversuchs: »Wenn die Ordnung der Tropen systematisch ist, besteht keine Hoffnung, mittels der Tropen an den Rand des Netzes (oder gar über ihn hinaus) zu gelangen.« (Strub 2004: 29) Das Netz besteht hier aus Verknüpfungen, an ihren Rändern könnte sich ein leerer, unstrukturierter Raum auftun, der aber wohl auf immer unzugänglich bleiben müsste – es sei denn, die Tropen werden ontologisch aufgewertet, so dass sie bestimmbar und erkenntnistheoretisch konstant bleiben. Aufgrund der wesentlichen Dynamik der rhetorischen Tropen allerdings, die umfassende systematische Zugriffe nicht zulässt – die Tropen erwecken bisweilen den Eindruck, als stellten sie sich »unwillkürlich« ein –, verbleibt die Rhetorik im Ganzen *innerhalb* des Netzes der unüberschaubaren Verknüpfungen ohne Aussicht auf klar bestimmbare Überschreitungsleistungen. Wieder einmal handelt es sich also um ein produktives Scheitern; die unermessliche Vielfalt der Tropen und die definitorischen Probleme sichern Redner und Redetext kreative Spielräume.

Es ist vor allem die Frage der »Übertragbarkeit« der Tropen, von der diese Freiheiten abhängen; sie steht in engem Zusammenhang mit den Bedingungen der Möglichkeit »eigentlichen«

bzw. »natürlichen« Sprechens. Tropen bemänteln eigentliches Sprechen: Dadurch ermöglichen sie immer auch die Bildung von Distanzen. Auf der anderen Seite suggerieren Tropen die Möglichkeit einer Nähe, d.h. *Distanzlosigkeit* zwischen Sprache, Sache und Interpret: In Hayden Whites der Rhetorik verpflichteter Geschichtstheorie hat gerade die Annahme einer solchen Distanzlosigkeit zur Definition des »troping als ›Vertrautmachen des Unvertrauten‹« geführt[39] (Gretz 2004: 472). Das bedeutet nichts anderes, als dass Neues mithilfe rhetorisch wirkender, also flexibler, anpassungsfähiger, übertragungsbereiter Kategorien in ein bewährtes Koordinatensystem eingefügt wird.

Die tropische Paradoxie hinsichtlich Distanzbildung und Künstlichkeit versinnbildlicht auf ihre Weise den »Tropenzwang der Sprache«, dessen Tragweite sich mit Christian Strub folgendermaßen formulieren lässt: »Wir entkommen dem System der Tropen selbst dann nicht, wenn wir es töten wollen; es existiert als Wiedergänger weiter.«[40] (Strub 2004: 35) Man kann es auch dekonstruktivistisch(er) formulieren: Wir produzieren »Tropen aus der Freiheit heraus, einen Umweg zu machen« (ebd.: 36). Dieser – doch wohl ästhetische – »Umweg« und seine Seitenpfade weisen in Richtung Uneigentlichkeit oder Unmittelbarkeit.

Als Haupttropen können Synekdoche, Ironie, Metapher und Metonymie gelten. Vor allem hat die Metapher ihren besonderen Ort in der spannungsreichen Beziehung von Rhetorik und Philosophie: Unter den Philosophen, die ihre Verpflichtung gegenüber der Rhetorik nicht verleugnen, hat Hans Blumenberg am deutlichsten die Metaphernverwiesenheit allen philosophischen Denkens ausgesprochen.[41] Diese Diagnose liegt in seiner Theorie der Unbegrifflichkeit begründet, in der Notwendigkeit also, der wissenschaftlichen, philosophischen Sprache bildhafte Gestalt zu verleihen, um sie so für das geistige Auge sichtbar zu machen. Es sind Bilder, die artikulieren, was in einer abstrakten, unanschaulichen Wissenschaftssprache ausdruckslos bleiben müsste. Die solchermaßen fundierte Metapher konnte vor allem aufgrund ihrer kommunikativen Funktion und kontextuellen Entfaltung als »Grundprinzip menschlicher Erkenntnisleistung« aufgefasst werden (Riesenweber 2007: 35).

Die große Bedeutung der Metapher im Diskurs der Übertragungs- und Anschaulichkeitsmedien erklärt sich vor allem aus ihrer *als-ob*-Disposition. Immer bezeichnet die Metapher etwas *als* etwas; sie gleicht darin dem Geschehenslauf des Sehens (als Sehen von etwas *als* etwas) sowie überhaupt jedem Erkenntnisvorgang (als Erkennen von etwas *als* etwas). Allen Zugeständnissen an Verschiebungs- und Bedeutungsunendlichkeit zum Trotz funktioniert metaphorische Übertragung im Rahmen der Rhetorik (wie auch in der Kunsttheorie), indem gewisse »Objektivitäts«-Kriterien *zum Schein* aufrechterhalten werden: Nur so kann sie als Überzeugungsmittel eingesetzt werden. Das Verhältnis von Bedeutungsoffenheit und Objektivität korrespondiert dem zwischen Schein und Sein: So liegt es denn auch zu einem wesentlichen Teil an der Metaphorik als Wissenschaft derjenigen Tropen, die auf eine Entfremdung von Kunst und Wahrheit hinauslaufen, dass die Rhetorik als ernst zu nehmende Wissenschaft in Misskredit geraten war. Der *Skeptiker* einer modernen, messungsversessenen Zeit mag sich über die Entdeckung freuen, dass gerade »die als Metaphorisierungen bezeichneten Prozesse auf der neurologischen Ebene gar nicht als solche nachgewiesen werden [können]« (Buss 2004: 316).

Das gilt in unterschiedlichem Maße auch für andere Tropen und Figuren, von denen einige hier nun noch etwas genauer verhandelt werden sollen. Da sind zunächst die unter *imagines* versammelten Figuren, die gewisse Gemeinsamkeiten mit der Metapher aufweisen. Darunter werden verschiedene Arten von Bildlichkeit bzw. Anschaulichkeit subsumiert (»sich vor Augen stellen«).

Das Evidenzerlebnis ist immer ein präsentisches, augenblicksbezogenes. Wie bei der Metapher sollen die *imagines* am besten unmittelbar wirken. Dabei werden in der Vorstellungswelt Fiktionen und Fakten nicht selten ineinander geblendet.

Unter den theorieaffinen Gedanken- bzw. Bildfiguren ist auch die pathoserregende Apostrophe zu nennen (eigentlich eher ein Verfahren denn eine Figur): Sie wird den Medien der Publikumsansprache zugeordnet und kann sich auch in Form von Allegorien, Visionen, Gebeten, Flüchen etc. in einer Rede entfalten. Die Apostrophen dienen auf der Ebene der Redefiguren sowohl kognitiven als auch affektischen Zwecken (mit Tendenz zum Komischen). Ob die angesprochenen Personen anwesend, abwesend oder fingiert sind oder ob Gegenstände personifiziert werden, macht für die pathetische Wirkung kaum einen Unterschied. In jeder Form versinnbildlicht die Apostrophe »das plötzliche Heraustreten aus einer sprachlichen Situation oder Stimmung, verursacht von einer Überwältigung durch den Affekt« (ebd.: 91), mit anderen Worten: »Die Apostrophe ist sozusagen ein pathetischer Verzweiflungsschritt des Redners« (Lausberg 1990: 377 f.), der anzeigt, dass er sich vor einem drohenden Aufmerksamkeitsverlust fürchtet.

Zum Spektrum der Wiederholung gehört konkret die auf den Eindruck der Unmittelbarkeit zielende *geminatio*, im weiteren Sinne auch die ihr zuzuordnende, im Ansatz chiastische Anadiplose (als *reduplicatio*), die als Figur der Wortwiederholung Sinnakzent und Struktur dient und dabei die Satzgrenze transzendiert. Auch die zur Anadiplose gehörige *gradatio* (»Steigerung«) darf als Wiederholung aufgefasst werden, als Wiederholung auf Distanz; sie kann, wie in Ciceros berühmter erster *Catilinarie* (1, 2) die Form einer *correctio* annehmen (*hic tamen vivit. Vivit?* – »Dieser lebt dennoch. Lebt er?«). Ähnlich funktioniert die Interaktion zwischen Anapher und Epipher, die sich in Form der Symploke (*complexio*) trefflich kombinieren lassen. In dieser Hinsicht ragt unter den Figuren der Wiederholung schließlich noch die Anaklasis (»Umbiegung«) heraus, die zu den Grundelementen der *Groupe* μ gehört: Sie kann sowohl ein homonymisches Wortspiel als auch eine Wiederholung gleich- oder ähnlichlautender Wörter mit Bedeutungswechsel (und auch verschiedener etymologischer Abkunft) bezeichnen. Auf ihre besondere Weise versinnbildlicht sie die paradoxe Verschränkung von Künstlich- und Natürlichkeit: Indem sie »die Rhetorik [...] vom Schein der Natürlichkeit [befreit], stellt [sie] diese aber auf der Ebene der Vorstellung wieder her« (Mainberger 1991: 417). Die Anaklasis suggeriert also eine Sicherheit, indem sie es zulässt, dass der Hörer die Wörter an den ihm vertrauten Stellen seines semantischen Koordinatensystems einordnet, schafft aber durch die auf den zweiten Blick erkennbare Sinnveränderung Verwirrung. So belegt sie, wie die Rhetorik gerade an den Systemstellen, wo sie reibungslos zu funktionieren scheint, die tiefsten Abgründe zeigt.

Außerdem werden »Wiederholungsfiguren [...] erst im Kontext eindeutig pathetisch, meistens im Zusammenspiel mit Figuren der Plötzlichkeit« (ebd.: 94). Zu solchen Figuren der Plötzlichkeit gehört die Aposiopese (*reticentia*; vgl. Cic. *de orat.* 3, 205), der plötzliche Abbruch mitten in der Ausführung eines Gedankens oder Arguments. Im Bereich der Wortfiguren können Ellipsen, Zeugma- oder *apo-koinou*-Konstruktionen ähnliche Irritationen hervorrufen, bei den Gedankenfiguren die Auslassungsformel der *praeteritio*. Emphasen und Übertreibungen dienen einem vergleichbaren Zweck. Durch an den richtigen Punkten eingefügte Antonomasien hinwiederum kann die Aufmerksamkeit subtil (oder subversiv) auf dezidierte Merkmale einer Person oder Sache gelenkt werden. Ekphrastische Verfahren vermögen gezielt abzulenken, geschickt platzierte Gnomen die Hörer in (Schein-)Sicherheit zu wiegen.

Interjektionen richten sich unmittelbar an die Emotionen der Hörer, indem sie kaum mehr als spontane Anreize zur kurzzeitigen Hinwendung bieten. Bei ihrer Verwendung ist besondere Sensibilität gefragt: »Wo sie spontane Affekte simulieren, [müssen] sie sparsam eingesetzt werden«, denn »zu viele Interjektionen wirken ›unnatürlich‹« (Dachselt 2003: 89). Grundsätzlich aber transportieren Interjektionen auch einen symbolischen Gehalt als Indikatoren spezifischer situativer Affekte. Auch stehen sie in ihrer Pathosgebundenheit in einem effizienten Spannungsverhältnis zu formaler Stringenz, d.h., sie dienen mitunter dazu, allzu starre Textstrukturen aufzubrechen.

An die auditive Wahrnehmung richten sich besonders die Figuren der Klangähnlichkeit, Polyptoton, Homoioteleuton, Alliteration und vor allem die Paronomasie: Was Wolfram Groddeck in seinem Rhetorik-Buch für die Dichtung entwickelt, gilt auch für die Techniken der Rede. Verdunkelung von Referenz gehört zu den subtileren Zielen der Paronomasie, die auf oberflächlicher Ebene in Diensten der *perspicuitas* steht. Kognitive Spielräume werden durch Polysyndesen ermöglicht, wohingegen Asyndesen auf sinnliche Überwältigung abzielen. In besonderer Spannung gehalten werden die Hörer durch Hendiadyoin, Enallage und Prolepse.

Die Klangfiguren stehen auf der Schwelle zu den Kompositionsmodellen. Schon aus diesem Grund ist die Metrik als musikalisches Gestaltungsmedium später nicht nur Teil der Poetik, sondern auch der Rhetorik geworden. Die Musikalität der Sprache ist Gegenstand der Kompositionslehre, eines weiteren Teils der *elocutio*. Ein harmonischer, Inhalt und Form in Übereinstimmung wiegender Prosarhythmus erscheint geradezu als natürliches rhetorisches Bedürfnis und ist in Anlehnung an die Modalitäten der Dichtkunst seit den Tagen der Thrasymachos und Gorgias konsequent weiterentwickelt worden. Innerhalb der *compositio* sind das

Satzganze, die Wortfolge, der Rhythmus und die Figuren aufeinander zu beziehen. Einschnitte im Satz (*kommata* und *kola*) sowie Schlussklauseln unterstützen den gefälligen Klang.

Das künstliche Strukturprinzip übernimmt einmal mehr die Aufgaben des natürlichen; im idealen Zusammenspiel von Modulation und Bewegung regelt der Rhythmus den »Atem« der Rede, welcher dem Atem des Redners übergeordnet zu sein scheint. Unter dieser Voraussetzung ist, mit Nietzsche zu sprechen, »eine Periode [...], im Sinne der Alten, vor Allem ein physiologisches Ganzes, insofern sie von Einem Athem zusammengefasst wird. [...] wir haben eigentlich kein Recht auf die grosse Periode, wir Modernen, wir Kurzathmigen in jedem Sinne!« (Nietzsche 1988: V, 190) In seinem spannungsreichen Entwurf erhellt Nietzsche einen Paradigmenwechsel zwischen Antike und Moderne, der einmal *zugunsten* vormoderner Ästhetik ausgeht.

4. *Memoria*: Vom Auswendiglernen

Das Gedächtnis ist das »Schatzhaus aller Dinge« (*thesaurus rerum omnium*) – Cicero bannt seine herausragende Bedeutung in dieses Bild. Ein gutes Gedächtnis gilt als entscheidende Qualifikation des Redners: Seine rhetorische Aufgabe, das Auswendiglernen der Rede, liegt zwischen *elocutio* und *actio*. In der *memoria* vor allem wird aber auch offenbar, wie sehr die fünf *officia* einander bedingen: Nicht nur, dass die Erinnerungsfähigkeit des Redners als Voraussetzung jedes produktionsästhetischen Schrittes angesehen werden muss; die *memoria* bedient sich auch ihrerseits der *inventio*, der *dispositio* und der *elocutio* als Instrumenten der Vergegenwärtigung. In ihr bündeln sich nicht nur die Strukturen und Resultate der vorangegangenen *officia*, so dass sie als Mikrokosmos am Makrokosmos der Rede partizipiert.

Dahinter steht nicht nur eine ausgeklügelte Praxis des Auswendiglernens, sondern auch eine komplexe Theorie. Zu einer realistischen Einschätzung dieses theoretischen Gehalts antiker rhetorischer Mnemotechnik und ihres Einflusses auf die moderne Gesellschaft ist Niklas Luhmann gelangt. In einer aus dem Nachlass erschienenen Studie assoziiert Luhmann Rhetorik und Mnemotechnik *einschließlich* ihrer antiken Fundamente mit moderner Kommunikationstheorie:

»Die Rhetorik mit der Topik und der ganzen Apparatur der loci bot zuerst ein Repertoire an Themen, aus dem die Kommunikation schöpfen konnte. In einem viel allgemeineren Sinn als die bloße Verweisung auf die ars memoriae [...] war die antike Rhetorik Grundlage des Gedächtnisses der Gesellschaft. Auf ganz andere Weise und unter anderen Voraussetzungen ist diese Funktion vom System der Massenmedien übernommen worden.« (Luhmann 2000: 172)

Bereits in den antiken Ausführungen manifestieren sich zwei weitere mnemotechnische Voraussetzungen: eine sprachliche und eine hermeneutisch-kommunikationstheoretische Seinsweise der Erinnerung. Die Abhängigkeit von der sprachlichen Verfertigung eröffnet der Erinnerung zunächst Spielräume:

»Die Sprache ist eine merkende Kraft und der ›sprachbildende Mensch‹ ein Gedächtniskünstler. Unter dem Aspekt der menschlichen Gedächtnishaftigkeit ist Sprache das immer vorläufige Resultat und zugleich die einzige Zugänglichkeit eines Prozesses, in dem das Verhältnis des Menschen zur Wirklichkeit des ständigen Werdens überhaupt merkbar wird.« (Thüring 1994: 77)

Die Erinnerung funktioniert jedoch nur so lange, wie das System der Sprache unversehrt und zugänglich ist. Gerät dieses ins Wanken, wird auch jene beeinträchtigt; das Vergessen gehört ebenso zum Gedächtnis wie die Erinnerung. In Anlehnung an die Überlegungen Henri Bergsons, wie er sie in *Materie und Gedächtnis* anstellt, ist der *custos*, das Gedächtnis, eine »sich dauernd verändernde, eminent lebendige, individuelle und geistige Realität« (ebd.: 17). Dabei gehen unmittelbare sinnliche Wahrnehmung und memorative Schaffenskraft in der Gedächtnisleistung eine enge Verbindung ein.

Zunächst ergibt sich eine interessante Perspektive auf die Zuordnung der Zeitstufen zu den drei rhetorischen *genera dicendi*: Gemeinhin soll sich das *genus iudiciale* auf die Vergangenheit beziehen, das *genus demonstrativum* auf die Gegenwart und das *genus deliberativum* auf die Zukunft. Für das im Mittelpunkt stehende *genus iudiciale* könnte eine Emphatisierung der Vergangenheit weitreichende Folgen haben: Da der Redner einen bereits geschehenen Fall, ein Ereignis der Vergangenheit also, verhandelt, sollte es ihm gelingen, *in seiner Darstellung* Vergangenheit und Gegenwart zur Koinzidenz zu bringen. Mithilfe der schon im Rahmen der *elocutio* besprochenen sprachlichen Materie der Stilmittel (vor allem den der Präsenzerzeugung dienlichen) kann er *auch in seinem Gedächtnis* den Weg von der Vergangenheit in die Gegenwart des Gerichtshofes abschreiten, um die persönliche wie allgemeine Distanz schließlich aufzuheben.

Die für die moderne Diskussion der *memoria* zentrale Unterscheidung zwischen individuellem und kollektivem kulturellen Gedächtnis prägt also auch die antike Rhetorik, wie nicht erst Giambattista Vico bemerkt hat. Im Grunde ist bereits die antike Memoria eine disziplinenübergreifende Angelegenheit, wenn auch für die Disziplinen selbst die Namen weitestgehend noch fehlten: Heute ist sie allgegenwärtig in der Neurobiologie, in den Kognitionswissenschaften, in der empirischen Psychologie oder in der Gehirnphysiologie. Die medizinischen Perspektiven scheinen allerdings mittlerweile zu überwiegen, wo sie seinerzeit mit den geisteswissenschaftlichen (*ante litteram*) einhergingen (Hirnphysiologisches zur *memoria* findet sich z.B. bei Dr. Galen). Diese verloren, nach einem kurzen kulturwissenschaftlichen Hype, immer mehr an Relevanz.

Woher mag das rühren? Nun, natürlich ist jeder Teilbereich der Redekunst von ihrem allgemeinen Niedergang mehr oder weniger stark betroffen. Bei der *memoria* kam noch eine unterstellte Nähe zur Scharlatanerie hinzu, die bisweilen bizarre Ausmaße annahm: Wer mit seinem Gedächtnis zu (be)zaubern wusste, konnte sich wie Roger Bacon oder Giordano Bruno – um nur zwei prominente Beispiele anzuführen – mit dem Vorwurf der Magie konfrontiert sehen. Vor allem, wo es um die Kunst aktiven, gesteuerten Vergessens ging, lag Misstrauen nicht fern. Das war bereits in der Antike so: Wenn sich ein ausgezeichnetes Erinnerungsvermögen nicht als starke Willensleistung interpretieren lässt, wird es auf göttlichen Ursprung zurückgeführt; skeptischere Geister freilich haben etwa die immense Gedächtniskraft des Archegeten Simonides auf übermäßigen Drogenkonsum zurückgeführt. Von Kant, der die *memoria* für eine assoziative Angelegenheit hält, wird eine ironisch anmutende Notiz über seinen diebischen Diener kolportiert: »Der Name Lampe muss nun völlig vergessen werden.« (Wasianski 1804: 122) Auch wenn die *ars memorativa* in der modernen Rhetorik keinen expliziten Platz mehr innehat, taucht sie in verwandten Zusammenhängen immer wieder auf, häufig an prominenten Stellen wie etwa dem Gedächtnispalast des Sherlock Holmes, der in der BBC-Serie *Sherlock* mit Benedict Cumberbatch besonders attraktiv bebildert worden ist.

Memoria und Mnemotechnik: Gedächtniskunst als Bildkunst

Rhetorische *memoria* bezeichnet Gedächtnis und Erinnerungsvermögen; sie funktioniert auf der Basis von Auswendiglernen und Wiedererinnerung. Bei allen Mnemotechniken wird, in Analogie zu natürlicher und künstlicher Ordnung der *dispositio*, zwischen einer natürlichen und einer künstlichen *memoria* unterschieden. Dazu kommt die Binnendifferenzierung zwischen Sach- und Wortgedächtnis: *memoria rerum* gegen *memoria verborum*. Im Verlauf der *memoria*-Geschichte lässt sich beobachten, dass sich die Erinnerungsstrategien zunehmend an den Hörern und ihren Gedächtniskapazitäten ausrichten, weniger an den Rednern.

Es gibt drei *loci classici* in der antiken rhetorischen Didaktik, die sich eingehender mit der Mnemotechnik befassen (in chronologischer Reihenfolge): *Herennius-Rhetorik* 3, 28–40, Cicero, *De oratore* 2, 351–60, und Quintilian, *Institutio oratoria* 11, 2, 1. In den Worten Anselm Haverkamps hat »die Urszene der Gedächtniskunst, *ars memoriae*, [...] ihre unübertroffene Inszenierung in Ciceros Darstellung gefunden« (Haverkamp 1993, IX), deren Nachwirkung bis in die imaginären Paläste der Warburg-Schule und die künstlichen Welten einer datenversessenen Postmoderne hineinreicht.

Die Definition innerhalb der Simonides-Anekdote lautet:

> »Daher sollten diejenigen, die diesen Teil ihres Talents pflegen wollen, Plätze auswählen und sich das, was sie in Erinnerung behalten wollen, im Geiste bildlich vorstellen und an diesen Plätzen festsetzen; so werde es dazu kommen, dass die Ordnung der Plätze die Reihung der Dinge bewahre, dass die Vorstellung von den Dingen aber die Dinge selbst bezeichne, und dass wir die Plätze statt Wachstäfelchen, die Abbilder statt der Buchstaben gebrauchen.« (Cic. *de orat.* 2, 354)

Zugrunde liegt also ein System optischer, visueller Gedächtnishilfen, bei dem Begriffe oder Dinge in Bilder transferiert werden:

Eine bestimmte Anzahl von (realen) Örtlichkeiten wird in einem Raum oder in einer Reihe angeordnet und nummeriert, so dass sich ein festes architektonisches Schema ergibt. An diesen Stellen werden *imagines* angebracht und bei Bedarf abgerufen. Aufs Ganze besehen, handelt es sich also um eine Kombination aus *res* und *verba* (dem sprachlich-gedanklichen »Erinnerungsmaterial«), aus *loci*, *ordo* und *imagines*. Die räumliche Anordnung der Gedächtnisbilder stellt eine spezifische Ausformung der Topik dar. Von einer gestaltbaren Ordnung geht als Erster Simonides aus, als Vollender gilt Metrodorus aus Skepsis. Die *imagines* dokumentieren einmal mehr den Primat des Gesichtssinns in der Wahrnehmung (wobei auch Synästhesien eine größere Rolle spielen).

Immer können die Bilder durch Personen ersetzt werden (*loci a persona*). Schließlich verbindet »die Pragmatisierung der mnemonischen Prozedur [...] die Mnemotechnik nicht nur mit der Tropenlehre, sondern auch mit der Argumententopik der Rhetorik« (Lachmann 1993: XXI). Mit der Ausdifferenzierung der Schriftkultur wurden auch die Verfahren der Mnemotechnik in diesem Punkt ab dem Mittelalter immer ausgefeilter. So gebrauchte man z.B. alphabetische und numerische *loci* an den Seitenrändern oder Tierkreiszeichen. Diagramme, Raster und Vergleichbares wurden genutzt und in ihrer Ausgestaltung immer kleinteiliger, was in der »Maschinisierung« der Gedächtniskunst gipfelte: Leibniz musste sich dafür kritisieren lassen, wenn er in diesem Zusammenhang sogar von einem »Uhrwerk« sprach. Schließlich werden die mechanistischen Formationen der *memoria* auch als ursächlich für das Entstehen einer »écriture automatique« angesehen. Dabei wird die memoriale »Seelenmaschine« durchaus auch als (selbstkritische) Metapher gebraucht. Schon der in diesem Zusammenhang verwendete Architektur-Begriff wurde, konkret im Lullismus, auf eine universelle, topische *memoria* bezogen.

Auch in der *Utopia* des Thomas Morus ist die Gesellschaft der Zukunft mnemotechnisch im Schriftraum organisiert. In der Frühen Neuzeit, die man getrost als Blütezeit der *ars memorativa* bezeichnen kann, entstehen jedenfalls eine ganze Menge themenbezogener Traktate.

Die hohe Gewichtung pragmatischer technischer Verfahren sollte allerdings nicht darüber hinwegtäuschen, dass es sich bei der Erinnerungskunst auch – und zwar von jeher, wie wir gesehen haben – um einen *phantastischen* Akt handelt. Ebenso ist der Einfluss der individuellen Flexibilität des Memorierenden auf die Gestaltungsprozesse nicht zu unterschätzen. Sein Talent ist ihm zweite Stütze, er ist auch seinem persönlichen Gedächtnis und seinem individuellen *iudicium* verpflichtet. Diese spezifische Bedeutung des Urteils im Zusammenspiel mit den memorialen Agenten wird dann wieder Kant betonen, der, wie nach ihm u.a. Hegel, zwischen einer mechanischen, einer erfinderischen und einer urteilenden Gedächtniskraft differenziert.

Den größten Freiraum bietet von jeher die bildliche Aufbereitung. *Imagines* bilden eine zentrale Größe auch über die reine Gedächtniskunst hinaus: Noch Freud denkt sie von der *ars memorativa* her. In der Mnemotechnik können bewegte Bilder, sogenannte *imagines agentes*, die stärkste Wirkung entfalten. Darunter sind aktive, also die Verrichtung von Tätigkeiten visualisierende Bilder zu verstehen, die zugleich möglichst präzise und deutlich sein sollten: »Sie stellen menschliche Gestalten mit auffälligen und ungewöhnlichen Zügen und in auffallend dramatischen Situationen dar.« (Yates 1990: 21) Hier ist es vor allem Henri Bergson, dem wichtige Differenzierungsleistungen zu verdanken sind. Er grenzt nicht nur eine »materielle« Wahrnehmung von einer »geistigen« Erinnerung ab (Bergson 1991: 33), sondern unterscheidet auch zwischen »Bildbewegung« und »Bildzeit« (ebd.: 26). Die »Vorstellung eines abwesenden Bildes« (ebd.: 235) ist also eher geistig denn materiell; gleichwohl handelt es sich nur um einen Intensitäts-, nicht aber um einen Wesensunterschied: Beide Bereiche seien nur »de iure«, nie »de facto« voneinander zu trennen. Diese Voraussetzungen zusammengenommen, »mauserte sich«, so Anselm Haverkamp, »vormoderne Mnemotechnik vom antiquarischen Steckenpferd aus dem Warburg-Stall zum postmodernen Renner« (Haverkamp 1993: IX):

»es scheint [...], daß das Thema *memoria* seine paradigmatische Rolle für das philosophisch bestrittene Erkenntnisinteresse der Rhetorik erst aus einer Umkehrung des im hermeneutischen Ungleichgewicht von Wahrheit und Methode festgefahrenen ›Konflikts der Interpretationen‹ beziehen kann: unter Voraussetzung einer Umwertung des epochalen Konflikts von Rhetorik und Philosophie. Die bestrittene Wahrheit der Tropen und Figuren als ›heuristischer Fiktionen‹, nicht bloß der heuristische Wert verborgener Metaphern auf dem Wege ›vom Mythos zum Logos‹, findet in der *memoria* ihr geheimes Recht und eine Legitimität, die nicht so leicht durch persuasiven Erfolg zu kompromittieren ist, die andererseits aber auch nicht in der Funktion philosophischer Termini aufgehen kann, sondern in einem die der [sic] Rettung der Phänomene und der Lesbarkeit von Welt, aber auch der Erinnerung von Geschichte ist.« (ebd.: XIII)

»Umwertung des [...] Konflikts« heißt zwar nicht zwangsläufig, dass die Rhetorik im umfassenden Sinne die Stelle der Philosophie besetzte: Doch hat sie in der *memoria* ein Arsenal entwickelt, in dem alle Waffen lagern, die sie bei Bedarf gegen die Philosophie richten könnte. Die Technik dieses Arsenals ist ihrem Inhalt analog – sie ist so konstruiert und abgründig wie die Erinnerung selbst, die Erinnerung als Lebenselixier einer jeden Geisteswissenschaft, gerade auch der (nicht nur platonischen) Philosophie. Auch hier ist es wieder nur die Rhetorik, die sich zu ihrer eigenen Artifizialität bekennt. Wer glaubt, die Rhetorik ohne ihre mnemotechnische Theoriebildung und deren philosophische Wegweiser diskutieren zu können, der hat von ihrer äußerst effizienten Selbstverteidigung wenig begriffen (oder ist gar nicht erst auf sie aufmerksam geworden).

Die Urszene der Gedächtniskunst im Spannungsfeld von Erinnern und Vergessen

Die Erfindung der Mnemotechnik durch Simonides von Keos im 7. Jahrhundert v. Chr. ist in eine kunstvolle Anekdote gepackt, die ihrerseits als ein Manifest der Katastrophe gestaltet ist (Cic. *de orat.* 2, 351–353). An die Tafel des Thessaliers Skopas geladen, entrinnt Simonides nur knapp dem Tod: Während der zwielichtige Hausherr und seine Angehörigen unter dem einstürzenden Raum begraben werden, folgt Simonides dem Ruf zweier ominöser Fremder, um den Platz vor der Tür leer vorzufinden. Bei seiner Rückkehr steht er vor einem heillosen Durcheinander. In der Stunde ihrer Erfindung avanciert die Gedächtniskunst zur *ultima ratio* der Katastrophe, mithin des Untergangs des Menschen in der Erinnerungslosigkeit nach dem Tod. Es bedarf nur eines geeigneten Exegeten, um den Code zu entschlüsseln.

Genau dieses Verfahren beschreibt die Legende über den Erfinder der Mnemotechnik, Simonides, der aufgrund seiner Gedächtnisleistung die Menschen für ein reguläres Geborgenwerden im Grab, für das Wiedererkennen und Wiedererinnern, kurz: für das kollektive Gedächtnis bewahrt. Denn mag auch die Urheberschaft des Simonides gelegentlich in Zweifel gezogen werden, und mag es auch bei Gelagen nach Art dieses thessalischen eine einigermaßen feste, an sozialen Kriterien orientierte Reihenfolge gegeben haben, die auch ein anderer als Simonides hätte hersagen können: All diese Relativierungen ändern doch nichts an der Tatsache, dass es eines aufmerksamen Menschen bedurfte, der sich die Ordnung überhaupt einprägte. Das Spezifische des Simonides wird dabei auf narrativer Ebene im Anekdotischen bewahrt: Die Mnemotechnik wird aus der Katastrophe als einer spezifischen Ästhetik des Schreckens geboren und avanciert zur zentralen, zur wesentlichen Instanz der Hermeneutik.

Die totale Zerstörung der Opfer-Körper erweckt den Eindruck, dass die Verschütteten keine Spuren hinterlassen haben: Spuren stellen aber eine notwendige Voraussetzung der Erinnerung dar. Als konstitutiver Teil der Erinnerung sind Spuren jedoch nicht nur von konstruktiver, sondern auch von zerstörerischer Potenz: In ideeller wie materieller Gestalt legen sie immer auch Zeugnis ab vom beständigen Kampf zwischen Erinnern und Vergessen.

Vergessen ist der natürliche Widerpart des Erinnerns. In den Termini des radikalen Konstruktivismus gesprochen: Die Erinnerung bleibt notwendig bestimmt durch die aus der binären Opposition hervorgehende Differenz zwischen Erinnern und Vergessen. Schon Ciceros rhetorische *memoria*-Theorie scheint im Zeichen einer vergleichbaren Opposition zu stehen. Diesen Eindruck erweckt jedenfalls sein methodisches Vorgehen, dass er, wenn er die Relevanz der Gedächtnisleistung betont oder *Exempla* für die Einzigartigkeit memorialer Fähigkeiten anführt, nicht selten Gegenbeispiele unmittelbar danebenstellt. Der herausragenden Gedächtnisleistung des Antonius etwa korrespondiert die unübertroffene Vergesslichkeit des Curio. Wo der eine Redner scheinbar vorbereitungslos brilliert, indem er sich nur auf sein Gedächtnis verlässt, vergisst der andere sogar das, was er eben erst schriftlich fixiert hat. Einem schwachen Gedächtnis wird also auch die Schrift nichts nützen; Cicero akzentuiert mit solchen Beispielen die Unabhängigkeit der Gedächtnisschärfe vom Medium der Schrift (*sine scripto*). Die schriftunabhängige rhetorische *memoria* ist jedoch nicht mehr als ein Ideal.

Wegen dieser vielfach dokumentierten Schriftabhängigkeit stößt die Mnemotechnik schon in der Antike auf scharfe Kritik. Platon nimmt Anstoß an dem spielerischen Grundzug der imaginativen Memorialtopik und kritisiert besonders die Buchstaben in ihrer Funktion als mnemotechnische Hilfsmittel: ein gerade im Hinblick auf den vermeintlichen Erfinder der Mnemotechnik, Simonides, wichtiger Aspekt, gilt er doch zugleich als Entdecker einiger Buchstaben (*eta*, *omikron*, *xi*, *psi*). An die Kritik Platons schließt in der Moderne ausgerechnet Roland Barthes an, allerdings aus abweichenden Gründen und mit anderen Absichten: Die Schrift soll von ihrer bloßen Hilfsfunktion als »Prothese des Gehirns«, die die Erinnerung gänzlich überflüssig mache, befreit[42] (Barthes 2002: 89), andererseits aus dem »Bereich der reinen Erinnerung« in das »Feld der unendlichen Bedeutung« überführt werden[43] (ebd.: 91).

Wie aber steht es mit der Gestaltungsfreiheit der Erinnerung für den Redner? Kann dann der Wille eines Subjekts überhaupt Einfluss auf die Gestaltung der Erinnerung haben? Die Zahl der Skeptiker in dieser Frage ist seit Arthur Schopenhauer Legion. Von ihm stammt das wohl erste explizite Bekenntnis zur »mémoire involontaire«: »Denn indem wir längst vergangene Tage [...] uns vergegenwärtigen, sind es die Objekte allein, welche unsere Phantasie zurückruft, nicht das Subjekt des Willens.«[44] (Schopenhauer 1999: I, 268) Unter den Klassikern der Literatur ist vor allem Marcel Prousts *Recherche* vom (Un-)Wesen der »mémoire involontaire« beherrscht. Spätestens aber mit den Ergebnissen psychoanalytischer und neurobiologischer Erinnerungsforschung steht die *Ohnmacht* des Menschen gegenüber dem Willen seines Gedächtnisses fest. Nicht mehr ist es das Subjekt, noch sind es die Objekte, die hypostasiert werden: Es ist das Gedächtnis, das den Status einer Substanz annimmt. Es scheint dem menschlichen Subjekt und seinem Willen wie eine beherrschende Instanz gegenüberzustehen. Auch durch mnemotechnisches Geisttraining lässt sich der Wille zum souveränen Verwalter der im Gedächtnis versammelten Gegenstände erheben.

Oftmals knüpfen sich kleine und große Erfolge explizit an den Willen des mnemonisch begabten Redners: Im *Brutus* (53) betont Cicero, wie durch politisch motivierte Redekunst sogar Namen aus dem Gedächtnis des Volkes getilgt werden können (*damnatio memoriae*); immer wieder tritt auch der physiologische Zug des Erinnerungsvermögens hervor.

Im *Orator* (129) erfahren wir von dem auffälligen Verhalten Curios des Älteren, der sich mitten im Frage-Antwort-Spiel eines Privatprozesses plötzlich mit einer befremdlichen Begründung niedergesetzt habe: »plötzlich setzte er sich, da ihm, wie er sagte, das Gedächtnis durch Gifteinwirkung entschwunden sei« (ähnlich *Brutus* 217 f.).

Unter diskurstheoretischen Gesichtspunkten handelt es sich um eine spezifische Art von Machtpräsentation: In seiner Weigerung, sich zu erinnern und (weiter) zu sprechen, demonstriert der Befragte eine Macht, die ihm in dieser Situation eigentlich nicht zusteht.

An diese Beobachtungen schließt sich die gerade aus rhetorischer Perspektive bedeutende Frage nach den Bedingungen der Möglichkeit von Objektivität: Sie betrifft die Erinnerung überhaupt, besonders aber die Mnemotechnik. Verfügen deren Gegenstände, die im Gedächtnis gespeicherten Bilder und Informationen, über »Authentizität«, mithin einen Wahrheitsgehalt? Insoweit jeder Gegenstand den Weg über die sinnliche Wahrnehmung und ihre kognitive Verarbeitung in das Gedächtnis zu gehen hat, sind Authentizität und objektive Vermittlung der erinnerten Gegenstände unmöglich. Wie zwangsläufig narrative rhetorische Kategorien in die sprachliche Darstellung erinnerter Zusammenhänge hineinwirken, sofern diese Gegenstand der juristischen, politischen oder epideiktischen Beredsamkeit sind, hat bereits die Diskussion der *elocutio* gezeigt: Dort auch war der Ort, auf Hayden Whites Theorie zu verweisen, der zufolge Geschichtsschreibung immer auch poetologischen Kategorien unterworfen ist (vgl. o. 166).

Erwähnenswert sind in diesem Zusammenhang auch die vielfältigen Beobachtungen zur konstruktiven Gestalt der Erinnerung in ihren neurologischen Voraussetzungen und Konsequenzen, die interdisziplinär ausgestrahlt haben. Die Konstruktionsthese betrifft sowohl die Existenz des (auto-)biographischen als auch die des historischen (politischen) Gedächtnisses: Beide Varianten sind für die Rhetorik gleichermaßen von Bedeutung. Auch spiegeln sie den Konflikt zwischen der manifesten und der latenten Ebene wider, die White in der metahistorischen Debatte offenlegt: Die Reproduktion von (geschichtlich gewordenen) Ereignissen, seien sie individuell oder gesamtgesellschaftlich perspektiviert, gestaltet sich immer auch als Problem der Bewusstseinsgeschichte.

Eine Geschichte jedenfalls, die allein auf Gedächtnisleistung beruht, erscheint zwangsläufig als »irrtumsgesättigtes Gebilde«, gar als »irreales Konstrukt« (Fried 2004: 115). In poststrukturalistischer Terminologie gesprochen, sind Gedächtnis wie Gehirn schließlich nur eine Schnittstelle von Diskursen. In Gerichtsprozessen etwa operieren Zeugen weniger mit argumentativer sprachlicher Evidenz als mit der Autorität ihrer Autopsie: Diese Art der Verbürgung soll die Erinnerung unverbrüchlicher machen, und gerade darin wird sie zum fragilen Gut persönlicher Konstruktion.

Auch über den Zeugenstand hinaus sind sämtliche Gedächtnisoperationen, ebenso wie alle Wahrnehmungsakte, als von Kontexten und Situationen abhängige Vorgänge der Verschleierung und der Verschlüsselung aufzufassen. Hinter jeder »erinnerten« Geschichtsdarstellung verbirgt sich demnach eher eine tatsachenferne Abstraktion als ein reeller Geschehensbericht. Das Resultat neurologischer Geschichtsanalyse kann sich mit demjenigen messen, das Hayden Whites *Metahistory* zutage förderte: Die »Gedächtnisforschung mündet somit durch erinnerungsskeptische Quellenkritik zunächst in die Destruktion bislang verbreiteter Geschichtsbilder« (ebd.: 133).

Dass die Zweifelhaftigkeit zuverlässiger Erinnerung in der bestimmte Interessen verfolgenden *Rede* umso größer ist, leuchtet schnell ein; als *historisches* Gedächtnis unterliegt *rhetorische memoria* den gleichen Bedingungen wie jede Form der Geschichtsschreibung. Christian Geyer bringt die für beide Disziplinen, Geschichte und Rhetorik, geltende »banale Wahrheit« auf den Punkt: Die Vergangenheit ist stets ein Produkt der Gegenwart (Geyer 2004: 135). Oder ist es doch umgekehrt, ist die Gegenwart ein Produkt der Vergangenheit, wie Henri Bergsons Erinnerungstheorie es wollte? Die Frage ist umso schwieriger zu beantworten, als man sich vergegenwärtigen muss, dass Rhetorik zugleich strukturelle Ähnlichkeiten mit der Erinnerung selbst aufweist, zumal wenn letztere als ausschließlich sprachlich gefasst wird. Im Unterschied zu den Bedingungen der Möglichkeiten der Rede unterliegt die Erinnerung aber nicht der Selbstkontrolle; wird sie nicht offenkundig manipuliert, so kann sich ihr Träger ihrer subjektiven Färbung *zum gegenwärtigen Zeitpunkt* kaum je bewusst sein.

5. Der Vortrag (*actio*, *pronuntiatio*)

Bereits die homerischen Epen belegen die starke Wirkung der rednerischen *actio*. Die dort auftretenden Rednerfiguren suchen durch gezielten Einsatz ihrer Gesten zu überzeugen. Es wird zwischen starker und reduzierter Gestik unterschieden: Der nachdrückliche Einsatz passender Gesten kann ebenso zum Erfolg führen wie angemessene Zurückhaltung. Odysseus etwa, der

Darsteller *par excellence*, hält seinen Stab während der Rede unbewegt und wirkt dadurch zunächst unbeholfen. Erst durch seine Stimme beeindruckt er die Zuhörer:

> »Aber sowie der schlaue Odysseus aufsprang, stand er, blickte nach unten, indem er die Augen auf die Erde richtete, das Szepter aber schwenkte er weder hinten noch vorne, sondern hielt es unabänderlich fest, gleich einem Unwissenden: Du hättest gesagt, er sei stumpf und gleichermaßen von Sinnen. Sobald er jedoch seine kräftige Stimme aus der Brust ertönen ließ und Worte, die den winterlichen Schneeflocken ähnlich waren, da hätte wohl kein anderer Sterblicher mit Odysseus wetteifern können: Darauf haben wir als Zuschauer uns nicht mehr so über die Gestalt des Odysseus gewundert.« (Hom. *Il.* 3, 216–224)

Die reduzierte Gestik steht also im Dienste der gewaltigen stimmlichen Wirkung. Auch an Perikles wird die entspannte Präsentation betont; als ein *signum* dieser Ruhe wird Plutarch in seiner *Perikles-Vita* dessen »bewegungslosen Mantel« ausweisen, der sprichwörtlich für aktionale Gelassenheit geworden ist:

> »(*sc.*: von Anaxagoras) hatte er, wie es scheint, nicht nur seine schnelle Auffassungsgabe und seine erhabene Rede, die nicht beschmutzt war von niedriger und umtriebiger Schmeichelei, sondern auch sein Gesichtsausdruck, der sich nicht zu einem Lächeln auflöste, sein friedlicher Gang und die ruhige Haltung seines Mantels, der sich im Hinblick auf keine Leidenschaft beim Reden verwirren ließ, und die gemessene Stimmlage sowie viele derartige Dinge erstaunten auf besondere Weise.« (Plut. *Per.* 5, 1)

Obwohl die Gattungen schon der frühgriechischen Literatur reich an Beispielen für agierende Redner sind, und obwohl die verschiedenen Redetypen stets Gegenstand rhetorischer Skizzen waren, hat es eine Theorie der *actio* zunächst nicht gegeben. Das liegt vor allem daran, dass die *actio* in starker Abhängigkeit von der Naturanlage des Redners gesehen wurde, so wohl schon in den *actio*-theoretischen Überlegungen des Sophisten Thrasymachos. Zur Unwägbarkeit der *actio* trägt außerdem ihre Dependenz von den situativen Bedingungen einer Rede bei: Technische Anweisungen mussten unter diesen Voraussetzungen obsolet erscheinen. Doch beklagt schon Aristoteles, wiewohl er die Kunst der *actio* eher geringschätzt, das Fehlen einer entsprechenden Lehrschrift. Als Verfasser physiognomiekundlicher Schriften trägt allerdings Aristoteles selbst (ebenso wie einige seiner Schüler, darunter vor allem Theophrast) seinen Teil zur Etablierung aktionaler Kriterien bei.

Im Römischen darf der Verfasser der *Herennius-Rhetorik* den Status des *primus inventor* einer die *actio* betreffenden Theoriebildung beanspruchen:

»Daher und weil niemand sorgsam über diese Sache geschrieben hat – denn alle sind der Meinung, man könne über Stimme, Mimik und Gestik gar nicht hinreichend deutlich schreiben, weil diese Dinge sich auf unsere Sinne bezögen –, und weil dieser Teil mit großem Aufwand von uns für die Rede bereitgestellt werden muss, scheint über diese Angelegenheit nicht nachlässig nachgedacht werden zu dürfen.« (*Rhet. Her.* 3, 19)

Die physische Aktivität des Redners umfasst die *motus corporis* (Gestik und Mimik) und die *figurae vocis* (Stimme bzw. Stimmklang, Lautstärke und Modulation). Tatsächlich verdanken wir dem *Auctor* eine ausgefeilte Untergliederung der *actio* (hier *pronuntiatio*); sie sieht zum einen drei stimmliche Kategorien vor (*magnitudo* [»Umfang«]; *firmitudo* [»Festigkeit«]; *mollitudo* [»Geschmeidigkeit«]). Zum anderen liefert sie eine Gesprächstypenlehre; in ihr wird zwischen *sermo cum dignitate* (»gelassen-ruhiger Gesprächston«), *contentio* (»feurig-leidenschaftlicher Ton«) und *amplificatio* (»gesteigerter Redeton«) unterschieden.

Neben dem *Auctor ad Herennium* ist es wiederum Cicero, der die herausragende Bedeutung der *actio* erkennt und betont (ausführlich in *orat.* 55–70 und *de orat.* 3, 213–27). In ihrer Wertschätzung schließt er an Demosthenes an; dieser hatte der *actio* die ersten drei »Ränge« im Vortrag zugewiesen (Cic. *orat.* 56). Ähnlich heißt es in *De oratore*:

> »Der Vortrag, sage ich, ist beim Reden als einziger beherrschend; ohne ihn kann der beste Redner völlig bedeutungslos sein. [...] Gefragt, was beim Reden das Wichtigste sei, soll Demosthenes ihm, dem Vortrag, den ersten, zweiten und dritten Rang zugemessen haben.« (Cic. *de orat.* 3, 213)

Immer wieder fällt die Engführung von *actio* und *eloquentia* ins Auge. Sie scheint mitunter gar auf die annähernde Gleichstellung hinauszulaufen: So heißt es in *orat.* 55: *est enim actio quasi corporis quaedam eloquentia, cum constet e voce atque motu* (»beim Vortrag handelt es sich nämlich gewissermaßen um eine Beredsamkeit des Körpers, da er aus Stimme und Bewegung besteht«), und in *de orat.* 3, 222: *actio quasi sermo corporis, quo magis menti congruens esse debet* (»der Vortrag ist sozusagen die Sprache des Körpers, umso mehr muss er mit der geistigen Gesinnung übereinstimmen«).

Die konzeptionelle Nähe von *actio* und *eloquentia* ist nicht ohne Auswirkungen auf die Rezeption geblieben. Quintilian führt Cicero als Gewährsmann für die auch in sprachtheoretischer Hinsicht ambivalente Definition der *actio* an: *Namque actionem Cicero alias, ›quasi sermonem‹, alias ›eloquentiam quandam corporis‹ dicit* (Quint. *inst.* 11, 3, 1: »Cicero nämlich hat den Vortrag bald ›gewissermaßen als Sprache‹, bald als eine ›gewisse Beredsamkeit des Körpers‹ bezeichnet«). Der Ältere verstehe unter *actio* also einerseits die Sprache selbst (*quasi sermo*), andererseits die Körpersprache (*eloquentia quaedam corporis*). Uns liefert diese Annäherung die Grundlage dafür, der Verklammerung der performativen Aspekte mit ihren sprachlichen Fundamenten genauer nachzuspüren.

Erst die *actio* bringt die in der Sprache nur angelegten Effekte zur vollen Entfaltung; schließlich basiert »die Theorie der *actio* [...] auf der Erkenntnis, daß ›jede Regung des Gemüts‹ sich in der äußeren Erscheinungsweise des Redners – in Stimme, Mimik und Gestik – niederschlagen muss, damit er so durch eine seiner Sache angemessene Vortragsweise für sein Publikum glaubwürdig wird und dabei jene Affekte hervorruft, die er selbst äußerlich zeigt.«[45] (Steinbrink 1992: 43) Die Körpersemiotik der *actio* mit all ihren dramaturgischen Konsequenzen und ihrem affekti-

Demosthenes spricht mit Wellen (Eugène Delacroix, 1859)

schen Wirkungsspektrum erweist sich demnach als ein stetiger Bezugspunkt auch der thematischen und sprachlichen Gestaltung.

Bei der Betrachtung der physiologischen Grundlagen der *actio* verfährt Cicero eher deskriptiv als normativ. So illustriert er seine Vorstellungen an zahlreichen Beispielen. In *De oratore* 3, 215–27 führt er unter den herausragenden »Aktionisten« C. Gracchus an: *quae sic ab illo esse acta constabat oculis, voce, gestu, inimici ut lacrimas tenere non possent* (Cic. *de orat.* 3, 214; »das ist von jenem, wie feststeht, in einer Art und Weise mit Augenausdruck, Stimme und Gestik dargestellt worden, dass selbst die Feinde ihre Tränen nicht zurückhalten konnten«). Die lebendige Wirkung der Rede verdankt sich hier einem harmonischen Verhältnis der drei in der *actio* hauptsächlich einzusetzenden körpersemiotischen Bereiche; in anderen Zusammenhängen werden mitunter Gewichtungen vorgenommen, die zugunsten der Stimme oder der Mimik ausfallen. Im Folgenden sollen nun die Körperbereiche vorgestellt werden, die in der *actio* vornehmlich zum Einsatz kommen: (a) Stimme / *figura vocis*, (b) Mimik und Gestik / *motus corporis*.

Die meisten Theoretiker der *actio* kennen eine Vielzahl von *voces*. Die Stimme ist von außerordentlichem Einfluss auf die Stimmungen (*animi*) der Hörer; der *orator perfectus* sollte in der Lage sein, seine Stimme diesen Stimmungen anzupassen. Die Interaktion funktioniert allerdings nur auf der Grundlage psychologischer Kenntnisse: Sie sollten den Redner befähigen, die Stimmungen der Hörer apriorisch und *in statu nascendi* einzuschätzen. Aus diesem Wissen sollte der Redner ein möglichst vielfältiges Repertoire an Reaktionsschemata ableiten, aus dem er zügig auswählen kann, um die einzelnen Hörer oder Hörergruppen anzusprechen. Dabei scheint vielfach ein gesteigerter Wert auf die – zumindest prätendierte – Natürlichkeit des vermittelten Gefühls gelegt zu werden; diese Neigung ist vor dem Hintergrund der verbreiteten Kritik an der Rede- als Verstellungskunst zu sehen.

Die Fähigkeit zur Stimmungsdiagnose befähigt den Redner, während der *actio* auf der Klaviatur der Hörerseelen zu spielen und sie zum Schwingen zu bringen. Auch die Kenntnis von Nuancen und Zwischentönen scheint unabdingbar: Der Redner sollte etwa auch, entsprechend dem Wandel der Gemütsbewegungen, den Klang der Stimme wechseln können. Differenziert wird zwischen verschiedenen Stimmlagen mit spezifischen Effekten: Während die *vox contenta et atrox* der Erregung großen Pathos dient, ist die *vox summissa* bzw. *lenis* besonnenen Partien vorbehalten; die tiefe Stimme (*inclinata vox*) ist der Übermittlung von Würde zuträglich, die »bewegte« (*inflexa vox*) passt zu rührenden Momenten. Das Ausbleiben der Reaktion wäre gleichbedeutend mit dem Ende aller Kommunikation.

Durch eine möglichst vielseitige stimmliche Präsentation kann ein Redner auch über stimmliche Mängel hinwegtäuschen – ein Punkt, der auf sich als stimmschwach präsentierende Redner wie Isokrates, Cicero oder Robespierre (um nur wenige bereits in anderen Zusammenhängen angeführte Beispiele zu nennen) zurückgelesen werden darf. Cicero will seinen persönlichen Mangel an Stimmvolumen durch besondere Anstrengung, vor allem aber durch eine wohleinstudierte Gestik ausgeglichen haben, wie er in *Brutus* (313 f.) darlegt:

»Zu der Zeit war ich sehr schlank und körperlich schwach, mein Hals war langgestreckt und dünn: Dieser Zustand und diese Gestalt sind, wie man glaubt, Ausweis einer lebensgefährlichen Befindlichkeit, gesetzt den Fall, dass Anstrengung und große Anspannung der Lunge hinzukommt. Dies versetzte die Menschen, denen ich am Herzen lag, in umso größere Aufregung, als ich alles ohne Entspannung, ohne Abwechslung, mit der höchsten Anstrengung meiner Stimme und meines ganzen Körpers vortrug. Obwohl mir daher Freunde und Ärzte rieten, von der Prozessführung Abstand zu nehmen, war ich der Meinung, lieber jede beliebige Gefahr auf mich nehmen, als vom erhofften Rederuhm lassen zu sollen.«

Der Text stellt ein beeindruckendes Zeugnis ciceronischer Selbstinszenierung dar. Darüber hinaus demonstriert er auf anschauliche Weise die körperliche Pathetik der Redekunst als Tätigkeit konzentrierter Wahrnehmung: Sie führt zu einer einseitigen Fokussierung performativer Höchstleistung (mit den einzelnen Fokalisierungen, die diese wiederum dem Redner abverlangt). In literarästhetisch signifikantem Vokabular stellt Cicero die Schwäche seines Körpers aus, um seine körperliche, besonders die stimmliche Leistung nur noch stärker hervorzuheben. Die Situation wird zur Lebensgefahr übertrieben, die Anstrengung an den Rand des Menschenmöglichen verlagert. Dass die im Angesicht dieser Höchstleistung von Ärzten und Freunden vorgebrachten Warnungen nicht nur nicht zum Aufhören führen, sondern im Gegenteil zum Weitermachen anspornen, dürfen wir als rhetorische Pointe lesen.

Die Ansprüche an die Stimme des Redners und die damit verbundenen Anstrengungen werden umso größer, je höher der (äußere) Lärmpegel, etwa auf der *agora* oder dem Forum, aber durchaus auch in einem zeitgenössischen Kongresshaus steigt: Diese schwierigen Bedingungen erfordern einen lebhaften, »feurigen« Redner mit eindrucksvoller Gebärde und volltönender Stimme (und, natürlich, mit möglichst optimierter technischer Ausrüstung). Besondere Lebendigkeit in der stimmlichen Präsentation ist den entscheidenden Stellen der *narratio*, vor allem aber der *argumentatio* vorbehalten. Leisere Töne erfordern die Rücknahme auch des Redetempos: Kalkulierte Langsamkeit ist bestimmten Momenten angepasst und eignet sich gut für Exkurse. Kontrolliert soll nicht nur der Einsatz der Stimme, kontrolliert sollen auch die Bewegungen, vor allem Körperhaltung und Gesichtsausdruck sein:

»Ebenso wird er (*sc.*: jener beste Redner) Bewegung so einsetzen, dass nichts überflüssig ist. Hinsichtlich seiner Haltung wird er aufrecht und emporgerichtet dastehen; manchmal nur und nicht so weit wird er umherlaufen; seinen Platz wird er nur selten, in regelmäßigen Abständen verlassen; sein Nacken wird nicht schlaff sein, seine Finger werden nicht herumklopfen, seine Knöchel werden nicht zum Takt schlagen; mit seinem ganzen Oberkörper und durch Männlichkeit ausstrahlende seitliche Neigung wird er seine Haltung wahren, wobei er den Arm in leidenschaftlichen Redepartien emporstreckt, bei ruhigen gesenkt hält.« (Cic. *orat.* 59)

Es sind wohlgemessene, verhaltene Bewegungen, die eine anhaltende Kontrolle über die Hörer ermöglichen. Expressive Gestik sollte nur in leidenschaftlichen Zusammenhängen zum Einsatz kommen. Mit ausgestrecktem Arm stellt der Redner die Nähe zu seinen Hörern symbolisch her, mit gesenktem hält er sie auf Distanz. Das gezielt (an Anfang und Ende) eingesetzte Aufstampfen mit dem Fuß bewirkt die physische Erschütterung auch der Hörer. Alle diese Beispiele veranschaulichen das intersomatische Zeichensystem, auf dem die *actio* basiert.

Die besten Möglichkeiten dazu bietet die Mimik. Hier kommt es wieder besonders auf die Augen an. Von jeher gelten die Augen als Boten der Seele, der altbekannte Topos ist allenthalben anzutreffen. Die Augen vor allem ermöglichen eine große Ausdrucksvielfalt von der Anspannung (*intentio*) bis zur Entspannung (*remissio*). Sollte während der *actio* Unvorhergesehenes in den Blick rücken, könnte dies durch geschickte Augenbewegungen marginalisiert werden. Wirft der Redner hingegen auffällig inszenierte Blicke auf etwas sei es Überraschendes, sei es Unauffälliges, lenkt er die Aufmerksamkeit der Hörer eben darauf. Vor einem allzu unbeweglichen Blick sollte sich der Redner allerdings hüten: Der Theorie des Tauriskos zufolge, die Theophrast überliefert und die Cicero zitiert, kommt die Fixation eines bestimmten Punktes der Abkehr vom Publikum gleich.

Schließlich tritt der Redner als Gesamtkunstwerk auf, das heißt: Auch sein Äußeres, mitsamt Aussehen und Kleidung, soll optimiert werden und ist somit Gegenstand rhetorischer Theorie, wie wir aus der einflussreichen *Institutio oratoria* Quintilians ersehen können. Die dort entwickelten Ideen zur *actio* werden wiederum vor allem über Martianus Capella und Cassiodor ins Mittelalter tradiert. Hinzu kommt, dass sich in der *actio* vor allem das mächtige *vir-bonus*-Ideal ausbreitet (s.o. 30) und bis in die Aufklärungszeit hineinwirkt, wo die Rhetorik ohnehin massiv an Bedeutung verliert. Tatsächlich wird dieses ethische Ideal seinerseits noch mal an das äußere Erscheinungsbild gekoppelt, das heißt: Die Redlichkeit des Sprechers spiegelt sich eben auch in seiner gepflegten Kleidung, ein zerlumptes Gewand lässt auf einen problematischen Charakter schließen. Alles eine Stilfrage, mit Ausnahme der Kyniker; man studiere Redner zu allen Zeiten und stelle fest, dass sich daran wenig geändert hat – auch nicht auf den aktuellen politischen Bühnen, wenn auch gerne das Gegenteil behauptet wird. Noch immer wird eine Rednerfigur mit zur Schau getragenem Stilempfinden in ihrer Rede – bei vergleichbarer Qualität – den Sieg davontragen. Barack Obama etwa ist es gelungen, dieses Stilempfinden auch hemdsärmelig noch zu transportieren.

Geschauspielert wird (nicht)

Die Körpersemiotik bringt auch den schauspielerischen Zug der *actio* zur Geltung; er vor allem ist dazu angetan, den publikumswirksamsten Teil der Redekunst zu diskreditieren. Im Angesicht des agierenden Redners lassen sich besonders leicht Täuschungsvorwürfe an die Rhetorik erheben.

Diese Implikationen werden schon aus der Terminologie ersichtlich, auf die wir erst in diesem Zusammenhang eingehen wollen: Die lateinischen Termini *actio* und *pronuntiatio* treten an die Stelle der griechischen *hypokrisis*; mit diesem Begriff wird bekanntlich auch die Schauspielerei bezeichnet. Der Vortrag ist also immer schon mit dem Drama assoziiert. Es erscheint daher nur folgerichtig, dass Rednern auch Schauspielunterricht empfohlen wurde. Ciceros Vorbild Demosthenes etwa soll davon nachhaltig Gebrauch gemacht haben. Etwaige Fehler und natürliche Nachteile wusste er mit diesem schauspielerischen Können – und durch Fleiß und Übung, wie Cicero betont – auszugleichen; so gelang es ihm, die Aufmerksamkeit seiner Hörer von den Schwachstellen der Rede abzuziehen:

»Und obwohl er so stotterte, dass er nicht einmal den ersten Buchstaben eben der Kunst aussprechen konnte, um die er sich bemühte, bewirkte er durch Vorbereitung, dass es niemanden gab, von dem man glaubte, er habe deutlicher gesprochen; sodann erreichte er, obwohl er ziemlich stark an Kurzatmigkeit litt, dadurch, dass er den Atem beim Reden geschickt moderierte, dass in einer fortlaufenden Wortverbindung (was seine Schriften belegen) je zwei Hebungen und Senkungen der Stimme vorhanden waren; der Überlieferung nach soll er sich auch angewöhnt haben, Kieselsteine in den Mund zu nehmen und mit sehr lauter Stimme in einem Atemzug viele Verse herzusagen, wobei er nicht an einer Stelle stehenblieb, sondern spazieren ging und (sogar) eine steile Anhöhe emporstieg.« (Cic. *de orat.* 1, 260 f.)

Durch sein natürliches wie sein erlerntes Vermögen wird Demosthenes zum *Akteur par excellence*, weil er so die Kontrolle über seine (stimmlichen) Spannungslagen behauptet. Während die schauspielerischen Leistungen dieses vollendeten Redners im Altertum kaum je kritisiert wurden, sehen Gegner der Rhetorik gerade in der Nähe der *actio* zur Schauspielerei ihre Vorbehalte bestätigt. Neben den historischen Gründen, die die Abnahme der politischen Bedeutung der öffentlichen Rede und ihre allmähliche Herabstufung zur bloßen Deklamationspraxis belegen, trägt vor allem auch diese Affinität dazu bei, dass die Kunst der *actio* bald nach ihrem Höhepunkt verflacht und verfällt, wiewohl sie als Produktionsstufe aufrechterhalten wird. Christliche Autoren wie Augustinus marginalisieren aus naheliegender Skepsis gegenüber einer Redekunst, die sich auf die Mittel der Verstellung verlässt, den *modus proferendi* gegenüber dem *modus inveniendi*. Doch auch außerhalb der christlichen Weltsicht ecken (allzu) schauspielernde Redner an: Der Satiriker Lukian veralbert das hohle Pathos derjenigen Vertreter der Zweiten Sophistik, die ihre Deklamationen singend zum Besten geben, mit gnadenloser Verve.

Cicero hingegen ist dem Ideal schauspielerischer Disziplin und Selbstbeherrschung zeit seines Lebens verpflichtet geblieben. Gleichwohl teilt er mit dem *Auctor ad Herennium* und anderen Skeptikern die kritische Haltung gegenüber dem asianischen Stil, der für schauspielerische Elemente in der *actio* besonders anfällig war. So distanziert sich Cicero, ungeachtet der Vorteile, die er ihr verdankt, immer wieder von der Schauspielkunst. Um seine Zweifel an deren Wesen zu begründen und um verbreitete Vorurteile gegenüber der Redekunst zu entkräften, unterscheidet er explizit zwischen dem *Schauspieler* als *Nachahmer* und dem *Redner* als *Wahrheitssucher*.

Ein Schauspieler ahmt demnach die Realität nur nach, während ein Redner im Dienste der Wahrheit agiert und dadurch, so die Suggestion, zu einem wesentlichen *Teil der Realität* wird. Cicero spielt die Wahrheit (*veritas*) der Redner gegen die nachgeahmte Wirklichkeit der Schauspieler (*imitatores veritatis*) aus, um der Wirklichkeit jeden Vorzug vor der Nachahmung einzuräumen. Da er die in Misskredit geratene Rhetorik in dieser Hinsicht rehabilitieren will, hängt er hier einer reduktionistischen Fassung der Nachahmungstheorie an. Den expliziten Vorwürfen an die rhetorische Präsentationskunst begegnet Cicero mit einer impliziten »Hermeneutik des Verdachts« (Groddeck 1995: 115), die es einem Kritiker ermöglicht, jede rhetorische Präsentation mit der überkommenen Opposition von »wahr« und »falsch« zu diskreditieren. Cicero räumt freilich ein, dass es an Mitteln fehlt, diese idealisierte Wirklichkeit zur Darstellung zu bringen. Hier eröffnen sich neue Perspektiven für die Rhetorik als *Kunst der Realitätsdarstellung*. Diese Widersprüche und Offenheiten gemahnen wiederum an den ersten populären Redner, der ganz auf die Wirksamkeit der *actio* vertrauen konnte: Odysseus. Das subversive Potential seiner »hypokritischen« Redekunst hat Jürgen Paul Schwindt offengelegt:

> »Verkleidung und Verstellung sind durchweg die Mittel, die ›Wahrheit‹ über die Verhältnisse, die Einstellungen der Menschen am Hof von Ithaka zu ergründen. [...] Der griechische Schauspieler ist eben nicht freier Interpret seiner Stücke und Stoffe, vielmehr ist ihm der Stoff das *mimeton* (das ›Nachzuahmende‹), und er selbst ist *mimetes* (›Nachahmer‹). Nicht nur der Stoff ist vor dem Spiel, auch die Philologie geht ihm womöglich voraus.« (Schwindt 2009: 67)

Bei den hier verhandelten Texten ist es nun nicht die Philologie, die dem Spiel vorausgeht: Vielmehr scheint es so, als ob diese Rolle der Redekunst zufiele. Eine ähnliche These haben wir bereits bei der Analyse der Konstellation von Rhetorik und Philosophie aufgestellt; im Angesicht des Redners als *hypokrites* erhält sie einen neuen Akzent. Nicht nur, dass die Vertextung der Rede dem gespielten Vortrag vorausgeht; die apologetischen Bemerkungen zur spielerischen Façon der vorgetragenen Rede legen sogar die Annahme nahe, dass die Rede vor der *Wirklichkeit*, wenn nicht gar vor der *Wahrheit* steht: chronologisch und – hierarchisch. Die Wahrheit soll nicht imstande sein, sich *kunstlos* und *unmittelbar* den Hörern zu erschließen. Sie bedarf ihrer technischen Transformation; nur handelt es sich dabei nicht um einen nachträglichen, sondern um einen vorgängigen Prozess: Der Redner hat sich und seinen Hörern die Wirklichkeit schon rhetorisch erschlossen, bevor sie Teil seines »aktionalen« Spiels wird.

Nicht nur wegen dieser komplizierten Gemengelage ist die *actio* zu einer Art Stiefkind der rhetorischen Theoriebildung geworden, auch wenn einige ihrer Kernpunkte stetig weitergegeben wurden. Wie in der Rhetorik insgesamt bleibt besonders bei der *actio* die meinungsbildende Mehrheit der Auffassung, wir hätten es hier mit einem besonders kreativen Teil der Rede zu tun, der nicht wirklich und schon gar nicht mit bestimmten Techniken erlernt werden könnte. Viele sind – u.a. mit Melanchthon – der Auffassung, man könne das Auftreten am besten studieren durch Nachahmung derjenigen, die man auf dem Forum beobachte. Aus den antiken, vor allem ciceronischen *actio*-Empfehlungen Material bezogen hat hingegen die höfische Kultur, man stößt auf deutliche Anknüpfungspunkte u.a. im *cortesia*-Ideal Castigliones oder Gracíans bzw. auch im Knigge und noch in Schillers *Ästhetischer Erziehung*, die sich wiederum mit der *vir-bonus*-Tradition berührt. Auch in Lavaters Physiognomik finden sich einige *actio*-Ansagen wieder. Die Anweisungen geraten hier mitunter sehr konkret; der Redner (und mit ihm dann der Hofmann in bestimmten Situationen) soll nicht singen beim Reden, er soll sich um eine denkbar deutliche Aussprache bemühen, was allzu naheliegt. Im 19. Jahrhundert koppelt sich die Deklamatorik, also die auftrittsbezogene Rede, teilweise von der *actio* ab und dünnt diese als Gesamtkunstwerk weiter aus. In den Bereichen, in denen die *actio*-Lehre weiter reüssieren kann, finden wir auch wieder vermehrt schematische Zugriffe. So fassen wir im späten 18. Jahrhundert eine regelrechte »Grammatik der Tonsprache«, die folgende Aspekte berücksichtigt: korrekte Aussprache (Orthoepik), Betonung nach Sinn (Ekphoretik), Eloquenz und Harmonie mit Blick auf das Gesamt der Rede (Hedyepik), lebendiger und schöner Ausdruck (Enagoreutik), Gemütsbewegungen (Schematik) Handlungsbezogenheit (Endeiktik), Vortragsweise (Euharmostik) und sinnlicher Ausdruck (Eurhythmik; Steinbrink 2013: 66 f.). Man sieht an dieser ausgefeilten Aufteilung, dass der schematische Zugriff schnell wieder absurde Blüten zu treiben begann. Denjenigen, die den Vortrag eher als individuelle Angelegenheit betrachten, war und ist das ein Dorn im Auge. Im 20. Jahrhundert verlagert sich der Schwerpunkt dann auch stärker auf die individuellen Spielräume der *actio*, man verabschiedet gemeinhin keine Geste-Listen mehr. Gleichwohl macht sich natürlich auch die Redekunst mit Blick auf den Vortrag die neuen und neuesten Technologien zunutze, nicht zuletzt auf dem Gebiet der Akustik und Kinesik (*sic*) sowie der »bodily communication« und der (Ausdrucks-)Psychologie, die auch in Seminare für angewandte Rhetorik integriert werden.

V. Zum Schluss: Rhetorik und Rhetorik

Ist Rhetorik die Kunst der Stunde, kann sie es wieder sein? Die Entwicklungen, die dazu geführt haben, dass die Redekunst nicht nur ins disziplinenübergreifende Geschäft zurückgekehrt, sondern auch zu sich selbst gekommen ist, habe ich in diesem Buch in groben Linien nachzuzeichnen versucht. Von manch einem wird die Gründung des Tübinger Seminars für Allgemeine Rhetorik durch Walter Jens im Jahre 1967, die inzwischen einige – jedoch längst noch nicht genug – Nachbildungen bzw. Konkurrenten im inner- und außeruniversitären Bereich nach sich gezogen hat, als ein wegweisendes Signal für die gesicherte Zukunft der Rhetorik betrachtet. Hier wird die Rhetorik mit der Medien- und Kommunikationswissenschaft enggeführt. Andere fusionieren die Rhetorik mit Philosophie, Literaturwissenschaft oder weiteren, politischen und ökonomischen Disziplinen. Das liegt zwar alles sachlich nicht fern, wie auch die vorliegenden Konstellationen gezeigt haben dürften; und doch sollte nicht riskiert werden, die Rhetorik als *ancilla* der anderen, seien es älteren oder jüngeren Schwestern zu unterschätzen. Denn eine Quintessenz der Einführung soll zum Schluss noch einmal betont werden: Der Mensch war, ist und bleibt in seine Zeichenhaftigkeit verstrickt, die wesentlich eine *rhetorische* ist. Rhetorische Strategien bestimmen das Leben, schon weil der Zugang zur wie immer gearteten Wahrheit verstellt sein und als »vernünftig« betrachtete

Überzeugungsmittel und -wege allenthalben versagen können; der von Hans Blumenberg konstatierte Mangel an Evidenz macht den oft von hohem zeitlichen Druck belasteten Handlungszwang nicht gerade entspannter. Genau besehen, liegt dem Ganzen ein irrationales Moment zugrunde, welches sogar zur intellektuellen Triebfeder wird, nicht etwa zu einer beiläufigen, wegen ihrer Unlösbarkeit in den Hintergrund verbannten Schwierigkeit;[46] in Rede steht »das Recht der sprachlichen Gebärde, die sich ästhetisch, nicht aber nach Kriterien der Logik fassen läßt« (Groddeck 1995: 86). Zur Rhetorik gehören hier alle Problemfelder, die sich nicht mit den probaten Mitteln systematischer Wissenschaft erschließen lassen; unter diesen Bedingungen konnte die »konjekturale Vernunft« (Kopperschmidt 1989: 355) zu *dem* geeigneten Arbeitsinstrument der Rhetorik und ihrer Theorie werden. Solche Überlegungen fußen wiederum auf dem von Hans Blumenberg konstatierten vorläufigen Arrangement mit der Vernunft, einer Vernunft, die ihrerseits grundlegend auf die Rhetorik angewiesen scheint. Gerät die Vernunft erst in die Fänge der Kontingenz, so darf sich auch die Rhetorik als ihre Agentin zur *Zufälligkeit* ihres *Gelingens*, mithin zu ihrer eigenen Instabilität bekennen.

An den Rändern dieser spezifischen (Vor-)Wissenschaftlichkeit eröffnen sich Räume für (durchaus nicht vorepistemisches) »wildes Denken« (Mainberger 1991: 430): Dieses parallelisiert Gonsalv Mainberger geradezu mit Rhetorik, indem er auch sprachbildlich an Claude Lévi-Strauss' radikal-anthropologische »pensée sauvage« anschließt (ebd.: 420). Deren Wurzeln liegen indes in der Antike, nicht nur in der sophistischen, sondern auch in der aristotelischen Rhetorik: Obzwar Aristoteles an der Systematisierung der Redekunst gelegen war, sind die Freiräume, die er ihr geschaffen hat, als Indiz dafür zu werten, dass sich ihre »Wildheit« noch nie vollends bezähmen ließ. Schon bei der bloßen Benennung des unbestimmbaren epistemischen Moments, das hier bald als »irrational«, bald als »vorwissenschaftlich«, bald als »wild« erscheint, ergeben sich beträchtliche Schwierigkeiten, die sein subversives Potential dokumentieren. Es scheint sich im Prinzip jeder Klassifizierung oder Systematik, ja selbst der Versprachlichung bis zu einem gewissen Grade zu entziehen, ganz unabhängig davon, ob man es durch einen chronologischen Vorteil bestimmt wissen möchte oder nicht. Die Grenzen auch von Philosophie und Rhetorik müssen, so zeigt die Theoriegeschichte der beiden Denk- und Sprachformen von Gorgias bis de Man, verschwommen bleiben.

Die Frage nach einer expliziten oder immanenten Systematik der Rhetorik beschäftigt in jüngerer Zeit vor allem Kulturtheorie und (Literatur-)Soziologie nicht nur, insoweit Rhetorik den Menschen als in seiner Sprachlichkeit handelndes Wesen in den Fokus rückt. Systematik bedeutet immer auch Supervision; auf diesen Zusammenhang haben, im Anschluss an die Handlungstheorie Talcott Parsons, wiederum Niklas Luhmann und Dirk Baecker unser Augenmerk gelenkt, ohne dabei die antiken Wurzeln zu vergessen: »Die antike Rhetorik [hat] bereits einen Begriff von Kommunikation [...], der auf der Ebene der Beobachtung von Beobachtung angesiedelt ist« und »[entspricht damit] Erwartungen, die man mit neueren soziologischen Theorieentwicklungen an den Begriff der Kommunikation richten würde« (Baecker 2001: 151).

Aus systemtheoretischer Sicht wird die Durchlässigkeit rhetorischer und gesellschaftlicher Systematik unter den Bedingungen operativer Geschlossenheit betrachtet. Die als geschlossen skizzierten Teilsysteme weisen deutlich markierte Grenzen zum Außen auf, die aber zugleich »offen« sind, das heißt, dass sie als intern strukturierte Netzwerke Veränderungen, die sich an ihrem Außen vollziehen, erkennen und benennen können, um sich »autopoietisch« an diese anzupassen. Ich würde allerdings an eine Umkehrung der Ordnung der Systeme denken: Die Rhetorik, die der Kommunikation indes vorgeordnet bleibt, schwebt als ein solches autopoietisches System über allen anderen und öffnet sich durchaus nicht nur denjenigen, die ihr mit »vernünftigen« Argumenten beizukommen suchen. Sie ist ein Hort auch für die Wilden, die Queren, die Unangepassten, diejenigen, die so gerne als Polarisierer oder »Spalter« diskreditiert werden – die zersetzenden Kräfte, die in der Sprache selbst angelegt sind und ihre Träger entsprechend beflügeln können. Das zeigt die Phänomenologie der Rhetorik vom listigen Odysseus vor Troja über Nietzsche bis hin zu Paul de Man – und darüber hinaus. *Reden ist Gold, Schweigen ist Silber* (wenn es nicht selbst beredt ist). Rede-Kunst ist auch eine Frage gegenseitiger Be-Achtung: Will man ungeachtet des ausgewiesenen Dilemmas daran festhalten, dass der intersubjektive *Kontakt* im Mittelpunkt des rhetorischen »Aktes« steht, so gilt es auch hier zu berücksichtigen, dass die Herstellung (und Aufrechterhaltung) dieses Kontaktes mit der Erregung (und Wahrung) von Aufmerksamkeit recht eigentlich zusammenfällt. Als grundlegende Funktion eines jeden Redens basiert Kontakt auf einem *fiat attentio*, das *per se* gar keine rechte Entscheidungs- oder Entkommensfreiheit zulassen kann – ein »Kommunikationskontrakt«, der im Grunde zweifelhaften Bedingungen obliegt. Nicht nur der Betrachter eines Bildes, auch der Hörer einer Rede wird, mit den Worten Michel Foucaults, »gesehen, ohne selber zu sehen; er ist Objekt einer Information, niemals Subjekt einer Kommunikation« (Foucault 1976: 257), also fremdbestimmt.

Darin spiegelt sich auch das Problem rhetorischer Intentionalität vor ihrer genuinen Grundlosigkeit. Der Akt der Rede ist nicht nur vermöge des fragilen Telos der Überzeugung auf der Schwelle zur Überredung, sondern auch vermöge der direktiven

Aufmerksamkeit eine Manifestation von Herrschaft und ein Spiel um Macht – sie kann, so transparent ihre Struktur im Einzelnen sein mag, auch vom Redner im Vorhinein nur bedingt einkalkuliert werden, zeigt sie sich doch vor allem *in actu* – also beim Auftritt vor dem Publikum.

Liest sich das alles nicht wie ein Freibrief für Willkür, für Manipulation, für alle skrupellosen Subjekte dieser Welt, sofern sie mit der Sprache oder gegen sie ihr Machtspiel treiben? Nun, mit einem gerüttelt Maß an Risiko wird man leben müssen, wenn man sprechen will. Im Grunde formuliert das schon Platons so einfache wie brisante Sozialdiagnose: Eine Rhetorik, die ausschließlich auf Argumente setze, könne nun einmal nicht alle Menschen erreichen; deshalb müsse sie unterschiedlichen intellektuellen Dispositionen gerecht werden. Diese Rhetorik genügt also den Ansprüchen an die Verschiedenheit der Menschen, gerade wenn sie keine wohlklingenden Gleichheitsgrundsätze feilbietet. Um die Erkenntnisschwäche der zu überzeugenden Masse zu kompensieren, darf der Redner auch auf nicht-diskursive Formen zurückgreifen. Unterschätzen sollte er seine Hörer – und Leser – jedoch niemals.

Was dürfen wir daraus folgern? Eine Redekunst, die ihren Namen verdient, wird stets bedenken, dass sie verschiedene Menschen in all ihren Facetten anspricht. Vor allem aber wird eine solche Redekunst nicht verleugnen, dass sie einer intellektuellen Haltung entspringt, die gleichermaßen integrativ wie eben auch dissoziierend wirken kann und darf. Dieser Entwicklung sind zwei andere Tendenzen in gewisser Weise konträr: zum einen der allenthalben zu beobachtende Rekurs auf eine eindimensional gefasste, moralisch aufgeladene Wahrheit, die einem wie immer gearteten »Postfaktischen« gegenübergestellt wird. In den einschlägigen Medien wird diese Wahrheit nicht selten zum ultimativen Faktum verklärt; im akademischen Betrieb tritt sie in Veranstaltungen wie den weltweit organisierten »Marches for Science« zutage, welche ihrerseits die Illusion der Existenz einer Wahrheit nähren, die sich im Rücken nicht nur poststrukturalistischer Theoriebildung, sondern vor allem auch der Rhetorik und ihrer so komplexen wie wechselhaften Geschichte anzusiedeln scheint. Naive Vorstellungen von Authentizität werden gegen die diskreditierten Scheinwelten in Stellung gebracht. Vor diesem Hintergrund nimmt es nicht wunder, dass rhetorische Begabung in Teilen der politischen Klasse bisweilen geradezu zum Anti-Ideal degradiert wird. Dabei liegen in der Redekunst so viele Möglichkeiten zur Entfaltung von Macht und Schönheit – oder umgekehrt. Schon im antiken *peithein/persuadere* kommt die Redekunst ganz zu sich selbst, weil sie die Gratwanderung zwischen »überzeugen« und »überreden« – auch in ihren kausativen Formen, »sich überzeugen«/»überreden lassen« – ständig aufs Neue abschreitet, in Szene setzt, zelebriert. Insofern wäre auch reichlich Platz für die sophistischen »Varianten« der Rhetorik, zumal in Gesellschaften, die ernsthaft als vielfältige, pluralistische funktionieren wollen, nicht als einförmige, gleichgeschaltete.

Wagen wir uns zum Schluss auf vermintes Gelände, der Rhetorik wegen: Die Kunst der Rede kann außerordentlich erotisch sein, wie das Beispiel der Helena zeigt, jener nach Troja entführten *Helena* in der Verteidigung des Gorgias vom Beginn dieses Buches. Die Rede selbst ist schön – formalästhetisch, und die Schönheit einer Frau ist Gegenstand ihrer Argumentation, der formalen Logik. Es wäre dann vielleicht auch keine Geringere als die Schönste von allen, Helena, die man sich optimalerweise in jenen Bikini ge»hüllt« vorstellen darf, der der Spruchweisheit wahlweise John Fitzgerald Kennedys oder anderer US-Präsidenten zugeschrieben wird: »Eine gute Rede ist wie ein Bikini – knapp genug, um spannend zu sein, aber alle wesentlichen Stellen abdeckend.«

In diesen »wesentlichen Stellen« ist Platz für alle – vernünftigen, unvernünftigen, kognitiven, sinnlichen, restriktiven, kurz: manipulativen – Abgründe dieser Welt. Mit Rhetorik lässt sich auch, daher der Bikini, das allzu enge Korsett der *political correctness* jederzeit aufsprengen, denn: *logos megas dunastes estin*, »die Rede ist eine große VollbringerIN!«.

Anhang

Anmerkungen

1 Zu den sprachgeschichtlichen Hintergründen vgl. Gregor Kalidova/Thomas Zinsmaier, »Rhetorik-Wortgeschichte«, in: Historisches Wörterbuch der Rhetorik (folgend: HWRh) 2005: Sp. 1424–27.

2 Ergänzung zur Zitierung: Ueding HWRh, Bd. 10, 2012, Sp. 1472 (Beitrag von Gregor Kalidova).

3 Zu den Überschneidungen mit Arnold Gehlens Theorie vom mangelbehafteten Menschen vgl. Robling 2004, 2. Vgl. außerdem Lothar Bornscheuer, Anthropologisches Argumentieren. Kritische Überlegungen zu Hans Blumenbergs ›Anthropologische Annäherung an die Aktualität der Rhetorik‹, in: Kopperschmidt 2000, 99–112.

4 Im Anschluss an Ivo Strecker, The Social Practice of Symbolization. An Anthro/pological Analysis, London/Atlantic Highlands 1988, bes. 8 f.

5 Vgl. dazu Peter L. Oesterreich, Zur rhetorischen Metakritik der Philosophie, in: Kopperschmidt/Schanze 1989, 297–317, 305. Vgl. auch die Ausführungen zu dieser »Gestimmtheit« im Anschluss an die *diathesis* der Aristotelischen Rhetorik bei Martin Heidegger, Grundbegriffe der aristotelischen Philosophie, (II. Abteilung: Vorlesungen 1919–1944 = Gesamtausgabe Bd. 18), Frankfurt/Main 2002, 121.

6 S. dazu Knape 2005, 16.

7 Vgl. Jean-François Lyotard, Das postmoderne Wissen, hrsg. von Peter Engelmann, Wien 2012; frz. Originalausgabe von 1979 *La condition postmoderne*.

8 Vgl. dazu v.a. Gyburg Uhlmann, Rhetorik und Wahrheit. Ein prekäres Verhältnis von Sokrates bis Trump, Stuttgart 2019, 253 ff.

9 Auszüge zitiert nach: Maximilien de Robespierre, Reden mit historischer Einleitung, Berlin 1925, 47 ff.

10 Übers. in: Thomas Buchheim (Hg.), Gorgias von Leontinoi. Reden, Fragmente und Testimonien, Hamburg 2012, 11–13.

11 So E. Alexiou, Ruhm und Ehre. Studien zu Begriffen, Wertungen und Motivierungen bei Isokrates, Heidelberg 1995, 58 (vgl. die Rezension von U. Walter, Neue Forschungen zu Isokrates, Gymnasium 103, 1996, 258–64).

12 Titel des Buches von Wolfram Groddeck (1995).

13 Im Anschluss an Georg Stanitzek, Kommunikation (Apostrophe & Communicatio einbegriffen), in: Jürgen Fohrmann/Harro Müller (Hg.), Literaturwissenschaft, München 1995, 13–30.

14 Siehe etwa Peter L. Oesterreich, Rhetorisches Denken. Zur Philosophie der Rhetorik und zur Rhetorik der Philosophie, Berlin/Boston 2019.

15 Vgl. Dockhorn 1968.

16 Friedrich Nietzsche, Nachgelassene Schriften 1870–1873 (Ueber Wahrheit und Lüge im aussermoralischen Sinne 1), zitiert nach der *Kritischen Studienausgabe*, hrsg. v. Giorgio Colli/Mazzino Montinari, Berlin/New York [2]1988 ([1]1967–77), Bd. 1, 884.

17 Friedrich Nietzsche, Vorlesungsaufzeichnungen (WS 1871/72–WS 1874/75, hier: Darstellung der antiken Rhetorik, § 3: Verhältniß des Rhetorischen zur Sprache), zit. nach der Kritischen Gesamtausgabe (KGW), begr. v. Giorgio Colli/Mazzino Montinari, Bd. II.4, hrsg. v. Fritz Bornmann, Berlin/New York 1995, 425.

18 Vgl. Heinz Schlaffer, Das entfesselte Wort. Nietzsches Stil und seine Folgen, München 2007, 90.

19 Vgl. Anselm Haverkamp, Repräsentation und Rhetorik. Wider das Apriori der neuen Medialität, in: Stanitzek 2001, 77–84, 81.

20 Siehe etwa den Essay »Structuralisme et critique littéraire« in Genettes *Figures I*.

21 Zu den *disiecta membra* siehe S. 508.

22 Formulierung von Rainer Dachselt, Pathos. Tradition und Aktualität einer vergessenen Kategorie der Poetik, Heidelberg 2003, 69.

23 Kant differenziert allerdings deutlich zwischen der praktischen Redekunst und der »Rhetorik« als gleichsam natürlicher Kombination aus »Beredtheit« und »Wohlredenheit«; der Versuch der Abspaltung der *ars oratoria* hat aber dazu geführt, dass die Rhetorik als ganze ins Zwielicht geraten ist, auch dort, wo Theorie und Praxis durchaus voneinander zu trennen sind.

24 So heißt es in § 1 der *Kollegnachschrift der Aesthetica*, die erstmals 1907 von Bernhard Poppe veröffentlich wurde. – Vgl. zur rhetorischen Ba-

sis der Ästhetik bes. Anselm Haverkamp, Wie die Morgenröthe zwischen Nacht und Tag. Alexander Gottlieb Baumgarten und die Begründung der Kulturwissenschaften in Frankfurt an der Oder, in: DVjs 76 (2002), 3–26, und Rüdiger Campe, Der Effekt der Form. Baumgartens Ästhetik am Rande der Metaphysik, in: Eva Horn/Bettine Menke/Christoph Menke (Hg.), Literatur als Philosophie – Philosophie als Literatur, München 2006, 17–33, sowie Frauke Berndt, Poema/Gedicht. Die epistemische Konfiguration der Literatur um 1750, Berlin/Boston 2011, 27 ff.

25 Most zitiert nach: Johann Jacob Rambach (1976), »Erläuterung über seine Institutiones Hermeneuticae Sacrae«, in: Seminar: Philosophische Hermeneutik, hrsg. von Hans-Georg Gadamer und Gottfried Boehm, Frankfurt/Main, 62–68, hier 64.

26 »[...] der Siegeszug der Rhetorik bleibt unaufhaltsam«. Vgl. dazu Josef Kopperschmidt, Das Ende der Verleumdung. Einleitende Anmerkungen zur Wirkungsgeschichte der Rhetorik, in: *Id.* 1991, 1–33, 1.

27 Joachim Dyck u. Günther List in den »Zusammenfassenden Bemerkungen« zur Ausgabe von Dockhorns Aufsatzsammlung (Dockhorn 1968), 125.

28 Vgl. bes. Susan L. Kline, Towards a Contemporary Linguistic Interpretation of the Concept of Stasis, Journal of the American Forensic Association 16, 1979, 95–103.

29 Vgl. den Kommentar »Es fehlt also der Innenausbau« von Jürgen Kaube in der F.A.Z. vom 28. Januar 2017.

30 Vgl. dazu Giambattista Vico, Institutiones Oratoriae, hrsg. v. Giuliano Crifò, Neapel 1989, bes. 142 f.

31 Vgl. dazu Waldenfels 2004, 143.

32 Coseriu 1980, 15: »Damit entspricht die Rhetorik einem der auch heute noch geltenden Begriffe der Textlinguistik.«

33 Vgl. Groddeck 1995, 88, und Gerhard Poppenberg, Vom Pathos zum Logos. Überlegungen zu einer Theorie figurativer Erkenntnis, in: Schwindt 2009, 160–191, 180.

34 Vgl. dazu Gumbrecht/Pfeiffer 1986, 754 f.

35 Als »deviation of form« wird Stil beurteilt z.B. bei Nils Erik Enkvist, On Defining Style. An Essay in Applied Linguistics, in: *Id.*/ Michael J. Gregory/John Spencer (Hg.), Linguistics and Style, London 964, 1–56, 23; Georges Mounin, »Les stylistiques actuelles«, in: Cahiers

internationaux de symbolisme 15/16, 1967/68, 53–60, 55; Georg Michel, Einführung in die Methodik der Stiluntersuchung. Ein Lehr- und Übungsbuch für Studierende, Berlin 1968; Samuel R. Levin, Linguistic Structures in Poetry, Den Haag 1962; Roman Jakobson, »Linguistics and Poetics«, in: Thomas A. Seboek (Hg.), Style in Language, New York/London 1960, 350–377. Dagegen z.B. Bernd Spillner, Linguistik und Literaturwissenschaft. Stilforschung, Rhetorik, Textlinguistik, Stuttgart u.a. 1974. Stil als Möglichkeit sozialer Abgrenzung bei Hans-Georg Soeffner, Stil und Stilisierung. Punk oder die Überhöhung des Alltags, in: Hans Ulrich Gumbrecht/Karl Ludwig Pfeiffer (Hg.), Stil. Geschichten und Funktionen eines kulturwissenschaftlichen Diskurselements, Frankfurt/Main 1986, 317–341.

36 Vgl. z.B. William M. Russell, »Linguistic Stylistics«, Linguistics 1971, 75–82; Jean Marouzeau, Traité de Stylistiques. Appliqué au Latin, Paris 1935.

37 Marie Theres Fogen, Römische Rechtsgeschichten. Das Gesetz wird als »altes Lied« tituliert auch in Cic. *leg.* 2, 59: *discebamus enim pueri XII ut carmen necessarium, quas iam nemo discit* (»als Knaben nämlich lernten wir die 12-Tafel-Gesetze, die jetzt schon niemand mehr lernt, wie ein notwendiges Lied«).

38 John L. Austin, Zur Theorie der Sprechakte, dt. Bearb. v. Eike v. Savigny (orig.: How to do Things with Words), Stuttgart 2007 (2002).

39 Vgl. Gretz 2004, 472 (zum Zitat). – Die Ambivalenz der Tropen findet eine Entsprechung in ihrer »unnatürlichen Natürlichkeit« (Mainberger 1991, 419). Wenn man Mainbergers Thesen zur rhetorischen Anthropologie folgen will, bestimmt dieses Dilemma auch Claude Lévi-Strauss' *Traurigen Tropen*, die das entscheidende Dokument für dessen *pensée sauvage* darstellen (Mainberger 1991, 422).

40 In Bezug auf Nietzsches »Tropologie«.

41 Hans Blumenberg, Paradigmen zu einer Metaphorologie, Frankfurt a.M. [2]1999, [1]1998.

42 Frz. ebd., 88: »une prothèse de cerveau«.

43 Frz. ebd., 90: »de ›graphie‹, ordre de la pure mémoire, elle devient ›écriture‹, champ de la signifiance infinie«.

44 Arthur Schopenhauer, Die Welt als Wille und Vorstellung 1, Buch 3, § 38, 268 (zit. nach A.S., Werke in fünf Bänden, Bd. I, hrsg. v. Ludger Lütkehaus, Zürich [2]1999, [1]1988); vgl. dazu Bohrer 1994, 177.

45 Vgl. dazu bes. Cic. *de orat.* 3, 216 f., und Quint. *inst.* 11, 3, 2.

46 Vgl. Dockhorn 1968, 49: Er bezeichnet die Rhetorik pointiert als »Antiphilosophie«.

Abkürzungsverzeichnis

de orat.	*De Oratore* – Über den Redner (Cicero)
Dig.	*Digesta* – Digesten (Sextus Pomponius)
doctr. christ.	*De doctrina christiana* – Über die christliche Bildung (Augustin)
Gorg.	*Gorgias* (Platon)
Hel.	*Helenes enkomion* – Lobrede auf Helena (Gorgias)
HWRh	Historisches Wörterbuch der Rhetorik
Il.	*Ilias* (Homer)
inst.	*institutio oratoria* – Unterweisungen in der Redekunst (Quintilian)
inv.	*De inventione* – Über die Auffindung des Stoffes (Cicero)
leg.	*De legibus* – Über die Gesetze (Cicero)
Mt.	Matthäus-Evangelium
or.	*Orationes* (Aelius Aristides)
orat.	*Orator* – Der Redner (Cicero)
Pal.	*Apologia Palamedous* – Verteidigungsrede des Palamedes (Gorgias)
part.	*partitiones oratoriae* – Einteilungen der Redekunst (Cicero)
Per.	*Perikles* (Plutarch)
rhet.	*techne rhetorike* – Rhetorik (Aristoteles)
Rhet. Her.	*Rhetorica ad Herennium* – Rhetorik an Herennius
spect.	*spectaculorum liber* – Über die Spiele (Martial)
top.	Topica – Beweislehre (Cicero)

Auswahlbibliographie

Baecker, Dirk (2001): »Nach der Rhetorik«, in: Schnittstelle: Medien und Kulturwissenschaften, hrsg. von Georg Stanitzek und Wilhelm Voßkamp, Köln: DuMont, S. 151–162.

Baecker, Dirk (2005): Form und Formen der Kommunikation, Frankfurt/Main: Suhrkamp.

Barthes, Roland (1970): »L'ancienne rhétorique. Aide-mémoire«, in: Communication 16, S. 172–223. (dt.: Id. (1988): »Die alte Rhetorik. Ein Abriß«, in: Das semiologische Abenteuer, Id. (übers. v. Dieter Hornig), Frankfurt/Main: Suhrkamp, S. 15–101).

Barthes, Roland (2006): Das Rauschen der Sprache, übers. v. Dieter Hornig, Frankfurt/Main: Suhrkamp.

Blumenberg, Hans (1981): »Anthropologische Annäherung an die Aktualität der Rhetorik«, in: Wirklichkeiten, in denen wir leben. Aufsätze und eine Rede, Id., Stuttgart: Reclam, S. 110–143.

Butler, Judith (1998): Hass spricht. Zur Politik des Performativen, Berlin: Berlin Verlag. (orig.: Id. (1997): Excitable Speech. A Politics of the Performative, New York/London: Routledge).

Chomsky, Noam (1964): Current Issues in Linguistic Theory, The Hague: Mouton.

Coseriu, Eugenio (2007): Textlinguistik: eine Einführung, Tübingen: Narr.

Derrida, Jacques (2001): Limited Inc, übers. v. Werner Rappl, Wien: Passagen.

Dieter, Otto A. L. (1950): Stasis, in: Speech Monographs 17, S. 345–369.

Dockhorn, Klaus (1968): Macht und Wirkung der Rhetorik. Vier Aufsätze zur Ideengeschichte der Vormoderne, Bad Homburg v. d. Höhe: Gehlen.

Dominik, William/Hall, Jon (Hg.) (2007): A Companion to Roman Rhetoric, Oxford: Oxford University Press.

Eco, Umberto (1991): Semiotik, Entwurf einer Theorie des Zeichens, übers. v. Günter Memmert, München: Fink. (orig.: Id. (1976): A Theory of Semiotics, Bloomington: Indiana University Press).

Fohrmann, Jürgen (Hg.) (2004): Rhetorik. Figuration und Performanz, Stuttgart/Weimar: Metzler.

Foucault, Michel (1977): Überwachen und Strafen: Die Geburt des Gefängnisses, übers. v. Walter Seitter, Frankfurt/Main: Suhrkamp. (orig.: Id. (1975): Surveiller et punir. Naissance de la prison, Paris: Gallimard).

Fuhrmann, Manfred (1960): Das systematische Lehrbuch. Ein Beitrag zur Geschichte der Wissenschaften in der Antike, Göttingen: Vandenhoeck & Ruprecht.

Gumbrecht, Hans Ulrich (1978): Funktionen parlamentarischer Rhetorik in der Französischen Revolution: Vorstudien zur Entwicklung einer historischen Textpragmatik, München: Fink.

Gumbrecht, Hans Ulrich/Pfeiffer, Karl Ludwig (1986): Stil. Geschichte eines kulturwissenschaftlichen Diskurselementes, Frankfurt/Main: Suhrkamp.

Haverkamp, Anselm (Hg.) (1996): Theorie der Metapher, Darmstadt: Wissenschaftliche Buchgesellschaft.

Haverkamp, Anselm/Lachmann, Renate (Hg.) (1992): Memoria: Vergessen und Erinnern, München: Fink.

Hetzel, Andreas (2011): Die Wirksamkeit der Rede. Zur Aktualität der Rhetorik für die moderne Sprachphilosophie, Bielefeld: transcript.

Knape, Joachim (2000): Allgemeine Rhetorik: Stationen der Theoriegeschichte, Stuttgart: Reclam.

Knape, Joachim/Schirren, Thomas (2005): Martin Heidegger liest die Rhetorik des Aristoteles, in: Aristotelische Rhetoriktradition, hrsg. von Joachim Knape, Stuttgart: Steiner, S. 310–327.

Kopperschmidt, Josef/Schanze, Helmut (Hg.) (1989): Rhetorik und Philosophie, München: Fink.

Kopperschmidt, Josef (1990–91): Rhetorik, Band 1: Rhetorik als Texttheorie; Band 2: Wirkungsgeschichte der Rhetorik, Darmstadt: Wissenschaftliche Buchgesellschaft.

Kopperschmidt, Josef/Schanze, Helmut (Hg.) (1994): Nietzsche oder »Die Sprache ist Rhetorik«, Munchen: Fink.

Kopperschmidt, Josef (Hg.) (2000): Rhetorische Anthropologie. Studien zum *homo rhetoricus*, München: Fink.

Krämer, Sybille (2001): Sprache, Sprechakt, Kommunikation: Sprachtheoretische Positionen des 20. Jahrhunderts, Frankfurt/Main: Suhrkamp.
Krause, Peter D. (Hg.) (2004): Rhetorik und Anthropologie, Tübingen: Niemeyer.
Lachmann, Renate (1981): »Rhetorik – alte und neue Disziplin«, in: Berichte zur Wissenschaftsgeschichte 4, S. 21–29.
Lausberg, Heinrich (1990): Handbuch der literarischen Rhetorik: Eine Grundlegung der Literaturwissenschaft, Stuttgart: Steiner.
Mainberger, Gonsalv K. (1989): »Die Rhetorik in der Philosophie«, in: Rhetorik und Philosophie, hrsg. v. Josef Kopperschmidt und Helmut Schanze, München: Fink, S. 319–339.
Mainberger, Gonsalv K. (1991): »Rhetorik und wildes Denken. Ein Zugang zum Mythos über Aristoteles«, in: Rhetorik, hrsg. v. Josef Kopperschmidt, München: Fink, S. 408–441.
de Man, Paul (1987): »Der Widerstand gegen die Theorie«, in: Romantik. Literatur und Philosophie, hrsg. von Volker Bohn, Frankfurt/Main: Suhrkamp, S. 80–106. (orig.: Id. (1986): The Resistance to Theory, Minneapolis: University of Minnesota Press).
de Man, Paul (1988): Allegorien des Lesens, Frankfurt/Main: Suhrkamp.
Martin, Joseph (1974): Antike Rhetorik: Technik und Methode, München: C.H. Beck.
Metzger, Stefan/Rapp, Wolfgang (Hg.) (2003): *homo inveniens.* Heuristik und Anthropologie am Modell der Rhetorik, Tübingen: Narr.
Möller, Melanie (2004): *Talis oratio – qualis vita.* Zu Theorie und Praxis mimetischer Verfahren in der griechich-römischen Literaturkritik, Heidelberg: Universitätsverlag Winter.
Möller, Melanie (2013): Ciceros Rhetorik als Theorie der Aufmerksamkeit, Heidelberg: Universitätsverlag Winter.
Most, Glenn W. (1984): »Rhetorik und Hermeneutik: Zur Konstitution der Neuzeitlichkeit«, in: Antike und Abendland 30, S. 62–79.
Oesterreich, Peter L. (1989): »Zur rhetorischen Metakritik der Philosophie«, in: Rhetorik und Philosophie, hrsg. v. Josef Kopperschmidt und Helmut Schanze, München: Fink, S. 297–317.
Oesterreich, Peter L. (2003): »Selbsterfindung. Zur rhetorischen Erfindung des Subjekts«, in: *homo inveniens.* Heuristik und Anthropologie am Modell der Rhetorik, hrsg. v. Stefan Metzger und Wolfgang Rapp, Tübingen: Narr, S. 45–57.

Perelman, Chaïm/Olbrechts-Tyteca, Lucie (2004): Die neue Rhetorik: Eine Abhandlung über das Argumentieren, 2 Bde., Stuttgart: Frommann-Holzboog.

Plett, Heinrich F. (2000): Systematische Rhetorik, Konzepte und Analysen, München: Fink.

Robling, Franz-Hubert (2000): »Topik und Begriffsgeschichte am Beispiel des vir bonus-Ideals«, in: Topik und Rhetorik. Ein interdisziplinäres Symposium, hrsg. von Thomas Schirren und Gert Ueding, Tübingen: Niemeyer.

Robling, Franz-Hubert (2004): »Was ist rhetorische Anthropologie? Versuch einer disziplinären Definition«, in: Rhetorik und Anthropologie, hrsg. von Peter Krause, Tübingen: Niemeyer.

Schirren, Thomas/Ueding, Gert (Hg.) (2000): Topik und Rhetorik. Ein interdisziplinäres Symposium, Tübingen: Niemeyer.

Stroh, Wilfried (1975): Taxis und Taktik. Die advokatorische Dispositionskunst in Ciceros Gerichtsreden, Stuttgart: Teubner.

Thüring, Hubert (2001): Geschichte des Gedächtnisses. Friedrich Nietzsche und das 19. Jahrhundert, München: Fink.

Weimar, Klaus (1998): Aufmerksames Lesen: »Es sang vor langen Jahren« (Brentano), in: Haas, Norbert/Nägele, Rainer/Rheinberger, Hans-Jörg (Hg.): Aufmerksamkeit, Eggingen: Isele, S. 375–395.

Weinrich, Harald (1963): »Semantik der kühnen Metapher«, in: Deutsche Vierteljahresschrift für Literaturwissenschaft und Geistesgeschichte 37, S. 325–344.

Melanie Möller hat Lateinische, Deutsche und Griechische Philologie studiert. Promoviert wurde sie mit einer Arbeit zu Stilfragen, habilitiert mit einer Studie zur Aufmerksamkeitstheorie in Ciceros Rhetorik. Nach Stationen in Bielefeld, Heidelberg, Berlin und Münster ist sie seit 2015 Professorin für Klassische Philologie mit dem Schwerpunkt Latinistik an der Freien Universität Berlin. Für verschiedene Tageszeitungen schreibt sie regelmäßig zu aktuellen Fragen ihres Faches und darüber hinaus. Zur Rhetorik erschien von ihr zuletzt der Band »Von Allusion bis Metonymie. Interdisziplinäre Perspektiven auf die Wirkmacht rhetorischer Tropen und Figuren« (2019). Für Metzler hat sie das »Handbuch Ovid« (2021) besorgt, für die Reclam-Reihe »100 Seiten« die Bände zu »Ovid« (2016) und »Homer« (2022).